Länderrisikoanalyse im Rahmen moderner Kreditrisikomodelle bei Banken

Europäische Hochschulschriften
Publications Universitaires Européennes
European University Studies

Reihe V
Volks- und Betriebswirtschaft

Série V Series V
Sciences économiques, gestion d'entreprise
Economics and Management

Bd./Vol. 2953

PETER LANG
Frankfurt am Main · Berlin · Bern · Bruxelles · New York · Oxford · Wien

Markus Wadé

Länderrisikoanalyse im Rahmen moderner Kreditrisikomodelle bei Banken

Eine Untersuchung mit besonderem Schwerpunkt auf Marktpreisinformationen von Emerging Markets

PETER LANG
Europäischer Verlag der Wissenschaften

Bibliografische Information Der Deutschen Bibliothek
Die Deutsche Bibliothek verzeichnet diese Publikation in der Deutschen Nationalbibliografie; detaillierte bibliografische Daten sind im Internet über <http://dnb.ddb.de> abrufbar.

Zugl.: Regensburg, Univ., Diss., 2002

D 355
ISSN 0531-7339
ISBN 3-631-50344-X

www.peterlang.de

Vorwort

Diese Arbeit entstand im Rahmen meiner Tätigkeit als wissenschaftlicher Mitarbeiter am Lehrstuhl für Statistik von Prof. Dr. Alfred Hamerle an der Universität Regensburg. Sie wurde unter dem gleichen Titel an der Wirtschaftswissenschaftlichen Fakultät an der Universität Regensburg als Dissertation zur Erlangung des Grades eines Doktors der Wirtschaftswissenschaft eingereicht. Das Promotionsverfahren wurde am 1. August 2002 mit der Disputation beendet.

Für die Betreuung und die Gutachten möchte ich mich bei Prof. Dr. Alfred Hamerle (Erstgutachter) in Regensburg und Prof. Dr. Dr. Josef Falkinger (Zweitgutachter) in Zürich herzlich bedanken. Die konstruktiven Diskussionen und Gespräche mit meinen Gutachtern waren sehr hilfreich. Die engagierte Arbeitsatmosphäre und die große Praxisnähe der Forschung am Lehrstuhl von Prof. Dr. Hamerle waren in jeder Hinsicht eine Bereicherung.

Am Lehrstuhl für Statistik gilt mein Dank speziell Frau Dr. Birgit Ott für ihre Unterstützung zu Beginn und am Ende der Arbeit. Die Diskussionen mit meinen Kollegen Dr. Daniel Rösch, Dr. Michael Knapp, Dipl.-Vw. Robert Rauhmeier, Dipl.-Kfm. Harald Scheule und Prof. Dr. Hermann Singer eröffneten häufig eine neue Perspektive auf die behandelten Probleme. Frau Marietta Dostert und Frau Renate Meier-Reusch trugen viel dazu bei, dass der Lehrstuhl einen solch angenehmen Arbeitsplatz bot.

Ich danke ferner zahlreichen Mitarbeitern von Kreditinstituten, die mir ihre Zeit für Gespräche zur Verfügung stellten. Sie ermöglichten mir ein größeres Verständnis der praktischen Hintergründe meiner Forschung.

Meiner Familie und meinen Freunden bin ich dankbar, dass sie mich so tapfer durch die Höhen und Tiefen dieser Arbeit begleiteten. Dies gilt im besonderen Maße für den liebevollen Rückhalt durch meine Eltern Theresia und Albert Wadé sowie meine Schwester Martina Wimmer.

Schließlich danke ich meiner Frau Antonia, die an der Korrektur des Manuskripts einen großen Anteil hatte, für ihre unerschöpfliche Energie, Geduld, gute Laune und vieles mehr.

Inhaltsverzeichnis

Abbildungsverzeichnis

Tabellenverzeichnis

Abkürzungsverzeichnis

BBA	British Bankers Association
BIS	Bank für internationalen Zahlungsausgleich
BIP, GDP	Bruttoinlandsprodukt, Gross Domestic Product
CDS	Credit Default Swap(s)
CvaR	Credit-Value at Risk
GDF	Global Development Finance
ICERC	Interagency Country Exposure Review Committee
IFCI	International Finance & Commodities Institute
IIF	Institute of International Finance, Inc.
IFS	International Financial Statistics
IMF	International Monetary Fund
IRB	Internal Rating-Based
ISDA	International Swaps and Derivatives Association
KWG	Kreditwesengesetz
LIBOR	London Interbank Offered Rate
OCC	The Office of the Comptroller of the Currency
OECD	Organization for Economic Cooperation and Development
OTC	Over the Counter
S & P	Standard & Poor's
VaR	Value at Risk
VAR	Vektorautoregression

Länderkürzel:

AR	Argentinien
BR	Brasilien
CL	Chile
DE	Deutschland
GR	Griechenland
ID	Indonesien
IN	Indien
KL	Kolumbien
KR	Korea
MX	Mexiko
MY	Malaysia
PE	Peru
PH	Philippinen
SI	Singapur

SA	Südafrika
TL	Thailand
US	Vereinigte Staaten von Amerika
VZ	Venezuela

1 Einleitung

Das klassische Kreditgeschäft ist für Banken ein zentraler Geschäftsbereich und die Frage nach geeigneten Methoden für das Management von Kreditrisiken wurde in den letzten Jahren zu einem der meist diskutierten Themen. Vor dem Hintergrund eines vielschichtigen Wandels des Geschäftsumfeldes – steigende Insolvenzquoten, die Globalisierung der Märkte, die Entwicklung neuer Finanzinstrumente, Fortschritte auf theoretischer Ebene sowie erweiterte Einsatzmöglichkeiten mathematisch-quantitativer Methoden – wird die bisherige Risikopolitik vieler Kreditinstitute in Frage gestellt.

Im Zentrum der derzeitigen Diskussion stehen die „Portfolio-Kreditrisikomodelle“. Nachdem J.P. Morgan 1997 als erstes Kreditinstitut die technische Beschreibung seines Modells veröffentlichte, wurde deutlich, dass sich im Rahmen solcher Portfoliomodelle vielfältige Fortschritte realisieren lassen. Analog zu den Modellen für Marktrisiken der siebziger und achtziger Jahre endet die Analyse von Kreditrisiken nicht mehr auf der Ebene einzelner Kredite, sondern die Situation innerhalb des gesamten Kreditportfolios wird zum entscheidenden Beurteilungsmaßstab. Diversifikationseffekte und Risikoanhäufungen finden Eingang in die Bewertung des Portfolios und jedes Einzelkredits. Als bankbetriebliche Kernleistung gewinnt die Übernahme und Transformation finanzwirtschaftlicher Risiken gegenüber der bloßen Vermeidung erkannter Risiken immer weiter an Gewicht. Nachdem 1999 auch der Basler Ausschuss für Bankenaufsicht, der weltweit entscheidenden Einfluss auf die Richtlinien der nationalen Kontrollorgane besitzt, bekannt gab, dass er bei der Reform des „Basler Akkords von 1988“ (Basel I) Kreditrisiken differenzierter als bisher berücksichtigen wird, wurden auch die letzten Zweifel an der Bedeutung der Thematik beseitigt. Zahlreiche Veröffentlichungen, unzählige gut besuchte Kreditrisikoseminare und Engpässe bei der Suche nach qualifiziertem Personal sind einige der Auswirkungen. Auch Unternehmensberatungen verstärken ihre Aktivitäten in diesem Bereich und sind bemüht, eigene Methoden und EDV-basierte Lösungen zu entwickeln. Die Präsentation einer fertigen Software, die für ein bestehendes Portfolio Ausfallwahrscheinlichkeiten generiert, drängt dabei häufig die Diskussion der grundlegenden theoretischen Zusammenhänge in den Hintergrund.

Angesichts zahlreicher euphorischer Berichte und Äußerungen könnte man zu der Auffassung gelangen, dass das denkbare Potential dieser Verfahren unmittelbar vor der praktischen Umsetzung steht. Ein näherer Blick zeigt jedoch, dass die Fortschritte beim Kreditrisikomanagement nicht alle relevanten Fragestellungen gleichermaßen betreffen. Die meisten Ansätze konzentrieren sich auf das Segment des nationalen Firmenkundengeschäfts. Zum einen liegt dies an der großen Bedeutung dieses Geschäftszweiges, zum anderen bieten Unternehmen dank zusätzlicher Informationsquellen, wie bspw. das externe Rechnungswesen, eine günstige Ausgangslage für eine quantitative Analyse.

Betrachtet man Kreditrisiken in einem international diversifizierten Portfolio, zeigen sich im Bereich der Länderrisiken vielerlei Probleme, für die bisher keine überzeugenden Lösungen existieren. In der aktuellen Diskussion findet sich angesichts der Bedeutung dieser Thematik erstaunlich wenig Unterstützung bei dem Versuch, Kredite an ausländische Regierungen oder ausländische Unternehmen in ein Kreditrisikomodell einzubinden.

Ein wesentliches Problem liegt dabei im Bereich der Länderrisikoanalyse, die nicht in der Lage ist, die quantitativen Inputparameter als Grundlage für ein Kreditrisikomodell bereitzustellen. Trotz der methodischen Weiterentwicklung auf anderen Gebieten des Risikomanagements blieben die Konzepte für die Beurteilung von Länderrisiken im Wesentlichen seit den achtziger Jahren unverändert. Mehr noch als bei der Risikoanalyse von Krediten an Privatkunden wird man bei der Analyse von Länderrisiken mit Hindernissen konfrontiert, die einer einfachen quantitativen Behandlung im Wege stehen. Probleme liegen sowohl bei der Frage nach einem adäquaten Gesamtmodell als auch bei der Ermittlung der nötigen Inputfaktoren, um mit einem solchen Modell Realitäten abbilden zu können. Die Bonität eines Staates und die Rahmenbedingungen, denen die dort ansässigen Unternehmen ausgesetzt sind, werden von den verschiedensten ökonomischen, sozialen und politischen Faktoren beeinflusst. In vielen Bereichen lassen sich nur qualitative Aussagen zu einzelnen Risiken und ihren Zusammenhängen machen. Der geringe Umfang und die mangelnde Verlässlichkeit des Datenmaterials in vielen Ländern limitieren zudem die Möglichkeiten einer Analyse.

Angesichts der beschriebenen Widerstände besteht die Gefahr, dass selbst mit hohem Aufwand keine überzeugenden Verbesserungen erzielt werden können. Viele Forscher und Praktiker entscheiden sich in dieser Situation, die Reform des Kreditrisikomanagements vorerst auf jene Gebiete zu begrenzen, die bereits heute erste Ergebnisse vorzuweisen haben; vor allem der Bereich Firmenkunden ist hier zu nennen. Es ist derzeit nur eingeschränkt möglich, sich über die grundlegenden Fragestellungen und Lösungsansätze der Problematik „Länderrisiko in Kreditrisikomodellen" zu informieren. Zwar existiert eine Menge an Literatur zu den Themen „Analyse von Länderrisiken" und „Modernes Kreditrisikomanagement", jedoch werden beide Themengebiete in der Regel isoliert voneinander betrachtet. Die Länderrisikoanalyse beschränkt sich auf das Aufdecken und Beschreiben der Risikoquellen und deren Auswirkungen. Vorrangiges Ziel ist es, mit Hilfe quantitativer Verfahren die untersuchten Länder in eine Risikorangfolge einzuordnen. Die Möglichkeit, quantitative Parameter für Ausfallwahrscheinlichkeiten oder Zusammenhangsmaße zu schätzen, wird nicht thematisiert. Das Management von Länderrisiken erschöpft sich entsprechend in einer Risikobegrenzung durch die Festlegung von Limits für einzelne Länder oder Ländergruppen. Eine konsequente Analyse gemäß eines Portfoliokalküls fehlt für Länderrisiken auch in aktuellen Werken zum Kreditrisikomanagement.[1]

Angesichts internationaler Kreditportfolios stellt sich jedoch die Frage, ob die relevanten Aspekte von Länderrisiken in ein „national angelegtes“ Modell ohne weiteres nachträglich integrierbar sind. Könnten Länderrisiken als vernachlässigbare Größen eingestuft werden, bestünde kein Grund eine tiefergehende Diskussion voranzutreiben. Die Finanzkrisen der neunziger Jahre in Mexiko, Asien und Russland verdeutlichten jedoch, dass bei internationalen Krediten, speziell bei riskanten Schuldnern wie den Emerging Markets, besondere Risikosituationen auftreten können. Auch die aktuelle Finanzkrise in Argentinien wird bei westlichen Gläubigerbanken zu Kreditausfällen führen. Deutsche Großbanken, die als Global Player agieren, können solche Krisen nicht unbeeindruckt lassen.

Ein weiterer Aspekt, der in mehrfacher Hinsicht die Dringlichkeit der Thematik verstärkt, sind die Veränderungen, die sich von Seiten der Bankenaufsicht ankündigen. Es kann als sicher angesehen werden, dass aufsichtsrechtliche Regelungen künftig sowohl auf nationaler als auch auf internationaler Ebene ein stärkeres Gewicht auf den tatsächlichen Risikogehalt eines Schuldners legen werden, bspw. bei der Ermittlung der benötigten Eigenkapitalunterlegung. Die Ergebnisse externer und interner Ratingsysteme und – in der weiteren Zukunft – wohl auch die Ergebnisse von Kreditportfoliomodellen werden Eingang in die Prüfung der Bankengeschäfte finden und von Seiten der Aufsicht und der Aktionäre gefordert werden.

Entsprechend der Rahmenbedingungen werden sich Kreditportfoliomodelle optimal an die Gesetze und den aktuellen Forschungsstand anpassen müssen. Dabei ist mit einer zunehmenden Vereinheitlichung der Vorgehensweisen zu rechnen. Falls in einer neuen Standard-Modellierung wichtige Aspekte – wie bspw. die Länderrisiken – vernachlässigt bzw. ungenügend berücksichtigt werden, kann dies im Krisenfall gravierende Folgen haben. Da alle Risikomanager ähnlichen Fehleinschätzungen unterlägen, könnten sich deren Auswirkungen potenzieren.

Der derzeitige Umbruch im Kreditrisikomanagement wird sowohl innerhalb der Bankenwelt als auch für die Gesamtwirtschaft spürbare Veränderungen mit sich bringen. Im positiven Fall wird eine adäquate Abbildung von Risiken die Kräfte des Wettbewerbs stärken. Gesunde Unternehmen werden einen günstigeren Zugang zu Kapital erhalten, schlecht geführte Unternehmen werden bereits zu einem früheren Zeitpunkt durch Einschränkungen bei der Kapitalversorgung mit ihren Defiziten konfrontiert. Die Banken werden ihre Kreditrisiken effizienter managen, Ausfälle und Krisen werden besser abgefedert.

---

[1] Vgl. Caouette et al. (1998), Saunders (1999) oder Varnholt (1997)

Grundlage für diese vielversprechenden Aussichten ist jedoch ein funktionierendes Kreditrisikomanagement.

Zielsetzung und Aufbau

Die Zielsetzung der vorliegenden Arbeit lässt sich in zwei Bereiche unterteilen. Das erste Ziel umfasst die Ableitung des Forschungsbedarfs im Kontext von Kreditrisikomanagement und Länderrisiken. Das zweites Ziel ist die Suche nach konkreten Lösungen für einige der festgestellten Probleme. Insbesondere wird untersucht, inwieweit durch die Auswertung von Marktpreisen die Schätzung von Parametern des Ausfallrisikos verbessert werden kann.

Den Ausgangspunkt für die Darstellung der aktuellen Situation bildet in Kapitel 2 eine begriffliche Abgrenzung von Kredit- und Länderrisiken. Dieser Teil ist von besonderer Bedeutung, da Banken derzeit mit dem Begriff Länderrisiko teilweise unterschiedliche Definitionen verbinden. Mit der Darstellung der verschiedenen Interpretationen des Begriffs Länderrisiko wird zudem diskutiert, welche Definitionen für das Risikomanagement allgemein bzw. im Rahmen dieser Arbeit als geeignet erscheinen.

Kapitel 3 bietet einen kurzen Überblick über wesentliche Entwicklungen im Kreditrisikomanagement, und Kapitel 4 beschreibt Grundlagen und Verfahren der traditionellen Länderrisikoanalyse. In Kapitel 5 werden übliche Methoden für die Berücksichtigung von Länderrisiken im Kreditrisikomanagement vorgestellt und die momentan dringlichsten Problem herausgearbeitet.

In den Kapiteln 6 bis 9 wird an einzelnen Lösungen der dargestellten Probleme gearbeitet. In Kapitel 6 geht es zunächst um die Frage, auf Basis welcher Daten theoretisch eine Verbesserung der Länderrisikoanalyse erreicht werden kann. Dabei werden die unterschiedlichen Möglichkeiten im Rahmen einer direkten und indirekten Analyse verglichen.

In Kapitel 7 und Kapitel 8 wird versucht, über Preisinformationen für Kreditderivate und Anleihen zeitnahe und plausible Informationen über die Ausfallwahrscheinlichkeit von Ländern zu generieren.

In Kapitel 9 werden einige Überlegungen und empirische Befunde zur Ermittlung geeigneter Zusammenhangsmaße zwischen verschiedenen Ländern diskutiert.

Abschließend werden in Kapitel 10 die wesentlichen Ergebnisse zusammengefasst, und es wird ein Ausblick auf mögliche weitere Entwicklungen gegeben.

2 Kredit- und Länderrisiken als bankbetriebliche Risiken

2.1 Darstellung bankbetrieblicher Risiken

In den Wirtschaftswissenschaften gibt es keine einheitliche Festlegung des Begriffs „Risiko".[2] Gaitzsch (1988) verweist auf die Unterscheidung von zwei grundlegenden Risikoauffassungen. Unter dem statistisch-formalen Risikobegriff werden zukünftigen Ereignissen Wahrscheinlichkeiten zugeordnet. Die Streuung um den Erwartungswert definiert das Risiko. Je größer die Varianz, um so größer ist das Risiko.[3] Gemäß dem empirisch-materiellen Risikobegriff versteht man Risiko als die Gefahr, ein angestrebtes Ziel nicht oder nur zum Teil zu erreichen. Risiken können generell das gesamte Spektrum positiver und negativer Zielabweichungen umfassen, d.h. sowohl die Gefahren als auch die Chancen eines Zufallsvorgangs. In vielen Bereichen ist es üblich, eine engere Abgrenzung zu verwenden und mit Risiken nur die möglichen Gefahren zu assoziieren.[4]

Grundlegend für die Betrachtung von Gefahren bzw. von Chancen ist die Festlegung des relevanten Bezugsobjekts und seiner Ziele. Geht es um Risiken im Tätigkeitsfeld von Unternehmen, bieten sich als Bezugsobjekte Eigentümer bzw. Eigenkapitalgeber an. Da ihnen das Recht zur Unternehmensführung zusteht, wird auch das Risikomanagement von ihren Zielen bestimmt. Eine übliche Zielgröße eines Unternehmers ist das Erreichen eines bestimmten Gewinns.[5]

In der Bankbetriebslehre orientiert man sich für eine Einteilung der Risiken an dem internen und dem externen Leistungsbereich einer Bank.[6] Der interne Leistungsbereich umfasst die personellen, technischen und organisatorischen Bereiche eines Kreditinstituts. Sie werden zwar nach außen kaum kommuniziert, stellen jedoch eine wesentliche Grundlage der Geschäftstätigkeit dar. Maßnahmen gegen Defizite und Störungen im internen Leistungsbereich können bspw. umfassende Datensicherungsroutinen oder der Schutz gegen

---

2 Zur Unterscheidung von Risiko und Unsicherheit vgl. bspw. Knight (1921, S. 197 ff.).

3 Siehe auch Risikodefinition von Kabus (1976, S. 95)

4 Vgl. bspw. Greene (1969, S. 95)

5 Bei Befragungen von Eigenkapitalgebern werden laut Hartmann-Wendels et al. (1998, S. 523) häufig weitere Interessen genannt (bspw. „Zufriedenheit von Kunden und Mitarbeitern", „stetiges Wachstum" oder „ein großer Marktanteil"). In vielen Fällen lassen sich diese Motive jedoch als Instrumentalziele gegenüber dem Fundamentalziel der Gewinnerzielung interpretieren.

6 Vgl. Hanker und Hüging (1998, S. 20 f.). Für eine abweichende Klassifikation der Risiken, bei der vor allem die verschiedenen Risikoursachen im Mittelpunkt stehen, vgl. IFCI (Risks, 2000).

Computerviren sein. Der externe Leistungsbereich ist durch finanzielle Merkmale gekennzeichnet, wie sie auch in der externen Rechnungslegung dokumentiert werden. Die Risiken im externen Leistungsbereich lassen sich in Liquiditäts- und Erfolgsrisiken unterteilen. Ein Liquiditätsrisiko beschreibt die Gefahr, dass nicht in ausreichendem Maße liquide Mittel zur Verfügung stehen. Von Erfolgsrisiken spricht man bei unmittelbaren Auswirkungen auf den Geschäftserfolg. Typische Erfolgsrisiken sind das Marktpreisrisiko und das Adressenausfallrisiko. Das Marktpreisrisiko beschreibt die Gefahr, die durch Veränderungen der Höhe bzw. der Volatilität von Marktpreisen für Zinsinstrumente, Aktien, Währungen oder bestimmte Waren ausgelöst werden. Das Adressenausfallrisiko bezeichnet die Gefahr, dass Vertragspartner ihren Zahlungsverpflichtungen nicht nachkommen. Für den Fall eines Darlehens sind sowohl die Tilgungszahlungen als auch die Zinszahlungen dem Adressenausfallrisiko ausgesetzt. In der nachfolgenden Grafik wird die Einteilung der bankbetrieblichen Risiken noch einmal dargestellt:

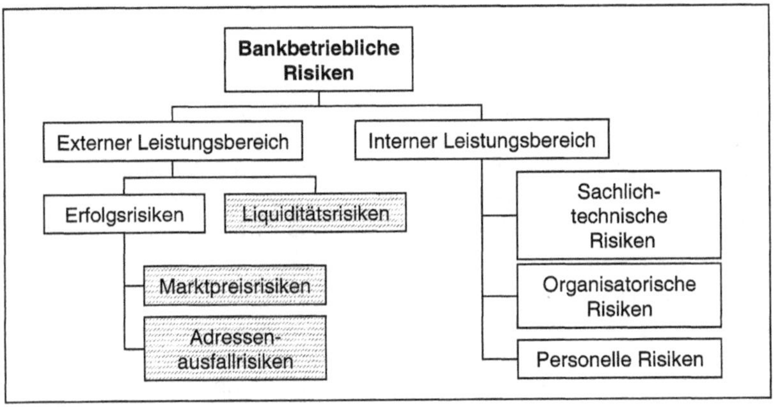

Abbildung 1: Einteilung bankbetrieblicher Risiken[7]

Kreditrisiko und Marktrisiko

Im Mittelpunkt des klassischen Risikomanagements stehen die Liquiditäts-, Marktpreis- und Adressenausfallrisiken des externen Leistungsbereichs. Nachdem sich in den siebziger und achtziger Jahren die Diskussion im Wesentlichen um das Marktpreisrisiko (= Marktrisiko) drehte, haben sich in den neunziger Jahren die Messung und Steuerung des Adressenausfallrisikos in

[7] Abbildung angelehnt an Hanker und Hüging (1998, S. 21). Die getrennt dargestellten Risikogruppen sind nicht unabhängig voneinander. So kann der Zahlungsausfall eines Schuldners oder ein organisatorischer Fehler sowohl negative Folgen für den Geschäftserfolg als auch für die Liquiditätslage der Bank mit sich bringen.

den Vordergrund geschoben. Folgt man der rechtlichen Abgrenzung der Begriffe[8], so kann das Adressenausfallrisiko synonym als Gegenparteirisiko oder Kreditrisiko bezeichnet werden. Das Kreditrisiko umfasst die Gefahr, von einem Schuldner Zahlungen aus einem Kreditverhältnis nicht vollständig oder nicht termingerecht zu erhalten. Im Bereich des Marktrisikos sind das Aktienkurs-, das Zinsänderungs- und das Fremdwährungsrisiko die bedeutendsten Risikoarten. Dieser Abgrenzung folgt auch die vorliegende Arbeit.

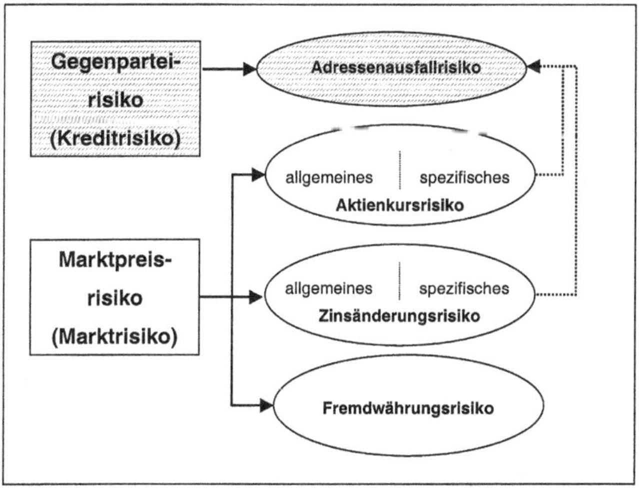

Abbildung 2: Abgrenzung von Kreditrisiko (grau) und Marktrisiko[9]

Alternativ stellen manche Arbeiten in den Vordergrund, dass das Marktrisiko durch allgemeine Marktbewegungen verursacht wird. Spezifische Zinsänderungsrisiken und spezifische Aktienkursrisiken, die mit individuellen Eigenschaften eines Wertpapieremittenten oder eines bestimmten Aktienwertes im Zusammenhang stehen, werden hier dem Kreditrisiko zugeordnet.[10]

Im Rahmen dieser Arbeit werden spezifische Marktrisiken als Indikator für das Ausfallrisiko eine wesentliche Rolle spielen. Darüber hinaus lohnt sich der Blick auf den Bereich der Marktrisiken noch aus einem weiteren Grund. Verglichen mit Kreditrisiken besitzt die theoretische Durchdringung der Marktrisiken und die Entwicklung von diesbezüglichen Instrumenten und Modellen einen großen Vorsprung. Die Übertragung von Konzepten auf das Kreditrisikomanagement ist daher naheliegend.

---

8 Vgl. Ott (2001, S. 8 ff.)

9 Vgl. Hanker und Hüging (1998, S. 23)

10 Vgl. Ott (2001, S. 10)

Schließlich soll das Kreditrisiko noch von dem Bonitätsrisiko abgegrenzt werden. Während das Kreditrisiko die Gefahr des Ausfalls des Schuldners beschreibt, umfasst das Bonitätsrisiko bereits die Gefahr der Verschlechterung seiner Zahlungsfähigkeit. Selbst ohne Ausfall einer Zahlung kann eine Bonitätsverschlechterung für den Gläubiger negative Folgen haben, da der Marktpreis der Forderung sinkt oder höhere Risikokosten anfallen, z.B. durch eine gestiegene Risikovorsorge.

2.2 Länderrisiken in Kreditbeziehungen

In Literatur und Praxis finden sich für den Begriff „Länderrisiko“ eine Vielzahl verschiedener Definitionen und Abgrenzungen.[11] Länderrisiken sind dabei nicht ausschließlich auf den Bereich der Kreditgeschäfte begrenzt, sondern begleiten nahezu alle internationalen Geschäftsaktivitäten eines Unternehmens. In Abbildung 3 sind wichtige Bereiche dargestellt, bei denen Länderrisiken eine Rolle spielen können.

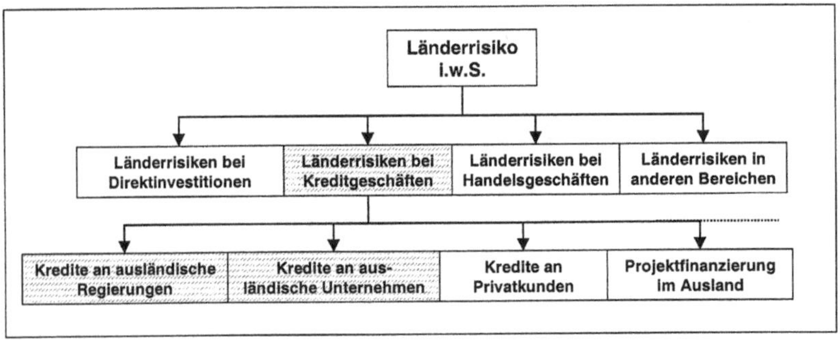

Abbildung 3: Abgrenzung der Länderrisiken nach zentralen Geschäftsbereichen

Im Rahmen dieser Arbeit steht der Länderrisikobegriff im Zusammenhang mit Kreditgeschäften im Mittelpunkt. Insbesondere sind hierbei die Risiken bei Krediten an ausländische Regierungen und bei Krediten an ausländische private Unternehmen von Interesse. Die Schwerpunkte sind in Abbildung 3 grau unterlegt. Mit Krediten an die öffentliche Hand und an Unternehmen werden wichtige Grundtypen behandelt, an denen sich Fragestellungen und Lösungsansätze untersuchen lassen, die in ähnlicher Weise auch bei anderen Kreditbeziehungen vorliegen. Auf die Besonderheiten weiterer Formen internationaler Kredite, bspw. an Privatkunden oder im Rahmen einer Projektfinanzierung mit einer Gruppe von Schuldnern, wird nicht eingegangen.

---

11 Allgemeine Beschreibungen finden sich bspw. bei Raffee und Kreutzer (1984, S. 28) oder Cataquet (1985, S. 134).

Sovereign Risk und Private Risk

Mit **Sovereign Risk** wird das Ausfallrisiko von Krediten bezeichnet, die entweder direkt an eine ausländische Regierung vergeben werden oder die durch staatliche Garantien gedeckt sind.[12] Da Zahlungsforderungen an Regierungen nur in beschränktem Maße gerichtlich durchgesetzt werden können, kommt neben der Zahlungsfähigkeit auch der Zahlungswilligkeit der Regierung eine besondere Bedeutung zu. Länderrisikodefinitionen betonen meist zwei Aspekte, die es rechtfertigen von einem Länderrisiko zu sprechen: Gefährdungen auf Grund der Rahmenbedingungen eines Landes und Gefährdungen als Folge der Entscheidungen einer Regierung. Da das Sovereign Risk nahezu ausschließlich von diesen Determinanten bestimmt wird, kann es vollständig dem Länderrisiko zugeordnet werden. Einzelne Autoren verwenden daher den Begriff Länderrisiko als Synonym für Sovereign Risk.[13]

Eine Besonderheit des Sovereign Risk ist, dass ein Ausfall der Forderung im Rahmen eines „Staatsbankrotts" analog zu einer Unternehmensinsolvenz in der Regel nicht zu beobachten ist. Ein wesentlicher Unterschied zu der Situation gegenüber einem privaten Schuldner sind die Schwierigkeiten, Forderungen an einen anderen Staat auf juristische Weise einzufordern. Daneben werden Zahlungsschwierigkeiten stets von vielfältigen politischen Einflussnahmen begleitet. Völliger Zahlungsausfall tritt meist nur in Fällen auf, bei denen die Zahlungsunfähigkeit auf nicht absehbare Zeit zu bestehen droht oder bei denen das Land beschließt, Schulden nicht mehr anzuerkennen.

In der Vergangenheit waren häufige Folgen von Zahlungsschwierigkeiten eines Landes:[14]

- Umschuldungsverhandlungen: die Gruppe der Gläubigerbanken handelt mit dem Schuldner neue Rahmenbedingungen aus;
- Moratorien: Aussetzen der momentanen Zins- und Tilgungszahlungen;
- Teilweiser Schuldenerlass

Das **Private Risk** bezeichnet im Rahmen dieser Arbeit das Ausfallrisiko von Krediten an private ausländische Unternehmen.[15] Tendenziell ergibt sich die Rolle des Länderrisikos innerhalb des Private Risk aus der Trennung von Risiken, die ihren Ursprung in Merkmalen und Entscheidungen des einzelnen

---

[12] Diese Definition schließt auch alle Kredite an Unternehmen der öffentlichen Hand ein, soweit eine Gewährsträgerhaftung von Seiten des Staates besteht. Der Name „Sovereign Risk" rührt daher, dass in diesem Fall der Schuldner über eine souveräne Gewalt verfügt.

[13] Vgl. Ciarrapico (1992, S. 3 ff.) und Heffernan (1986)

[14] Vgl. Nagy (1979, S. 15)

[15] Ciarrapico (1992, S. 4) bezeichnet das Private Risk als „...the risk associated with non publicly guaranteed private external loans".

Unternehmens haben (firmenspezifische Elemente), und Risiken, denen das Unternehmen durch seinen Standort ausgeliefert ist. Das im Wesentlichen von firmenspezifischen Elementen abhängige Private Risk wird im folgenden als „Commercial Risk“ bezeichnet.

Die Abgrenzung von Commercial Risk und Länderrisiko innerhalb des Private Risk ist jedoch schwierig. Folgt man der Länderrisikodefinition von Nagy (1979, S. 13), können jene Teile des Private Risk dem Länderrisiko zugeordnet werden, die nicht das Unternehmen, sondern die Regierung zu verantworten hat. Es existieren jedoch Risiken, bei denen die Ursachen auf verschiedenen Verantwortungsebenen zusammenspielen, und solche, die weder von einem einzelnen Unternehmen noch von der Regierung verursacht werden.

Verwendet man als Zuordnungskriterium die Verantwortlichkeit der Regierung, so zeigt sich der Ermessensspielraum der Einteilung bei wirtschaftlichen bzw. konjunkturellen Risiken. So unterscheidet Nagy (1979, S.14) bei einer Rezession: „If it is worldwide, and the government applies the appropriate countercyclical policies, it is not country risk. But if it occurs in one country in isolation, or it is aggravated by inept government policies, it is country risk.“ Die Frage, wann sich eine Regierung in einer Krise richtig und wann falsch verhalten hat, ist zwar von wirtschaftspolitischem Interesse, als Einteilungskriterium jedoch problematisch. Je nach theoretischer Überzeugung und politischer Perspektive kann in vielen Fällen die Regierung für eine Krise mitverantwortlich erklärt oder freigesprochen werden.

Als weitere Schwierigkeit bei der Aufspaltung in Commercial Risk und Länderrisiko kommt hinzu, dass es nicht möglich ist, firmenspezifische Risiken zu beurteilen, ohne zumindest teilweise auch die Rahmenbedingungen für die Unternehmen zu betrachten. Der länderspezifische Rahmen stellt erst den wirtschaftlichen Kontext zur Verfügung, der für eine sinnvolle Bewertung der Eigenschaften und Handlungen eines Unternehmens erforderlich ist. So sind Ertragsaussichten unmittelbar mit der konjunkturellen und strukturellen Situation in einem Land verknüpft. Selbst die scheinbar eindeutig firmenspezifische Qualität der Manager wird durch länderspezifische, bspw. kulturelle Charakteristika bestimmt.

Ursachen des Länderrisikos

Zu den wesentlichen Quellen des Länderrisikos schreibt die „Association of Reserve City Bankers“:[16] „Das Länderrisiko bezieht sich auf ein Spektrum von Risiken, welches aus dem ökonomischen, sozialen und politischen Umfeld (dies beinhaltet auch politische Reaktionen der Regierung auf Veränderungen dieses Umfeldes) eines bestimmten Landes hervorgeht.“ Aus diesem Umfeld

16 Vgl. Evertz (1992, S. 18)

resultieren potenziell günstige oder widrige Konsequenzen für die Zahlungsfähigkeit und Zahlungswilligkeit einer Regierung bzw. der Zahlungsfähigkeit der dort ansässigen Unternehmen. Die bekanntesten Risikoursachen lassen sich somit in zwei Bereiche zerlegen:

- Ökonomische Faktoren: Wirtschaftswachstum, Zahlungsbilanz (insbesondere Handelsbilanz), Wirtschaftsstruktur, Auslandsverschuldung etc.
- Politische und soziale Faktoren: Art des politischen Systems, Kompetenz und Seriosität der Regierung, soziales Umfeld, Einkommensverteilung, außenpolitische Situation (Grenzkonflikte), institutioneller Rahmen etc.

In verschiedenen Arbeiten werden weitere Klassifikationen aufgeführt. Nach Caouette et al. (1998, S. 338) umfassen die Komponenten, die zur Beurteilung des Länderrisikos geprüft werden müssen, auch den judikativen und ökologischen Bereich.

- Mit judikativen Risiken werden Gefahren umfasst, die sich aus dem Gesetzesrahmen und seiner Handhabung ergeben. So kann sich unter Umständen ein ausländischer Schuldner mit der Nichtanerkennung des Kreditvertrages oder einer nur eingeschränkten gerichtlichen Durchsetzbarkeit konfrontiert sehen.
- Ökologische bzw. geographische Risiken beziehen sich auf Gefahren aus dem natürlichen Umfeld, bspw. Überschwemmungen, Stürme oder Erdbeben. Obwohl in manchen Gebieten aus Erfahrungen in der Vergangenheit die Häufigkeit, die Folgen und die Relevanz solcher Katastrophen darstellbar sind, wird diese Risikogruppe bei der Analyse des Länderrisikos nur selten thematisiert.

Eine besondere Bedeutung für die spätere Untersuchung von Portfoliomodellen, in denen verschiedene Schuldnerländer gemeinsam betrachtet werden, besitzt schließlich noch das „Contagion Risk“. Es bezeichnet die Gefahr der Ansteckung wirtschaftlicher und politischer Krisen zwischen verschiedenen Ländern und somit auch die simultane Gefährdung von Krediten an mehrere Schuldnerländer. Das Contagion Risk ist gesondert zu betrachten, da es sich weniger um ein zusätzliches Risiko handelt, sondern den internationalen Zusammenhang bereits genannter Risiken beschreibt.

Die Untersuchung der Verbindung zwischen den genannten Risikofaktoren und dem Umfang des Sovereign bzw. Private Risk ist Aufgabe der Länderrisikoanalyse (vgl. Abbildung 4).

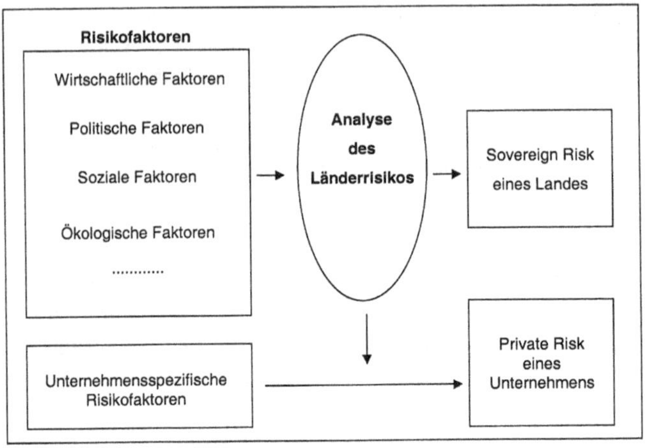

Abbildung 4: Stellung der Länderrisikoanalyse

Die Ergebnisse der Länderrisikoanalyse stellen zum einen die Grundlage für die Beurteilung des Sovereign Risk dar und sind zum anderen für die Ermittlung des Private Risk von Bedeutung. Die allgemeine schematische Darstellung entspricht den relativ wagen Definitionen aus der Literatur zum Länderrisiko. Eine gemeinsame Diskussion bestimmter Probleme oder die Entwicklung eines einheitlichen Modellrahmens ist jedoch schwierig, wenn bereits Uneinigkeit über die begriffliche Abgrenzung besteht.

Eine wichtige Rolle auf dem Weg zu einheitlichen Begriffen spielen die großen Ratingagenturen wie Moody's und Standard & Poor's. Da speziell im angelsächsischen Bereich die Risikobeurteilung eng mit den von den Agenturen bereitgestellten Ratings verbunden ist, besitzen ihre Begriffsdefinitionen und Vorgehensweisen automatisch einen großen Einfluss auf das Kreditrisikomanagement. In der von den Ratingagenturen verwendeten Systematik kommt dem Transferrisiko eine wesentliche Bedeutung zu.

Transferrisiko als einzige Länderrisikokomponente des Private Risk

Innerhalb des Private Risk stellt die alleinige Betrachtung des Transferrisikos eine relativ klare Abgrenzung der Länderrisikokomponente dar. Das Transferrisiko beschreibt die Gefahr, dass auf Grund einer Entscheidung der Regierung der Devisenverkehr bzw. der freie Umtausch der Währungen eingeschränkt oder vollkommen untersagt wird. In diesem Fall ist es selbst zahlungsfähigen Unternehmen nicht möglich, ihren Zins- und Tilgungspflichten an ausländische Gläubiger nachzukommen. Eine solche Situation liegt jenseits der Kontrolle des einzelnen Unternehmens und obliegt unmittelbar dem Entscheidungsspielraum der jeweiligen Regierung. Zu dem Vorteil der klaren Struktur dieser Betrachtungsweise kommt hinzu, dass eine Realisierung des

Transferrisikos stets gut zu beobachten ist, da die Einführung von Devisenkontrollen öffentlich sichtbar wird.

Bei Ratingagenturen und in der praktischen Arbeit im Bankenbereich ist eine Gleichsetzung von Länder- und Transferrisiko innerhalb des Private Risk stark verbreitet.[17] Das Transferrisiko erfasst speziell jenen Risikoanteil, der bei einer Investition in ein ausländisches Unternehmen zu den Risiken aus der gewöhnlichen Geschäftstätigkeit, dem Commercial Risk, hinzukommt. In den letzten Jahren werden von den Ratingagenturen zu Unternehmen in riskanten Ländern folgerichtig zwei Ratings veröffentlicht. Das Local Currency Rating beschreibt das reine Commercial Risk und klammert hierzu das Risiko möglicher Eingriffe der Regierung in den Zahlungsverkehr aus der Betrachtung aus. Das Foreign Currency Rating gibt hingegen das gesamte Private Risk wieder. Hier wird zusätzlich zum Commercial Risk das Transferrisiko einbezogen. Bei sicheren Staaten, wie bspw. den USA, deren Transferrisiko vernachlässigbar ist, sind Private und Commercial Risk bzw. Local und Foreign Currency Rating identisch. In Abbildung 5 wird die Rolle des Transferrisikos in dieser Risikosystematik nochmals verdeutlicht.

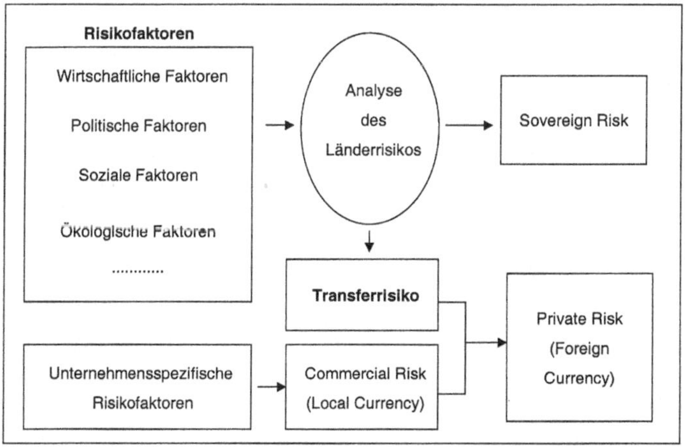

Abbildung 5: Stellung von Commercial Risk und Transferrisiko

[17] Dies bestätigten Gespräche mit Mitarbeitern deutscher Großbanken. Vgl. auch Meybom und Reinhart (1999, S. 568), die Länderrisiken als „Gefahr des Ausfalls grenzüberschreitender Forderungen aufgrund hoheitlicher Maßnahmen" bezeichnen, wobei sie dies auf Transfer- und Konvertierungsrisiken beschränken.

Das Transferrisiko scheint auf Grund der relativ klaren Zuordenbarkeit intuitiv eine vorteilhafte Möglichkeit zu sein, die Länderrisikokomponente des Private Risk zu isolieren. Auch im Rahmen der vorliegenden Arbeit wird diese Abgrenzung übernommen.[18] Dies geschieht, obwohl Zweifel daran bestehen, dass diese Aufteilung als Ausgangspunkt für die Suche nach Wegen, das Länderrisiko in Kreditrisikomodelle zu integrieren, optimal ist. Ein Alleingang gegen die übliche Herangehensweise wäre jedoch wenig sinnvoll, da man sich damit von der allgemeinen Diskussion zu weit entfernt. Zudem wäre eine Einbindung der gewonnenen Ergebnisse in die bisherigen Ansätze weitgehend ausgeschlossen. Trotzdem sollen an dieser Stelle die Schwachpunkte der Abgrenzung genannt und denkbare Alternativen vorgeschlagen werden.

Exkurs: Kritik an der allein am Transferrisiko ausgerichteten Abgrenzung des Länderrisikos innerhalb des Private Risk und alternative Lösung

Der wesentliche Kritikpunkt an der zuvor dargestellten Abgrenzung erwächst aus der Tatsache, dass neben dem Transferrisiko noch eine Reihe weiterer länderspezifischer Risiken innerhalb des Private Risk existieren. Für eine Zerlegung des Private Risk wäre es gegenüber einer alleinigen Abspaltung des Transferrisikos naheliegender, eine Trennung in unternehmensspezifische und länderspezifische Elemente vorzunehmen. Als wesentlichen Vorteil verspräche dies eine einfachere Modellierung von Zusammenhängen und Abhängigkeiten innerhalb des Portfolios, wenn man unterstellt, dass ein wesentlicher Teil der Zusammenhänge zwischen dem Private Risk verschiedener Unternehmen auf nationaler und internationaler Ebene durch länderspezifische Risikoquellen bestimmt wird. Bei der zuvor getroffenen Abgrenzung werden alle Aspekte außer dem Transferrisiko in der Bewertung des Commercial Risk zusammengefasst. Eine spätere Isolierung der länderspezifischen Elemente für eine Modellierung der Zusammenhänge ist unter Umständen nicht mehr möglich.

Manche Kreditinstitute erkennen dieses Problem und vermeiden die Suche nach weiteren Risikobegriffen, indem sie den Begriff Transferrisiko über die enge Definition von Kapitalverkehrskontrollen hinaus ausdehnen. Eine transparentere Vorgehensweise wäre es jedoch, ein neues Konzept bei der Abgrenzung von Commercial Risk und Länderrisikoelementen innerhalb des Private Risk umzusetzen. Werden alle länderspezifischen Elemente innerhalb des Private Risk dem Länderrisiko zugeordnet, wird der Länderrisikoanteil wesentlich umfangreicher, die genaue Identifikation des Länderrisikos jedoch

[18] Die Einteilung der Ratingagenturen von Commercial Risk und Transferrisiko ist nicht zuletzt durch praktische Erwägungen motiviert. Nachdem in der Vergangenheit die Ratings sich vor allem auf das Commercial Risk konzentrierten, bot es sich an, durch das Hinzufügen des Transferrisikos als gesonderten Baustein die bestehenden Methoden und Ergebnisse für die Bewertung des Commercial Risks unverändert zu übernehmen.

auch zunehmend schwieriger. Ein Ausgangspunkt für eine Identifikation wäre es, neben dem Transferrisiko eine weitere Länderrisiko-Komponente einzuführen. Dieser werden konsequent alle Risikofaktoren zugeordnet, die außerhalb des regulären Verantwortungsbereichs einer einzelnen Unternehmung liegen. Der reguläre Verantwortungsbereich eines Unternehmens bezeichnet dabei die Fähigkeit, innerhalb des zu erwartenden Geschäftsumfeldes so erfolgreich zu wirtschaften, dass die Zahlungsverpflichtungen erfüllt werden können.

Die zusätzliche Länderrisiko-Komponente im Private Risk wird im Folgenden als „Makrorisiko" bezeichnet. Der Umfang dieser Komponente wird deutlich, wenn als Hintergrund für die Beurteilung des Commercial Risk der zu erwartende gesamtwirtschaftliche und politische Rahmen betrachtet wird. Die Gefahr drastischer Veränderungen dieses Rahmens wird im Commercial Risk nicht berücksichtigt, sondern als Länderrisiko eingestuft. Dieses Vorgehen entspricht einer Zweiteilung des Geschäftsumfelds eines Unternehmens in den zu erwartenden „Makrozustand" und mögliche „Makrorisiken", die durch mögliche Abweichungen von den prognostizierten Rahmenbedingungen entstehen. Der Makrozustand wird bestimmt durch die momentane konjunkturelle Lage bzw. die Konjunkturaussichten für den Betrachtungszeitraum, die derzeitigen politischen und sozialen Verhältnisse sowie alle sonstigen Rahmenbedingungen. Dieser Makrozustand stellt die Ausgangslage für die Beurteilung der Erfolgsaussichten eines Unternehmens unter gewöhnlichen Verhältnissen dar. Dabei wird das wahrscheinlichste Umfeld gewählt. Das reine Commercial Risk reduziert sich in diesem Fall auf die Gefahr, dass es in diesem Umfeld zu Zahlungsschwierigkeiten kommt. Eine solche Situation kann Defiziten der einzelnen Unternehmung zugeschrieben werden. Das Commercial Risk erscheint auf dem Weg zum Private Risk somit als Zwischenergebnis, das die Zukunftsaussichten unter den prognostizierten Rahmenbedingungen widerspiegelt.

Das Makrorisiko besteht in Abweichungen von den angenommenen Rahmenbedingungen, die wesentlich schwieriger zu prognostizieren sind. Ein plötzlicher Wirtschaftszusammenbruch, ein politischer Umsturz, ein Bürgerkrieg oder eine ökologische Katastrophe sind Beispiele für solche Makrorisiken. So stellte in den achtziger Jahren bei einem Darlehen an einen Zuchtbetrieb in England der Ausbruch von Krankheiten wie BSE oder der Maul- und Klauenseuche ein Länderrisiko dar, da zu diesem Zeitpunkt die Seuchen und der folgende Preisverfall nicht das zu erwartende Geschäftsumfeld darstellten. Im Jahre 2000, nach Ausbruch der Seuchen, wären sie allerdings Teil des Commercial Risk, da nun die Beurteilung der Erfolgsaussichten einer einzelnen Unternehmung unmittelbar mit der Fähigkeit des Betriebes verbunden ist, die Seuche zu verkraften.

In der folgenden Abbildung wird die vorgeschlagene Abgrenzung des Länderrisikos noch einmal im Überblick dargestellt.

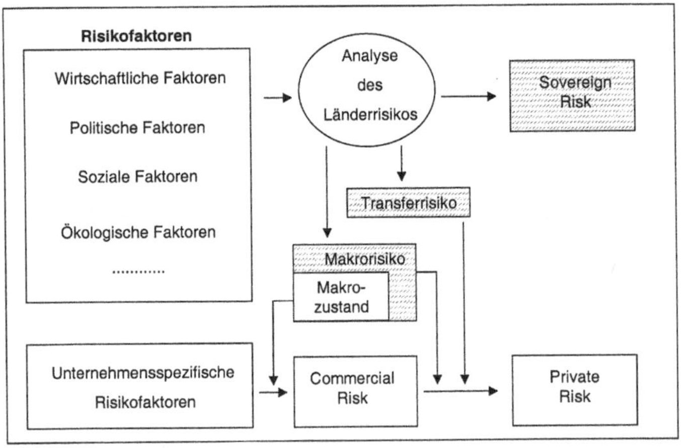

Abbildung 6: Alternative Abgrenzung des Länderrisikos über das Makrorisiko

Eine mögliche Kritik an der Einstufung des Makrorisikos als Länderrisiko liegt in der Tatsache, dass diese Risikokomponente nicht nur in grenzüberschreitenden Kreditbeziehungen feststellbar ist, sondern auch inländische Schuldner ein „Länderrisiko" aufweisen. Dies erscheint im Hinblick auf ein globales Portfoliomodell jedoch eher als Vorteil. Je größer der Einfluss des Standorts des Gläubigers auf die Beurteilung des Landes des Schuldners ist, um so schlechter lassen sich Methoden standardisieren und erzielte Forschungsergebnisse unmittelbar übertragen. Verwendet man hingegen vom Gläubigerland unabhängige Risikokomponenten, können diese auch von Gläubigern aus anderen Ländern genutzt werden. Zudem vermindert sich innerhalb des Portfoliomodells die einschneidende methodische Grenze zwischen in- und ausländischen Krediten, da im größeren Umfang die gleiche Bewertungsmethodik verwendet wird.

2.3 Besondere Bedeutung des Sovereign Risk innerhalb des Länderrisikos

Die Bedeutung des Sovereign Risk innerhalb der Kreditrisikoanalyse erklärt sich im Wesentlichen aus drei Gründen:

- Kredite an Regierungen oder Investitionen in Schuldtitel haben ein bedeutendes Volumen angenommen. Zusätzliches Gewicht erhält das Sovereign Risk dadurch, dass sich viele große Unternehmen gerade in weniger entwickelten Ländern völlig oder zumindest teilweise in öffentlichem Besitz befinden. Zumindest über Bürgschaften besteht in diesen Fällen immer eine unmittelbare Verbindung zur Zahlungsfähigkeit des Staates.

- Das Sovereign Risk kann als Indikator des allgemeinen Länderrisikos dienen. Da in ihm sowohl wirtschaftliche, politische sowie soziale und ökologische Faktoren zum Ausdruck kommen, lassen sich Ergebnisse auch als Proxy für andere Länderrisikokomponenten verwenden.
- Bei einer Aufteilung der Risiken in Transferrisiko und Sovereign Risk kann die Ausprägung des Sovereign Risk auch für das Transferrisiko übernommen werden. Die grundlegende Überlegung dabei ist, dass der Staat im Fall von Zahlungsschwierigkeiten seine Macht nutzen wird, um auf Kosten der privaten Unternehmen und Haushalte möglichst viele Zahlungsmittel zu seiner Verfügung zu halten. Hierzu wird er auch den freien Kapitalverkehr unterbinden.[19]

Besonders der letzte Punkt macht die Beurteilung des Sovereign Risk zu einer Schlüsselgröße bei der Beurteilung internationaler Kreditrisiken.

[19] Vgl. Moody's (Obergrenzen, 02/2002, S. 1). Eine Diskussion der praktischen Umsetzung dieses Grundgedanken bei der Ermittlung des Private Risk folgt in Kapitel 5.1.

3 Entwicklungen im Kreditrisikomanagement

Das Management von Kreditrisiken hat primär das Ziel, die Gefahr einer Insolvenz des Kreditinstituts möglichst gering zu halten. Daneben müssen Risiken erkannt und gesteuert werden, um das vorhandene Kapital entsprechend der Ziele des Unternehmens einzusetzen.[20]

Im Risikomanagement lassen sich folgende Aufgabengebiete unterscheiden:[21]

- Risikoidentifikation
- Risikomessung
- Risikosteuerung
- Risikokontrolle

Den Kern des Risikomanagements stellt die Risikosteuerung dar. Im Rahmen der Risikosteuerung können Kriterien für das Neugeschäft beschlossen, Höchstgrenzen für einzelne Schuldner festgelegt oder durch stärkere Diversifikation das Portfoliorisiko verringert werden. Außerdem besteht die Möglichkeit, durch eine angemessene Risikovorsorge die negativen Auswirkungen ungünstiger Ereignisse zu begrenzen. Dieser letzte Punkt ist besonders im Hinblick auf die aufsichtsrechtlichen Rahmenbedingungen relevant.

Die grundsätzliche Voraussetzung für die Risikosteuerung stellt eine korrekte Risikoidentifikation und Risikomessung dar. Nur wenn Risiken erkannt und quantifiziert werden, lassen sich Höchstgrenzen oder eine optimale Risikovorsorge sinnvoll festlegen. Bei der Risikomessung eines Engagements stellt die Bonität bzw. die Ausfallwahrscheinlichkeit des Schuldners die zentrale Größe dar (vgl. Kapitel 2.1). Je geringer die Bonität, desto höher ist die Wahrscheinlichkeit, dass es zu Zahlungsschwierigkeiten kommt. Die Ausfallwahrscheinlichkeit eines Schuldners misst entsprechend die Wahrscheinlichkeit, dass ein Schuldner im betrachteten Zeithorizont seinen Zahlungsverpflichtungen nicht vollständig und termingerecht nachkommt.

Weitere wichtige Größen bei der Messung von Kreditrisiken sind der ausfallbedrohte Betrag (Exposure) sowie der Anteil des Exposure, der bei Ausfall erhalten bleibt (Recovery Rate). Für die Aggregation der Einzelrisiken ist schließlich noch der Zusammenhang der verschiedenen Einzelengagements zu erfassen. Dies wird meist über die Korrelation als Maß des linearen Zusammenhangs getan.

Wie bereits in Kapitel 1 beschrieben, rührt das starke Interesse, das dem Kreditrisikomanagement derzeit zuteil wird, im Wesentlichen von veränderten

[20] In Schmoll (1999) finden sich verschiedene Beiträge zu den rechtlichen und wirtschaftlichen Gründen des Kreditrisikomanagements.

[21] Vgl. Ott (2001, S. 26) sowie Johanning und Rudolph (2000, S. 18)

Rahmenbedingungen des Kreditgeschäfts. Die Insolvenzahlen sind in fast allen westlichen Ländern gestiegen, wobei die Kreditinstitute gleichzeitig sinkende Margen im Kreditgeschäft verzeichnen müssen. Der Handlungsbedarf entsteht jedoch nicht alleine von Seiten des Wettbewerbs, sondern auch von Seiten der rechtlichen Vorgaben für das Kreditgewerbe, die in zunehmendem Maße die neuen Ansätze beim Kreditrisikomanagement berücksichtigen. Mit Fortschritten bei der theoretischen Durchdringung der Probleme und mit der Bereitstellung entsprechender Technologien wird sich diese Dynamik weiter verstärken.[22]

Viele Beschreibungen und Überlegungen zum Kreditrisikomanagement in der Literatur beziehen sich auf Kredite an inländische Unternehmen. Grundsätzliche Entwicklungen im Kreditrisikomanagement lassen sich daher am einfachsten in diesem Umfeld nachzeichnen. Auf Aspekte des Länderrisikos wird innerhalb dieses Kapitels zunächst nur am Rande hingewiesen. Die Frage nach der Einbindung von Länderrisiken in das Kreditrisikomanagement wird in Kapitel 5 behandelt, nachdem in Kapitel 4 die aktuelle Länderrisikoanalyse dargestellt wurde.

3.1 Entwicklungen bei den internen Verfahrensweisen von Banken

Betrachtet man die Veränderungen im Bereich des Kreditrisikomanagements von Banken innerhalb der letzten Jahrzehnte, so lassen sich einzelne Entwicklungsstufen nicht klar voneinander abgrenzen. Viele Aspekte haben sich im Laufe der Zeit bewährt und blieben erhalten, andere wurden modifiziert oder sind neu hinzugekommen. Unter den Banken zeigen sich große Unterschiede bei der Bereitschaft, neue Methoden einzusetzen. Große, international agierende Banken befinden sich, teils auch auf Grund ihrer finanziellen Möglichkeiten, oftmals in einer Vorreiterrolle bei der Weiterentwicklung und praktischen Umsetzung moderner Risikomanagement-Methoden.

Traditionelles Kreditrisikomanagement

Das traditionelle Verfahren zur Prüfung der Kreditwürdigkeit besteht im Wesentlichen aus einer subjektiven Einschätzung der Bonität eines Kunden. Im Rahmen von Expertensystemen bewerten Mitarbeiter der Bank die vorliegenden Informationen entsprechend ihren Erfahrungen und mit einer konservativen Grundeinstellung.[23] Qualitative Kriterien (bspw. die Bewertung der Kaufmannseigenschaften) sowie quantitative Kriterien (bspw. Bilanzkennzahlen)

---

22 Einen Überblick über die verschiedenen Bereiche und Entwicklungen im Kreditrisikomanagement bieten u.a. Saunders (1999), Johanning und Rudolph (2000), Ong (1999), Varnholt (1997) und Eller et al. (1999).

23 Okada et al. (1995, S. 2) schreiben über den Umgang mit Risiken bei Finanzinstituten: „In the good old days, their focus was on this issue, but without quantitative viewpoint, and they dealt with this problem with conservatism.“

dienen zur Vorbereitung und Unterstützung der Kreditvergabeentscheidung. Die Probleme einer solchen Vorgehensweise sind offensichtlich. So ist die Entscheidungsgüte völlig von der Qualität des Mitarbeiters abhängig und konsistente Entscheidungen für verschiedene Kunden bzw. unterschiedliche Kreditsachbearbeiter sind kaum zu erreichen. Ebenso ist die Überprüfung und kontinuierliche Verbesserung der Kreditentscheidungen nur schwer möglich. Schließlich verhindert das Fehlen differenzierter Aussagen über den Risikogehalt eines Schuldners auch eine sinnvolle Differenzierung bei der Gestaltung der Konditionen, insbesondere eine risikoadjustierte Bepreisung.

Bei den Bemühungen um eine bessere Verfahrensweise lassen sich verschiedene Punkte hervorheben. Zum einen setzten sich in der Form von Checklisten und vorgegebenen Bewertungssystemen strukturierte Vorgehensweisen durch. Dabei werden quantitative und qualitative Kriterien systematisch abgefragt, die entsprechend einem vorgegebenen Algorithmus in einer Gesamtnote bzw. einem Gesamtscore resultieren. Zwar unterliegen auch die Kriterienbewertungen teilweise subjektiven Einschätzungen, jedoch wird mit einem solchen Verfahren die Möglichkeit von Analysen im Kreditrisikomanagement wesentlich ausgeweitet.

Eine weitere Beobachtung ist, dass sich seit den siebziger Jahren der Einsatz statistisch-quantitativer Verfahren verstärkt hat. Einen wichtigen Beitrag auf diesem Gebiet leistete Altman (1968) mit seiner Arbeit über die Prognose von Unternehmensinsolvenzen. Er verwendete verschiedene bilanzielle Kennzahlen von Firmen, um mit Hilfe einer Diskriminanzanalyse einen sogenannten „Z-Score" zu ermitteln, der für die Klassifizierung der Unternehmen entsprechend ihrem Ausfallrisiko eingesetzt werden kann. Neben der Diskriminanzanalyse wurden in der Folgezeit Logit- und Probitanalysen, Sterbetafeln und neuronale Netze verwendet, um die Bedeutung verschiedener bilanzieller Kennzahlen und allgemeiner wirtschaftlicher Faktoren für das Kreditrisiko von Unternehmen zu ermitteln.[24] In der Bankpraxis spielten diese quantitativen Methoden lange Zeit nur eine untergeordnete Rolle. Bis vor wenigen Jahren standen selbst bei größeren Banken häufig nicht einmal entsprechende Datenbanken zur Verfügung, um derartige Methoden anwenden zu können.

Wandel im Kreditrisikomanagement in den neunziger Jahren

Um die Bedeutung und Dynamik des derzeitigen Wandels innerhalb des Kreditrisikomanagements zu ermessen, bietet sich ein Vergleich mit den Entwicklungen auf Seiten der Marktrisiken an. Das Management von Marktrisiken erlebte im Verlauf der siebziger und achtziger Jahre eine quantitative Revolution mit besonderem Schwerpunkt auf der Betrachtung der Portfolioebene. Mit

---

[24] Ein Überblick über die Entwicklung quantitativer Methoden bei der Kreditrisikomessung findet sich bei Altman und Saunders (1998) oder Kao (2000, S. 56).

Fortschritten bei der Portfoliotheorie, dem gewaltigen Wachstum der Märkte derivativer Finanzinstrumente und der Entwicklung entsprechender Bepreisungsansätze[25] entstanden auch für das Risikomanagement neue Möglichkeiten. Eine zentrale Rolle spielte dabei die Etablierung von Risikokennzahlen, wie die des „Value at Risk". Diese neue quantitative Sichtweise setzte sich zunächst im internen Risikomanagement durch und wurde später auch in entsprechenden rechtlichen Regelungen verankert.

Eine ähnliche Entwicklung zeichnet sich seit den neunziger Jahren auf Seiten des Kreditrisikomanagements ab. 1997 wurde mit dem Kreditrisikomodell „CreditMetrics™" von J.P. Morgan erstmals eine praktikable Methodik für die Risikoanalyse von Kreditportfolios veröffentlicht, der in rascher Folge weitere Entwürfe folgten. Zu nennen sind hier im Wesentlichen „CreditRisk^{+}" von Credit Suisse, der „Portfoliomanager™" von KMV[26] und „CreditPortfolioView™" von McKinsey & Company. Mit Hilfe dieser Modelle können Kreditrisikokennzahlen auf Portfolioebene gebildet werden. Wichtige Größen sind hierbei der erwartete und der unerwartete Verlust. Während der erwartete Verlust durch die Prämien gedeckt sein sollte, muss für die unerwarteten Verluste eine entsprechende Risikovorsorge bereitgestellt werden. Die Entscheidung, in welcher Höhe für unerwartete Verluste Vorsorge zu treffen ist, unterstützt der Credit-Value at Risk (CVaR). Dieser misst – analog zum Value at Risk auf der Marktrisikoseite – den maximalen unerwarteten Verlust, der mit einer vorgegebenen Wahrscheinlichkeit (z.B. 99,9 Prozent) nicht überschritten wird.

Zwar sind noch zahlreiche Probleme ungelöst und viele Kreditinstitute stehen bei der Umsetzung der theoretischen Möglichkeiten erst am Anfang. Dennoch bieten die vielfältigen Chancen im Kreditrisikomanagement von der risikoadjustierten Bepreisung bis zur Portfoliooptimierung starke Anreize, die Arbeit an einem umfassenden Kreditrisikomodell weiter voranzutreiben.[27] Die wesentlichen Bausteine eines solchen Kreditrisikomodells werden vereinfacht in Abbildung 7 dargestellt.

---

[25] Bspw. Black und Scholes (1973)

[26] KMV wurde nach den Gründern des Unternehmens Kealhofer, McQuown und Vasicek benannt. Anfang des Jahres 2002 hat die Ratingagentur Moody's KMV übernommen (vgl. www.moodyskmv.com).

[27] Vgl. Jackson und Perraudin (1999) zu den besonderen Chancen von Kreditrisikomodellen sowie Jarrow und van Deventer (1999) zur Untersuchung des praktischen Nutzens von Kreditrisikomodellen.

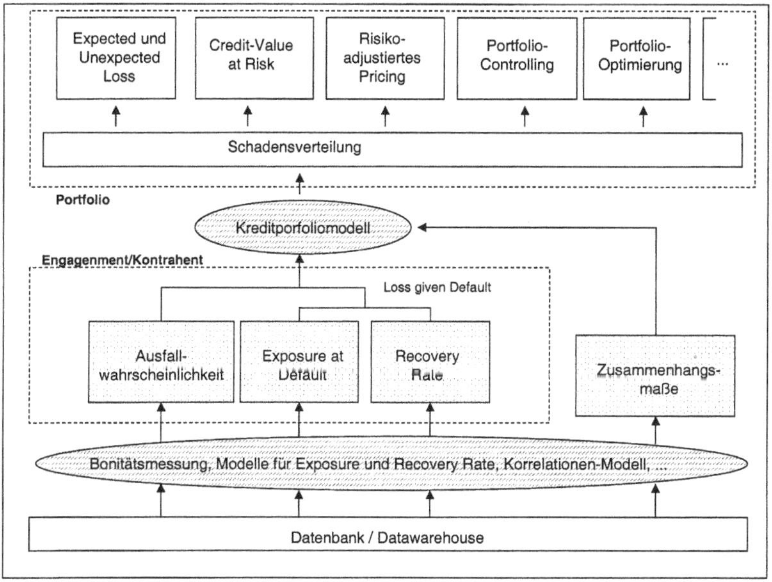

Abbildung 7: Vereinfachte Darstellung eines Kreditrisikomodells[28]

Ein weiterer Parameter des Kreditrisikomodells ist die zeitliche Dimension der betrachteten Größen. Diese richtet sich zum einen nach dem Planungshorizont der Bank und zum anderen nach den Haltdauern bzw. Laufzeiten der Kredite.

Auf Seiten der Praxis ist auf den unteren Stufen des Modells häufig noch der größte Handlungsbedarf. So stellt der Aufbau der erforderlichen Datenbanken oder eines geeigneten Systems zur Einstufung der Bonität der Kunden in vielen Bereichen das vordringlichste Problem dar. Auf theoretischer Seite sind jedoch längst die „höheren" Bereiche des Kreditrisikomanagements in den Vordergrund gerückt.

3.2 Aktuelle Kreditportfoliomodelle

Beginnend mit der Arbeit von Markowitz (1959) tauchen Portfoliomodelle vor allem im Zusammenhang mit Aktienportfolios auf. Ein wichtiges Grundkonzept ist dabei der Mean-Variance-Ansatz. Der Erwartungswert der Rendite sowie

---

28 Diese Übersicht ließe sich noch auf vielfache Weise ergänzen. Während hier die Schadensverteilung als unmittelbarer Output des Portfoliomodells gesehen wird, könnte als alternatives Ziel (mit weitergehenden Möglichkeiten speziell für das Pricing und Controlling) auch die Schätzung der Barwertverteilung dargestellt werden. Hierzu wäre unter anderem die Modellierung der Cash-Flows zusätzlich zu berücksichtigen.

ihre Varianz – als Maß für das Risiko – sind die wesentlichen Parameter bei der Analyse der Effizienz eines Portfolios. Die Übertragung des Mean-Variance-Ansatzes auf Kredite ist jedoch aus zwei Gründen problematisch. Zum einen ist die Schätzung der Parameter schwieriger, da häufig keine kontinuierlichen Marktpreise vorliegen. Zum anderen wird in der Standardportfoliotheorie die Normalverteilung der Renditen vorausgesetzt. Bei Krediten liegt jedoch in der Regel eine asymmetrische Renditeverteilung vor. Die Verwendung von Portfoliomodellen ist daher häufig mit schwierigeren Verteilungsannahmen und aufwendigen Simulationen verbunden. Auch wenn keine unmittelbare Übertragung der Aktien-Portfoliomodelle möglich ist, so ist doch das grundlegende Ziel von Kredit-Portfoliomodellen identisch: unter Berücksichtigung von Diversifikationseffekten und erwarteten Erträgen die Risiken eines Portfolios zu messen und auf diese Weise die Grundlagen für eine optimale Portfolioallokation bereitzustellen.

Typen von Kreditportfoliomodellen

Je nachdem, welcher Aspekt betrachtet wird, bestehen eine Reihe von Klassifikationsmöglichkeiten für Kreditportfoliomodelle. Bei der grundlegenden Bauweise lassen sich Top Down- und Bottom Up-Modelle unterscheiden. Mit Bottom Up wird die Vorgehensweise bezeichnet, dass ausgehend von der Beurteilung des einzelnen Kreditnehmers die Aggregation zu größeren Segmenten erfolgt. Top Down-Modelle beginnen mit der Festlegung größerer Segmente, bspw. durch Zusammenfassung vieler ähnlicher Privatkunden, und übertragen die Beurteilung des Segments auf den Einzelfall.

Weiter lassen sich bedingte und unbedingte Modelle unterscheiden. Bei bedingten Modellen werden Informationen über die Rahmenbedingungen, insbesondere über die aktuelle Entwicklung der konjunkturellen Situation in einem Land oder einer Branche, bei der Schätzung der Parameter einbezogen. Unbedingte Modelle folgen einer Durchschnittsbetrachtung.[29] Die Ermittlung durchschnittlicher oder konjunkturabhängiger Ausfallwahrscheinlichkeiten hat unmittelbare Auswirkungen auf die Modellierung von Zusammenhangsmaßen innerhalb des Portfolios. Durch die Berücksichtigung konjunktureller Einflussfaktoren vermindern sich Korrelationen erheblich oder verschwinden völlig.[30] Dies lässt sich mit folgender ökonomischer Überlegung begründen: Auf alle Schuldner wirken gleichzeitig – wenn auch unterschiedlich stark – verschiedene (vor allem konjunkturelle) Faktoren ein. Dies führt zu Ausfallwahrscheinlichkeiten, die nicht über die Zeit konstant sind. Es treten vielmehr Perioden mit relativ hohen und Perioden mit relativ niedrigen Ausfallwahrscheinlichkei-

---

29 Eine analoge Klassifikation für Ratings sind „Point in time" (bedingt) und „Through The Cycle" (unbedingt).

30 Vgl. Hamerle und Rösch (Korrelationen, 2002)

ten auf. Wird dieser Umstand konjunkturbedingt ansteigender oder sinkender Ausfallwahrscheinlichkeiten nicht explizit berücksichtigt, sondern über eine Durchschnittsbetrachtung eine konstante Ausfallwahrscheinlichkeit zu Grunde gelegt, handelt es sich bei den messbaren Zusammenhängen lediglich um Scheinkorrelationen.[31]

Betrachtet man für eine Klassifizierung den Prozess, der der Ermittlung der Ausfallwahrscheinlichkeiten zu Grunde liegt, werden Structural Models und Intensity Models unterschieden. Erstere setzen das Ausfallereignis mit der Kapitalstruktur des Unternehmens in Zusammenhang.[32] Letztere verzichten auf einen Erklärungsansatz, sondern leiten Ausfallwahrscheinlichkeiten aus historischen Daten ab, bspw. aus den relativen Ausfallhäufigkeiten in einzelnen Ratingklassen.[33]

Kreditportfoliomodelle in der Praxis

Große Kreditinstitute und Beratungsgesellschaften haben verschiedene Modellansätze entwickelt und bieten entsprechende Programmpakete an. Ziel ist jeweils die Berechnung einer Schadens- bzw. einer Barwertverteilung. Die Grundlage des Kreditrisikomanagements liefern die aus der ermittelten Verteilung abgeleiteten Kennzahlen für den erwarteten und unerwarteten Verlust.[34]

Der **PortfolioManager™** von KMV baut auf den Überlegungen von Merton (1974) auf und entspricht einem Structural Model. Es wird angenommen, dass ein Unternehmen ausfällt, wenn der Unternehmenswert unter die Höhe der Verbindlichkeiten sinkt. Mit Hilfe der Optionspreistheorie kann aus am Markt beobachtbaren Renditespreads auf den Unternehmenswert und seine Entwicklung zurückgeschlossen werden. Die Korrelation der Unternehmenswerte wird aus der Korrelation der Aktienrenditen abgeleitet. Problematisch ist, dass diese Methoden unmittelbar nur bei börsennotierten Unternehmen funktionieren. Für die Einbindung von Länderrisiken ist das Hauptproblem, dass keine vergleichbaren Informationen über den „Wert“ von Ländern vorliegen. Eine

---

31 Diese Problematik wird erneut in Kapitel 9.2 aufgegriffen.

32 Die Structural Models haben ihren Ursprung in der Arbeit von Merton (1974), der einen Ausfall unterstellt, wenn der Unternehmenswert eine bestimmte Grenze unterschreitet. Diese Grundidee wurde seither in vielen Arbeiten weiterentwickelt (vgl. bspw. Longstaff und Schwarz, 1995)

33 Trotz der Unterschiede weisen die derzeit diskutierten Modelle auch viele Gemeinsamkeiten auf. Beispiele für Arbeiten, die verschiedene Ansätze in einem gemeinsamen Rahmen betrachten, sind Koyluoglu und Hickman (1998) sowie Uhrig und Homburg (2002).

34 Eine tabellarische Übersicht über die Merkmale der wichtigsten Kreditportfoliomodelle befindet sich in Anhang A2.

Möglichkeit, wie man die Optionspreistheorie dennoch für die Analyse des Länderrisikos verwenden kann, findet sich in Kapitel 8.7.

Bei **CreditMetrics™** von J.P. Morgan sind stationäre Ausfalls- und Übergangswahrscheinlichkeiten je Ratingklasse sowie die Rolle des Unternehmenswertes als treibende Kraft hinter Ratingklassenveränderungen die grundlegenden Annahmen.[35] Diese Annahmen ermöglichen eine Verknüpfung der Wahrscheinlichkeit gemeinsamer Ratingveränderungen mit den beobachtbaren Korrelationen bei den relativen Unternehmenswertänderungen.

Für den Einsatz von CreditMetrics™ sind Übergangs- bzw. Migrationsmatrizen eine Voraussetzung. Sie ergeben sich aus den historischen Häufigkeiten eines Wechsels von einer Ratingklasse in die andere bzw. eines Ausfallereignisses. Da CreditMetrics™ für jede Kreditposition potentielle Barwerte bei Ausfall oder Ratingänderung ansetzt, sind ratingspezifische Zinsstrukturkurven (one-year-forward) erforderlich. Um die Korrelation der relativen Unternehmenswertänderungen zu schätzen, werden, je nachdem, welcher Korrelationsansatz bei CreditMetrics™ verwendet wird, zudem Korrelationen von Aktienrenditen oder Aktienindizes mit Zuordnungsgewichten jeder Position auf die Indizes benötigt.

Für Länderrisiken stellen sowohl das Fehlen entsprechender Migrationsmatrizen als auch die eingeschränkten Möglichkeiten, aus Zusammenhängen bei der Aktienkursentwicklung auf gemeinsame Ratingveränderungen zu schließen, wesentliche Hindernisse für eine Einbindung in CreditMetrics™ dar.

Stark beeinflusst von der Versicherungsmathematik ist **CreditRisk+™**. Die Standardversion lässt sich durch folgende Punkte beschreiben:

- Einteilung der Wirtschaft in Sektoren (bspw. Branchen). Dabei werden alle Objekte, auf die die gleichen systematischen Risiken wirken, in einem Sektor zusammengefasst. Eine andere Möglichkeit ist die Festlegung verschiedener Sektoren für disjunkte Risikofaktoren und die Vergabe von Zuordnungsgewichten zu den Sektoren für jede Position.
- Für jeden Kreditnehmer werden die Ausfallwahrscheinlichkeit sowie die Standardabweichung der Ausfallwahrscheinlichkeit vorgegeben, die sich bspw. aus der Ratinghistorie ermitteln lassen. Unter Berücksichtigung der Zuordnungsgewichte ergeben sich die erwartete Ausfallwahrscheinlichkeit und Volatilität je Sektor.
- Es wird angenommen, dass Ausfallereignisse Poisson-verteilt sind und die durchschnittliche Ausfallrate in einem Sektor gammaverteilt ist.
- Es resultiert eine „Mischverteilung“, mittels der die Schadensverteilung des Portfolios analytisch approximiert wird.

---

35 Vgl. das „technical paper“ zu CreditMetrics™ von J.P. Morgan (CreditMetrics, 1997)

Zusammenhänge zwischen den Ausfällen der Positionen werden bei CreditRisk+™ implizit über die gemeinsame Abhängigkeit von Risikofaktoren berücksichtigt. Für Länderrisiken besteht als primäres Problem die Vergabe von Ausfallwahrscheinlichkeiten und Standardabweichungen.

CreditPortfolioView™ von McKinsey & Company ist das jüngste Produkt unter den Portfoliomodellen und wurde stark durch die Arbeit von Wilson (1998) geprägt. Die Berechnung der Portfolio-Schadensverteilung erfolgt hier in Abhängigkeit des ökonomischen Umfelds. Es werden Makrofaktoren bestimmt, die einen Einfluss auf die branchenspezifischen Ausfallwahrscheinlichkeiten besitzen. Ihre Entwicklung wird durch einen AR(2)-Prozess[36] modelliert. Zu Beginn wird ein „state of the world" simuliert. Entsprechend der simulierten Rahmenbedingungen werden die Migrationsmatrizen modifiziert. In einem günstigen „state of the world" steigt die Wahrscheinlichkeit für Upgrades und sinkt die Wahrscheinlichkeit für Downgrades. Basierend auf dieser Migrationsmatrix wird die Schadensverteilung ähnlich wie bei CreditMetrics™ ermittelt. Im Anschluss werden weitere „state of the world"-Szenarien simuliert und die daraus resultierenden Schadensverteilungen zusammengefasst. Zusammenhänge zwischen Ausfallereignissen ergeben sich aus der gemeinsamen Abhängigkeit der Ausfallwahrscheinlichkeiten von dem jeweiligen „state of the world".

In dem technischen Dokument zu CreditPortfolioView™ wird ein Einbau des Länderrisikos explizit vorgeschlagen.[37] Hierzu müssen exogen die Wahrscheinlichkeiten und Korrelationen der Ausfälle in verschiedenen Ländern festgelegt werden. Bei der Simulation wird vor jedem Durchgang die Möglichkeit zugelassen, dass Länder entsprechend der vorgegebenen Wahrscheinlichkeiten und Zusammenhänge ausfallen. Fällt ein Land aus, kommt es zu einem Gesamtausfall aller Positionen in dem betroffenen Segment.[38] Das Problem dabei ist, dass bei den Inputgrößen, d.h. den Parametern des Sovereign Risk bzw. des Transferrisikos, einfach auf eine exogene Beschaffung verwiesen wird, obwohl sie offensichtlich das spätere Ergebnis entscheidend beeinflussen.

Nahezu jedes größere Kreditinstitut arbeitet mittlerweile mit einem der genannten oder ähnlichen Modellen. Bei vielen steht jedoch noch das Sammeln von Erfahrungen im Vordergrund, da die Ergebnisverwendung auf Grund

36 Autoregressives Modell, bei dem die Werte der beiden zurückliegenden Perioden zur Erklärung des aktuellen Wertes verwendet werden.

37 Vgl. McKinsey (CreditPortfolioView, 1998, S. 21)

38 Siehe auch Kapitel 5.1

bislang noch ungelöster Probleme und vor allem hoher Datenunsicherheit nur eingeschränkt möglich ist.[39]

3.3 Entwicklungen bei den rechtlichen Rahmenbedingungen

Auf Grund der Bedeutung eines funktionsfähigen Kreditgewerbes für die Gesamtwirtschaft bestehen für die Tätigkeiten von Kreditinstituten eine Reihe gesetzlicher Regelungen. In Deutschland gibt das Kreditwesengesetz (KWG) die rechtlichen Rahmenbedingungen vor.[40] Ziele sind die Gewährleistung von Ordnung und Funktionsfähigkeit der Kreditwirtschaft sowie der Schutz der Bankgläubiger vor Vermögensverlusten. Diese Ziele werden unter anderen mit Vorschriften zur Eigenkapitalausstattung, Liquiditätshaushaltung sowie der Festlegung bestimmter Meldepflichten und Bilanzierungsanforderungen erreicht. Im Rahmen der Diskussion zum Kreditrisiko ist speziell die angemessene Eigenkapitalausstattung von Bedeutung. In §10 Abs. 1 S. 1 KWG heißt es: „Die Institute müssen im Interesse der Erfüllung ihrer Verpflichtungen gegenüber ihren Gläubigern, insbesondere zur Sicherheit der ihnen anvertrauten Vermögenswerte, angemessene Eigenmittel haben.“ Bei der konkreten Umsetzung der Vorschriften sowie der Überwachungstätigkeit spricht das KWG dem Bundesaufsichtsamt für das Kreditwesen (BAKred) eine wesentliche Rolle zu. Gemäß §10 Abs. 1 S. 2 KWG ist es befugt, Grundsätze für die Festlegung der nötigen Eigenkapitalunterlegung zu formulieren. Für das Kredit- und Marktrisiko werden die Bestimmungen für die nötigen Eigenmittel im sogenannten „Grundsatz I“ festgelegt.

Seit seiner Entstehung ergaben sich beim KWG selbst und bei den Grundsätzen des KWG zahlreiche Änderungen. Seit Mitte der siebziger Jahre werden die Richtlinien immer stärker durch das Ziel europäischer und internationaler Angleichung der gesetzlichen Regelungen bestimmt. Für die Ausstattung mit Eigenmitteln kommt dabei dem Basler Ausschuss für Bankenaufsicht eine wesentliche Funktion zu, der 1975 von den Zentralbanken der wichtigsten Industrieländer (den G-10 Staaten) gegründet wurde. In ihm treffen sich regelmäßig Vertreter der Aufsichtsbehörden und Zentralbanken der beteiligten Länder, wobei die Bank für internationalen Zahlungsausgleich (BIS) als Gastgeber fungiert.[41]

---

39 Vgl. Löffler (1999) zur Anwendung der Verfahren sowie Labrecque (1998) zu den Erfahrungen bei der Chase Manhattan Bank.

40 KWG in der Neufassung der Bekanntmachung vom 9. September 1998 mit allen Änderungen bis zum 20. Dezember 2001 (Online-Fassung unter www.bakred.de). Für einen Überblick über die historische Entwicklung des KWG vgl. Hartmann-Wedels et al. (1998, S. 338 ff.).

41 Vgl. Basler Ausschuss (1988, S. 1)

Bisherige Regelungen der Eigenkapitalausstattung der Banken

Im Jahre 1988 veröffentlichte der Basler Ausschuss für Bankenaufsicht unter dem Titel „International Convergence of Capital Measurement and Capital Standard" Empfehlungen für die Eigenkapitalausstattung von Kreditinstituten, die in der Folge weltweit in den nationalen rechtlichen Regelungen übernommen wurden. Bis zum heutigen Tag werden auch in Deutschland die Vorgaben dieses ersten „Basler Akkords" angewendet.

Im Wesentlichen bestimmt der Basler Akkord bzw. die nationalen Gesetze, wie das Eigenkapital berechnet wird und welche Risikoaktiva zu welchem Anteil mit Eigenmitteln zu unterlegen sind. Vereinfacht werden dabei Eigenmittel in Höhe von acht Prozent der Risikoaktiva gefordert. Bei der Berechnung der Risikoaktiva werden Kredite an Privatkunden und nicht öffentliche Schuldner zu 100 Prozent angerechnet. Geringere Anrechnungsbeträge entfallen bspw. für mit Grundschuld besicherte Kredite (50 Prozent) oder für Kredite an Länder, die als risikolos gelten können (0 Prozent). Die grundsätzliche Berechnungsmethodik wird in Abbildung 8 verdeutlicht:

8 Prozent	x	Bonitäts-gewichtungs-faktor	x	Kreditrisiko-betrag	=	Notwendige Eigenmittel

↑

100 %	Forderungen an Privatkunden und Unternehmen (Nichtbanken)
70 %	Bauspardarlehen aus Zuteilungen sowie Vor- und Zwischenfinanzierungen
50 %	Durch Grundpfandrechte gesicherte Kredite
20 %	Öffentliche Stellen und Kreditinstitute der Zone A
0 %	Wirtschaftlich stabile OECD-Länder zuzüglich Länder mit IWF-Sonderabkommen (Zone A)

Abbildung 8: Notwendige Eigenmittel für ein Kreditgeschäft[42]

Trotz dieser Abstufung können die bisherigen Regelungen als ein „one suits it all"-Ansatz betrachtet werden. Unabhängig davon, ob man einen Kredit an ein risikoarmes oder risikoreiches Unternehmen vergibt, entfallen stets dieselben acht Prozent. Ähnlich verhält es sich für verschiedene Staaten, bei denen die einzige Unterscheidung darin besteht, ob sie zur so genannten Zone A gehören (0 Prozent) oder nicht (100 Prozent).

Dadurch sind die geforderten Eigenmittel jedoch nicht auf das tatsächlich vorliegende Risiko des Portfolios abgestimmt. Wenn man berücksichtigt, dass

---

[42] Vgl. § 13 Grundsatz I (Online-Fassung unter www.bakred.de)

die Bereithaltung von Eigenmitteln Kosten verursacht, verschärft sich dieses Problem durch die Möglichkeit der „Aufsichtsarbitrage“. Banken versuchen ihre Gewinne zu steigern, ohne das erforderliche Eigenkapital auszuweiten. Dies geschieht durch eine vermehrte Aufnahme riskanter Engagements, da sie die Chance auf höhere Renditen eröffnen, ohne zusätzliches Eigenkapital zu erfordern.[43]

Ein weiteres Problem ist die Tatsache, dass keinerlei Portfolioeffekte berücksichtigt werden. Die rechtlichen Regelungen beinhalten somit keinen Anreiz für die Banken, eine möglichst große Diversifikation ihrer Engagements anzustreben.[44]

Reformvorschläge (Basel II)

Auf Grund der steigenden Kritik an den bisherigen Regelungen sowie einer wachsenden Kluft zwischen gesetzlichen Regelungen und den Möglichkeiten eines modernen Kreditrisikomanagements machten die Mitglieder des Basler Ausschusses mit einem Konsultationspapier im Juni 1999 deutlich, dass sie eine Reform der bisherigen Empfehlungen beabsichtigen. Als Gründe wurden eine ungenügende Differenzierung der Risikoaktiva entsprechend ihrem Risikogehalt sowie mangelnde Anreize zur Minderung bankbetrieblicher Risiken genannt.

Die vorgestellten Reformvorschläge zogen wegen ihrer Bedeutung für die künftige Wettbewerbsfähigkeit der Banken eine weite Diskussion im Kreditgewerbe, in der Wissenschaft und der Politik nach sich.[45] Die aktuellste Version der Reformvorschläge stammt momentan von Januar 2001. Die tatsächliche Umsetzung wurde von ursprünglich 2003 auf 2005 verschoben.

Die Reformvorschläge sehen die Etablierung von drei Säulen vor:[46]

1. Säule: Anforderungen an das Mindesteigenkapital
2. Säule: Überprüfungsverfahren der Aufsichtsbehörden
3. Säule: Förderung der Marktdisziplin

---

43 Eine vom Basler Ausschuss in Auftrag gegebene Studie mit dem Titel „Capital Requirements and Bank Behaviour“ aus dem Jahr 1999 bestätigt, dass insbesondere bei Großbanken solche unerwünschten Umstrukturierungen bereits in erheblichem Maße stattgefunden haben (vgl. Jackson et al., 1999).

44 Für eine weitergehende Diskussion der verschiedenen Schwächen von Basel I vgl. Ott (2001, S. 29 ff.) und Knapp (2002, S. 31 ff.).

45 Wichtige Diskussionsthemen sind die Gefahr einer Verschiebung der Wettbewerbsfähigkeit zu Gunsten angelsächsischer Kreditinstitute oder mögliche Benachteiligungen mittelständischer Unternehmen bei der Kreditvergabe als Folge der Reform.

46 Vgl. Basler Ausschuss (Konsultationspapier, 1/2001, S. 6 ff.)

Für die Berechnung des erforderlichen Eigenkapitals (Säule 1) sind zwei Vorgehensweisen zugelassen: Der Standardansatz, basierend auf externen Ratings, sowie der interne Ratingansatz (IRB-Ansatz), bei dem die Ergebnisse interner Risikoanalysemethoden der Bank verwendet werden können.

Beim Standardansatz erfolgt die Bestimmung der Bonitätsgewichte entsprechend der Bewertung großer Ratingagenturen wie bspw. Moody's oder Standard & Poor's. In Abbildung 9 sind die Bonitätsgewichte für Kredite an Länder dargestellt.

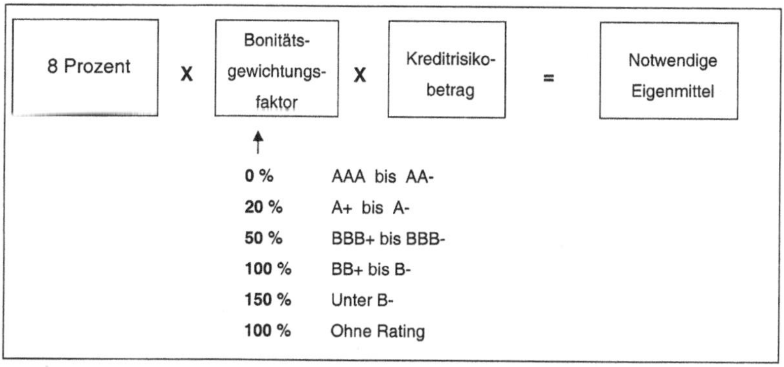

Abbildung 9: Bonitätsgewichte für Länder gemäß dem Standardansatz von Basel II[47]

Die Bonitätsgewichte von Unternehmen folgen einer vergleichbaren Aufspaltung mit der Ausnahme, dass die Risikogewichte bereits bei 20 Prozent für AAA anfangen und unter BB- ein Faktor von 150 Prozent verwendet wird. Ein wichtiges Problem stellte dabei für europäische Banken der geringe Anteil gerateter Unternehmen im Vergleich zum angelsächsischen Raum dar. Es wird befürchtet, dass sich hieraus Wettbewerbsnachteile ergeben könnten, da europäische Banken somit höhere Eigenmittel bereithalten müssten.

Eine mögliche Lösung wird in der Wahlmöglichkeit des IRB-Ansatzes gesehen, der im Gegensatz zum Standardansatz nicht auf externen, sondern internen Risikoanalysen beruht. Beim IRB-Ansatz ergeben sich die Risikogewichte in Abhängigkeit der intern prognostizierten Risikoparameter. In einem „Basisansatz" sollen zunächst Ausfallwahrscheinlichkeiten prognostiziert werden und die übrigen Werte durch die Aufsicht vorgegeben werden. In einem „Fortgeschrittenen Ansatz" werden alle Risikoparameter durch das Institut festgelegt.

---

[47] Vgl. Basler Ausschuss (Konsultationspapier, 1/2001, S. 7)

Die Berechnung der Risikogewichte für Staaten folgt dabei derselben Vorgehensweise wie für Unternehmen.[48]

Für die Beurteilung von Länderrisiken gilt innerhalb des IRB-Ansatzes, dass Banken, wie bei Unternehmenskrediten, alle relevanten Faktoren bei der Zuordnung eines internen Ratings beachten müssen. Für Länderrisiken werden explizit genannt: „...eine ständige Überwachung der ökonomischen und politischen Entwicklung der gerateten Staaten...".[49] Es müssen sowohl die Zahlungsfähigkeit als auch die Zahlungswilligkeit beurteilt werden. Ferner müssen Vorhersagen „für makroökonomische Schlüsselvariablen durchgeführt werden".[50] Schließlich werden die Banken dazu aufgefordert, „Informationen über Spreads von handelbaren Wertpapieren" zu nutzen.[51]

Es zeichnet sich deutlich ab, dass die jetzigen Reformvorschläge und die später in Kraft tretenden Veränderungen nur ein erster Schritt hin zu einer Berücksichtigung des tatsächlichen Risikogehalts sind. Spätestens mit dem Konsultationspapier von 1999 wurde selbst mittleren und kleineren Banken bewusst, dass sie sich dem modernen Kreditrisikomanagement nicht verschließen können. Für das Länderrisiko und die Länderrisikoanalyse ist in den bisher vorliegenden Reformvorschlägen allerdings lediglich die Forderung enthalten, Länderrisiken umfassend zu berücksichtigen. Entscheidend wird jedoch sein, ob die Länderrisikoanalyse auch in der Lage ist, entsprechende Ergebnisse bereitzustellen.[52]

48 Vgl. Basler Ausschuss (Konsultationspapier, 1/2001, S. 89, Abs. 479)

49 Vgl. Basler Ausschuss (Konsultationspapier, 1/2001, S. 90, Abs. 490)

50 Vgl. Basler Ausschuss (Konsultationspapier, 1/2001, S. 90, Abs. 491)

51 Vgl. Basler Ausschuss (Konsultationspapier, 1/2001, S. 90, Abs. 492)

52 Ein ebenfalls interessanter Aspekt der rechtlichen Rahmenbedingungen in Bezug auf das Länderrisiko ist, inwieweit die internationale Durchsetzung der aufsichtsrechtlichen Vorstellungen dazu beiträgt, Krisen in den weniger entwickelten Ländern zu verhindern oder sogar noch zu verstärken. So untersuchen Chiuri et al. (2000) welche makroökonomischen Folgen die Einführung von Eigenkapitalhinterlegungspflichten mit sich bringen. Ihr Ergebnis deutet darauf hin, dass besonders in weniger entwickelten Ländern zu strikte Kapitalvorschriften eine Einengung des Kreditangebots mit unter Umständen negativen ökonomischen Folgen bewirken.

4 Empirische und theoretische Aspekte der Länderrisikoanalyse

Im ersten Teil des Kapitels wird der Gegenstand der Länderrisikoanalyse aus Sicht des Kreditrisikomanagements abgegrenzt. Eine besondere Bedeutung kommt hierbei der Gruppe der Emerging Markets zu. Für diese Ländergruppe wird ein kurzer Überblick über die Krisen der neunziger Jahre dargestellt, die für Kapitel 8 den Hintergrund der empirischen Analysen bieten. Im zweiten Teil dieses Kapitels werden aktuelle Methoden der Länderrisikoanalyse bei Banken, Ratingagenturen und Fachmagazinen dargestellt.

4.1 Emerging Markets als Forschungsgebiet der Länderrisikoanalyse

Zur Zeit existieren weltweit an die zweihundert souveräne Staaten, deren ökonomische und politische Merkmale für eine Kategorisierung mehrere Möglichkeiten bieten. Verbreitet ist die Einteilung der Weltbank[53] gemäß des Bruttoinlandsprodukts (BIP) pro Einwohner in die Klassen „Low-income" (<755 US$), „Middle-income" (755-9.266 US$) und „High-income" (>9.266 US$). Fast alle üblichen Indikatoren des Entwicklungsstandes eines Landes basieren auf einer solchen oder ähnlichen Dreiteilung der Welt. In Bezug auf das Sovereign Risk teilt sich die Welt in die drei Gruppen:

- Permanent zahlungsunfähige Länder;
- Risikolose Länder;
- Länder, deren Zahlungsfähigkeit unsicher ist

Der Gruppe der permanent zahlungsunfähigen Staaten kann ein großer Teil Afrikas zugerechnet werden. Der ökonomische Handlungsspielraum dieser Länder ist so weit eingeschränkt, dass mit einer regulären Rückzahlung neuer Kredite nicht zu rechnen ist (Ausfallwahrscheinlichkeit nahe 100 Prozent). Neben gewaltigen Schuldenlasten stehen in vielen Fällen politische Instabilität und soziale Unruhen der wirtschaftlichen Entwicklung im Wege. Unabhängig von den vielschichtigen Ursachen dieser Situation lässt sich festhalten, dass diese Länder auf den internationalen Kapitalmärkten nicht in Erscheinung treten. Abgesehen von Exporterlösen stellen Kredite im Rahmen von Entwicklungshilfe- und Förderprogrammen den einzigen Zugang zu internationalem Kapital dar. Bei der Länderrisikoanalyse spielen Länder dieser Gruppe nur in Ausnahmefällen, bspw. bei der Finanzierung besonderer Projekte, eine Rolle.

---

[53] Vgl. Worldbank (Outlook, 2001), Anhang „Classification of economies". Als weitere Klassifikationsmerkmale werden der Verschuldungsgrad oder die geographische Region vorgeschlagen.

Als risikolose Länder lassen sich die meisten OECD-Staaten einstufen. Auf Grund ihrer wirtschaftlichen Bedeutung befassen sich Kreditinstitute sehr intensiv mit diesen Märkten, die Frage nach dem Sovereign Risk oder Transferrisiko bleibt jedoch unerheblich.[54] Ihre ökonomische Stärke und politische Stabilität machen Ausfallszenarien sehr unwahrscheinlich (Ausfallwahrscheinlichkeit nahe null). Hinzu kommt, dass wegen der zahlreichen Verflechtungen innerhalb der reichen Industrieländer ein Zahlungsausfall das gesamte System schädigen würde und die anderen Staaten daher einen großen Anreiz haben, dies zu verhindern. Extremszenarien, die bspw. die Zahlungsunfähigkeit der USA zur Folge hätten, sind zwar im Rahmen globaler ökonomischer Katastrophen denkbar. Ein entsprechendes Risikomanagement würde aber in diesem Fall an seine Grenzen stoßen.

Die riskanten Länder besitzen ein erkennbares Ausfallrisiko, jedoch eröffnen ihre Wirtschaftskraft und ihre Wachstumsperspektiven die Möglichkeit, dass sie ihren Verbindlichkeiten nachkommen. In diese Gruppe fallen die lateinamerikanischen Staaten, eine Reihe von Ländern in Asien und im mittleren Osten sowie die Transformationsstaaten in Ost- und Zentraleuropa. Wenn von Länderrisiken gesprochen wird, betrifft es in der Regel diese Gruppe.

Eine einfache Zuordnung der Länder in die verschiedenen Kategorien lässt sich mit Hilfe der Risikobeurteilung von Ratingagenturen darstellen.[55] Die folgende Abbildung bietet eine Übersicht, wobei Staaten mit den besten Ratingnoten – bei Moody's Aaa und Aa – als risikolos bewertet werden.[56] Riskante Länder besitzen ein Rating A oder schlechter. Das Fehlen eines Ratings wird als Indikator dafür gewertet, dass diese Länder auf den internationalen Kapitalmärkten nicht in Erscheinung treten.

---

54 Für ein anderes Verständnis des Länderisikobegriffs, wie das in Kapitel 2.2 vorgeschlagene „Makrorisiko“, wären Länderrisiken auch in dieser Gruppe relevant.

55 Nähere Erläuterungen zu Länderratings erfolgen in Kapitel 4.4.

56 Dies entspricht der aufsichtsrechtlichen Einstufung als risikolos im Basler Konsultationspapier (vgl. Basler Ausschuss, Konsultationspapier, 1/2001, S. 7)

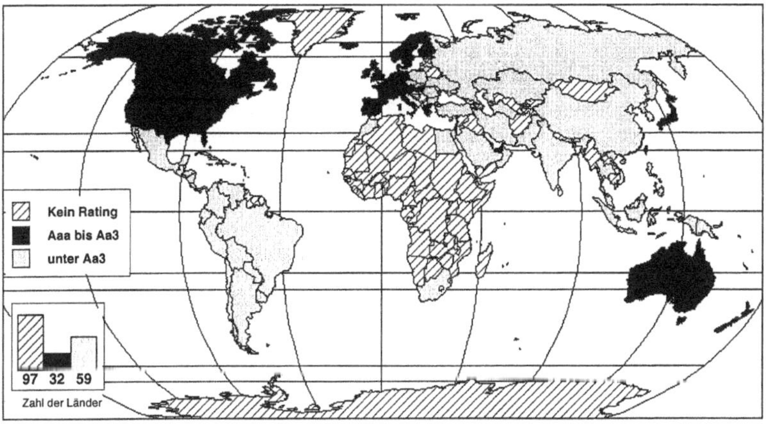

Abbildung 10: Aufteilung der Welt entsprechend dem Rating von Moody's am 5. November 2001[57]

Von 188 betrachteten Ländern werden nur 32 als risikolos eingestuft und erhalten damit einen optimalen Zugang zu den Kapitalmärkten.[58] Über die Hälfte der Länder besitzt kein regelmäßiges Rating und 59 Länder sind Schuldner mit unsicherer Zahlungsfähigkeit.

In der Gruppe der riskanten Länder liegen die so genannten Emerging Markets, für die keine klare Begriffsabgrenzung existiert.[59] Die Weltbank verwendet den Begriff für alle Länder, die nicht zu den „High-income"-Ländern zählen. Für Investoren und Kreditgeber lassen sich Emerging Markets besser durch typische Eigenschaften identifizieren, die den Aufbruch dieser Länder charakterisieren. Dazu gehören Verbesserungen bei der Inflationskontrolle, institutionelle Reformen, die Öffnung der Märkte, Ausbildungsfortschritte, Privatisierungen und niedrige Produktionskosten.

In vielen Bereichen bestehen noch deutliche Unterschiede zu den westlichen Industrieländern. Trotz der Öffnung der Märkte bestehen immer noch eine Reihe von Marktzugangshemmnissen und weitreichende Regulierungen. Häufig ist bspw. eine Festschreibung der Wechselkurse[60], eine starke Konzentration auf wenige Marktteilnehmer (monopolistische bzw. oligopolistische

57 Die Karte wurde mit Hilfe des Programms „Mercator" erstellt.

58 Zu der Problematik von Länderrisiken als Hindernis auf dem Weg zu globalen Märkten vgl. Egli (2000, S. 275 ff.).

59 Ein Vergleich verschiedener Definitionen von Emerging Markets findet sich bei Fox und King (1998, S. 38 f.).

60 Zu der Funktion verschiedener Formen fester Wechselkurse bzw. von Currency Boards in den Emerging Markets vgl. Batiz und Sy (2000).

Strukturen) sowie eine große Abhängigkeit von ausländischem Kapital beobachtbar. Schließlich sind in diesen Ländern häufig die politischen und sozialen Verhältnisse relativ instabil. All dies führt zu einer hohen Volatilität der wirtschaftlichen Aktivität und der Finanzmärkte. Betrachtet man für die Jahre 1991 bis 1996 die weltweit fünf größten Anstiege und Einbrüche von Aktienindizes, erscheinen die Namen verschiedener Emerging Markets in unterschiedlichen Jahren sowohl bei den besten als auch bei den schlechtesten Entwicklungen.[61]

In Kapitel 7 und 8 dieser Arbeit stehen aus der Gruppe der Emerging Markets speziell Lateinamerika sowie Südost-Asien im Mittelpunkt. In Lateinamerika handelt es sich um die Länder Argentinien, Brasilien, Kolumbien, Mexiko, Peru und Venezuela.

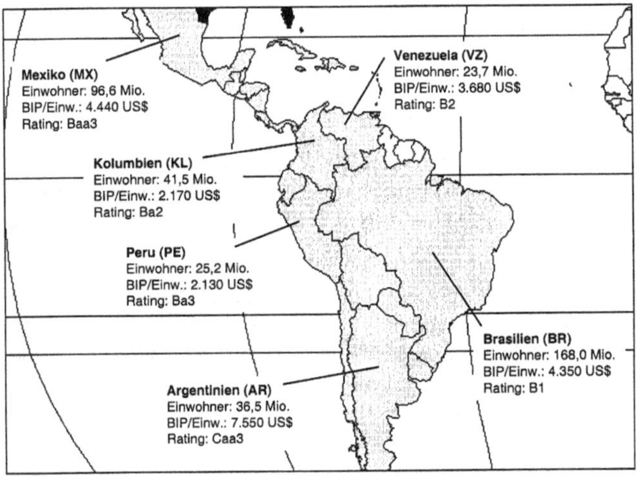

Abbildung 11: Emerging Markets in Lateinamerika, die im Rahmen dieser Arbeit betrachtet werden[62]

In Südost-Asien werden Indonesien, Korea, Malaysia, die Philippinen und Thailand betrachtet. In den neunziger Jahren war diese Region für internationale Investoren von besonderem Interesse. Zunächst durch die gewaltige Wirtschaftsdynamik, die sich in diesen Ländern entwickelte und anschließend durch den Schock der Asienkrise.

[61] Vgl. Howell (1998, S. 4)

[62] Die Informationen zur Einwohnerzahl und zum BIP pro Einwohner beziehen sich auf das Jahr 1999 (Quelle: Fischer Weltalmanach, 2002). Die Ratings stammen von Moody's vom 5. November 2001.

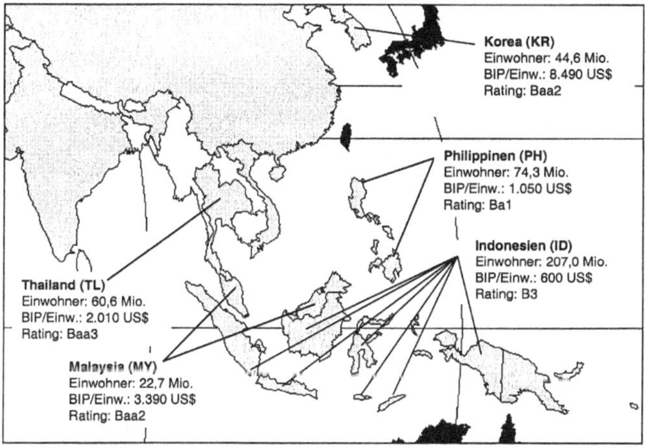

Abbildung 12: Emerging Markets in Südost-Asien, die im Rahmen dieser Arbeit betrachtet werden

Zahlungsausfälle und Krisen in den Emerging Markets

Zahlungsausfälle von Staaten existieren seit internationale Kredite vergeben werden. In einem Überblick listen Beers und Bhatia (1999) alle Defaults seit Mitte des 19. Jahrhunderts auf. In der Folge besonderer politischer Ereignisse, wie der Weltwirtschaftskrise 1929 oder den beiden Weltkriegen, ereigneten sich in vielen der heute als risikolos betrachteten Länder Zahlungsausfälle (bspw. Deutschland bis 1953). Die Identifikation und zeitliche Abgrenzung eines Zahlungsausfalls eines Landes ist dabei gegenüber einer Unternehmensinsolvenz wesentlich schwieriger.[63]

Im Bereich der Emerging Markets waren die achtziger Jahre durch die Schuldenkrise in Lateinamerika geprägt. Als die Verschuldung auf Grund der steigenden Ölpreise immer weiter anstieg und der Schuldendienst einen zunehmenden Druck auf die Zahlungsbilanz ausübte, begannen sich Anfang der achtziger Jahre immer mehr Kapitalgeber aus Lateinamerika zurückzuziehen. 1982 kam in den meisten lateinamerikanischen Ländern der Schuldendienst zum Erliegen.[64] Die westlichen Regierungen unterstützten daraufhin massiv die heimischen Gläubigerbanken, um Auswirkungen auf das Bankensystem zu verhindern. Ein Neuanfang gelang vielen lateinamerikanischen Staaten erst gegen Ende der achtziger Jahre durch einen teilweisen Erlass der Schulden

---

63 Diese Diskussion wird in Kapitel 6.1 vertieft.

64 Für eine Diskussion der Ursachen der Schuldenkrise in Lateinamerika vgl. bspw. Venitz (1994).

und der Ausgabe von Zerobonds, deren Rückzahlung zum Teil von der US-Regierung garantiert wurde.

Die Krisen der Emerging Markets in den neunziger Jahre ereigneten sich im Zusammenhang mit Währungs- und Finanzkrisen. Im Einzelnen waren dies die Pesokrise in Mexiko 1994, die Asienkrise 1997 sowie die Krisen in Russland (1998), Brasilien (1999) und Argentinien (2001/2002). Der Verlauf dieser Krisen war durch individuelle politische und wirtschaftliche Rahmenbedingungen geprägt. Es lassen sich jedoch auch eine Reihe von Parallelen aufzeigen.

Die Pesokrise in Mexiko 1994 entspricht am ehesten einer klassischen Währungskrise ausgelöst durch Zahlungsbilanzungleichgewichte. Die Bindung der Währung an den US-Dollar bei gleichzeitigem Inflationsunterschied zu den USA mündete in einer realen Aufwertung des Peso mit einem entsprechenden Verlust an internationaler Wettbewerbsfähigkeit. Daneben führte eine starke Ausweitung der Kreditvergabe zu einem Konsum- und Importboom. Das Handelsdefizit weitete sich so weit aus, dass die Wechselkursbindung als nicht länger haltbar eingeschätzt wurde und es zu spekulativen Attacken mit der Folge der Freigabe der Währung kam. In Mexiko erfolgte die Freigabe des Peso Ende 1994, nachdem auch politische Unruhen seit Jahresbeginn die Situation verschärft hatten. Die Folgen waren dramatische Kurseinbrüche an den Finanz- und Kapitalmärkten, zahlreiche Unternehmensinsolvenzen sowie eine gesamtwirtschaftlich schwere Depression. Viele lateinamerikanische Staaten und deren Währungen wurden von der Mexikokrise in Mitleidenschaft gezogen. Die darauffolgende Erholung unterstützten die USA, IMF und Weltbank durch umfangreiche Hilfsmaßnahmen.

Die gemeinsamen Elemente mit den anderen Krisen in den neunziger Jahren waren eine exzessive Kreditvergabe im Vorfeld der Krise, die Bindung der Landeswährung an den US-Dollar, die im Verlauf der Krisen aufgegeben werden musste, und ein dramatischer Anstieg der Zahl von Unternehmensinsolvenzen. Das Besondere an der Asienkrise 1997 war, dass das auslösende Moment nicht die reale Aufwertung der Währungen, sondern der Rückgang der Exporterlöse sowie ein gewaltiger Zustrom an kurzfristigen Investitionen war.[65] Besonders der letzte Punkt überforderte die noch jungen Bankensysteme dieser Länder und führte zu einer unkritischen Vergabe von Darlehen. Nach zahlreichen Unternehmenszusammenbrüchen gerieten die Währungen unter Druck, kurzfristig angelegtes Kapital wurde zurückgezogen und beginnend mit dem thailändischen Bath erlebten alle Währungen der Region drastische Abwertungen. Die Asienkrise kam für Analysten überraschend, da die fundamentalen Daten der Region von vielen Seiten als stabil erachtet wurden. Die Auswirkungen der Krise blieben nicht auf Asien begrenzt, sondern führten auf Grund der vielen, von ihr unmittelbar betroffenen, internationalen Kapital-

---

[65] Für eine Gegenüberstellung von Mexiko- und Asienkrise vgl. Kregel (1998).

geber sowie der Signalwirkung für die Beurteilung der anderen Emerging Markets zu weltweiten Turbulenzen auf den Märkten.[66]

Auch für die folgenden Krisen in Russland, Brasilien und Argentinien lässt sich die Asienkrise als ein Einflussfaktor nennen, der bestehende nationale Probleme weiter verschärfte und zum Ausbruch der Krise beitrug. So war eine Folge der Asienkrise ein Einbruch der Rohstoffpreise, der für Russland zu erheblichen Einnahmeausfällen führte. Abgesehen davon ist die spezielle Situation in Russland eng mit den Schwierigkeiten der Transformation des Landes nach dem Zusammenbruch der Sowjetunion verbunden. Bei schleppender wirtschaftlicher Entwicklung und steigender Inflation konnte im August 1998 die Bindung an den US-Dollar nicht mehr aufrecht erhalten werden.

Die Krise in Brasilien 1999 vollzog sich vor dem Hintergrund gewaltiger Defizite der öffentlichen Haushalte. Das auslösende Moment der Krise war das Schuldenmoratorium eines Bundesstaates, auf das internationale Anleger mit Kapital- und Devisenabflüssen reagierten. Die derzeit aktuellste Krise bahnte sich in der zweiten Hälfte des Jahres 2001 in Argentinien an. Nach mehrmaliger Umstrukturierung der Schulden und nach deutlichen Signalen im Oktober und November für eine drohende Zahlungsunfähigkeit, verschlechterte sich die Situation bis zum 30. November dramatisch, als der Vertrauensverlust in die heimische Währung und die Zahlungsfähigkeit des Staates zu einer massiven Kapitalflucht führten. Am 3. Dezember verfügte die Regierung eine Sperrung aller Bankkonten und setzte ein Limit für Abhebungen im Wert von 1000 US$ pro Monat. Im weiteren Verlauf dieser Krise kam es zu mehreren Abwertungen des Peso, Kapitalkontrollen, sozialen Unruhen und einem Regierungswechsel. Bisher hält der IMF Hilfsmaßnahmen mit dem Hinweis auf fehlende strukturelle Reformen zurück. Zum Zeitpunkt der Fertigstellung dieser Arbeit war eine Erholung noch nicht zu erkennen.

4.2 Rolle der ökonomischen Theorie bei der Länderrisikoanalyse

Bei der Analyse von Länderrisiken kommt auf Grund der Souveränität eines Staates neben der Zahlungsfähigkeit auch der Frage nach der Zahlungswilligkeit eine besondere Bedeutung zu. Zwischen der theoretischen Analyse dieser Fragestellungen und den Möglichkeiten einer empirischen Untersuchung bzw. praktischen Umsetzung besteht jedoch eine erhebliche Diskrepanz. In der Praxis basieren Länderrisikoanalysen weit mehr auf einfachen Plausibilitätsüberlegungen als auf ausgereiften theoretischen Modellrahmen. Im Folgenden wird ein kurzer Überblick über die theoretischen Arbeitsfelder gegeben, die sich mit Länderrisiken auseinandersetzen sowie Faktoren erläutert, die einer Umsetzung in die Praxis im Wege stehen. Neben theoretischen Überlegungen

---

66 Für Analysen der Ursachen und Folgen der Asienkrise vgl. Bonte et al. (1999), Euromoney (2/1999), IFCI (Asien, 2000), IMF (9/98), IMF (12/98) oder Ferri (2000).

zur Zahlungsfähigkeit und Zahlungswilligkeit wird auf Grund ihrer aktuellen Bedeutung auf die Forschung bei Finanz- und Währungskrisen eingegangen.

Zahlungsfähigkeit eines Landes

Bei der Frage nach der Bedeutung ausländischen Kapitals und der Ableitung von Verschuldungsgrenzen in einer langfristigen Perspektive spielt die Wachstumstheorie im Rahmen der „growth-cum-debt"-Modelle eine zentrale Rolle. Ausländisches Kapital wird darin als Möglichkeit betrachtet, zusätzliche Mittel für Investitionen bereitzustellen. In diesem Zusammenhang sind theoretische Überlegungen der Gap- und Cycle-Modelle relevant.[67] Gap-Modelle führen die Auslandsverschuldung auf eine Lücke zwischen Investitions- und Sparentscheidungen zurück. Da Investitionen neben „Skills" und Sparneigung einen limitierenden Faktor für das Wachstum einer Volkswirtschaft darstellen, kann ausländisches Kapital zu einem höheren Wachstumspfad führen. Es ist denkbar, dass durch das ausländische Kapital ein sich selbst tragender Wachstumsprozess in Gang gesetzt wird, in dessen Rahmen auch die nötigen Mittel für die Rückzahlung der Kredite erwirtschaftet werden.

Cycle-Modelle verwenden eine ähnliche Argumentation wie die Gap-Modelle, jedoch wird der Kapitalbedarf nicht an einer temporären Lücke, sondern an der Entwicklungsphase einer Volkswirtschaft festgemacht, wobei ein Land einen Wandel von einem Nettokapitalimporteur zu einem Nettokapitalexporteur durchläuft. Im Rahmen von Gap- und Cycle-Modellen werden auch Fragen nach der Tragbarkeit der Verschuldung (Sustainability) bzw. den Grenzen der Schuldendienstkapazität erörtert. So wird bspw. gezeigt, dass Probleme bei der Zahlungsfähigkeit unausweichlich sind, wenn langfristig die Wachstumsrate des Bruttoinlandsprodukts unterhalb des realen Zinssatzes liegt.[68] In Anlehnung an die Unternehmensbewertung kann auch der Gegenwartswert der künftigen Devisenzuflüsse betrachtet werden, der einer Volkswirtschaft aus seiner wirtschaftlichen Aktivität zufließt. Als Maß hierfür kann ein Anteil der künftigen, zu erwartenden Wertschöpfung des Landes oder künftige Handelsbilanzüberschüsse dienen. Unterschreitet dieser Gesamtwert der Volkswirtschaft die Schuldenhöhe könnte der Staat als insolvent betrachtet werden.

Eine praktische Umsetzung der Erkenntnisse aus Gap- oder Cycle-Modellen ist insofern schwierig, als eine große Zahl von Parametern quantifiziert und viele weitreichende Annahmen getroffen werden müssen.[69] Für die Einschätzung der Zahlungsfähigkeit erscheinen neben der Komplexität der Modelle die

---

67 Zu Gap- und Cycle-Modellen vgl. Ciarrapico (1992, S. 62 ff.). Für einen Literaturüberblick zu grundlegenden theoretischen und empirischen Arbeiten zu Verschuldung und Schuldendienstkapazität von Entwicklungsländern vgl. McDonald (1982, S. 605 ff.).

68 Vgl. McDonald (1982, S. 606)

69 Zu der Kritik an der Ermittlung von Schuldenkapazitätsgrenzen mit Hilfe von Gap-Modellen vgl. Evertz (1992, S. 38) und Krämer-Eis (1998, S. 32).

langfristigen Überlegungen bzgl. des Gegenwartswerts der Volkswirtschaft auch aus anderen Gründen problematisch. Nach Aussagen von Länderanalysten liegen selbst hoch verschuldete Staaten noch deutlich im Rahmen ihrer Schuldendienstkapazität gemessen am Gegenwartswert ihrer Volkswirtschaft.[70] Es ist daher schwierig, mit der dargestellten Argumentation auftretende Zahlungsausfälle zu erklären, da selbst bei Liquiditätsengpässen die Ausreichung neuer Kredite möglich sein sollte. Tatsächlich werden diese theoretischen Überlegungen von mehreren Seiten unterlaufen. So führt die im Management von Länderrisiken übliche Festlegung von Länderlimiten (vgl. Kapitel 5.1) zu Rationierungen auf dem Kreditmarkt, bei denen unabhängig vom langfristigen Entwicklungspotential eines Landes Kredite nur in einem festen Rahmen vergeben werden.

Außerdem ist ein Kreditinstitut alleine nicht in der Lage, die Liquidität eines Landes wiederherzustellen. Eine Überbrückungsfinanzierung ist deshalb mit der kostspieligen Koordination vieler Kreditgeber verbunden. Das Problem verschärft sich zusätzlich, falls ein Großteil der Investoren bei auftretenden Schwierigkeiten unverzüglich damit beginnt, das Engagement zu reduzieren, da jeder Investor von dem anderen das gleiche Verhalten erwartet. Darüber hinaus werden auftretende Liquiditätsprobleme häufig als Kennzeichen tieferreichender Probleme und Fehlentwicklungen gedeutet. Die Anwendung von Gap- und Cycle-Modellen mit ihrer Ausrichtung auf den Bedarf und weniger die Zahlungsfähigkeit beschränkt sich im Wesentlichen auf den Bereich der Entwicklungspolitik und die Kreditvergabe durch Entwicklungsbanken.[71]

Der Fokus von Kreditinstituten liegt bei der Länderrisikoanalyse stärker auf den aktuellen wirtschaftlichen und politischen Entwicklungen sowie den Aussichten im kurz- und mittelfristigen Bereich. Damit ein Land seinen internationalen Schuldendienst begleichen kann, müssen die erforderlichen Mittel entweder durch wirtschaftliche Überschüsse, den Abbau von Reserven oder durch neue Kredite bereitgestellt werden. Eine zentrale Rolle spielen dabei die Informationen zur Verschuldung, zur Wirtschaftsentwicklung (speziell zur Außenwirtschaft) sowie den vorliegenden Devisenreserven oder zugesagten Kreditlinien. Der theoretische Kern ist meist die einfache plausible Überlegung, dass ein Staat nur im Rahmen der verfügbaren Devisen seine Auslandsschulden bedienen kann. Bei einer Analyse läuft dies auf einen Vergleich aus Bedarf und Einnahmen an ausländischen Mitteln hinaus.

---

[70] Vgl. Ciarrapico (1992, S. 82)

[71] So verwendet bspw. die Weltbank ein Gap-Modell aus über 300 Variablen (vgl. Evertz, 1992, S. 39).

Abbildung 13 zeigt Zusammenhänge, die einen Hintergrund für die Beurteilung der Zahlungsfähigkeit liefern können.

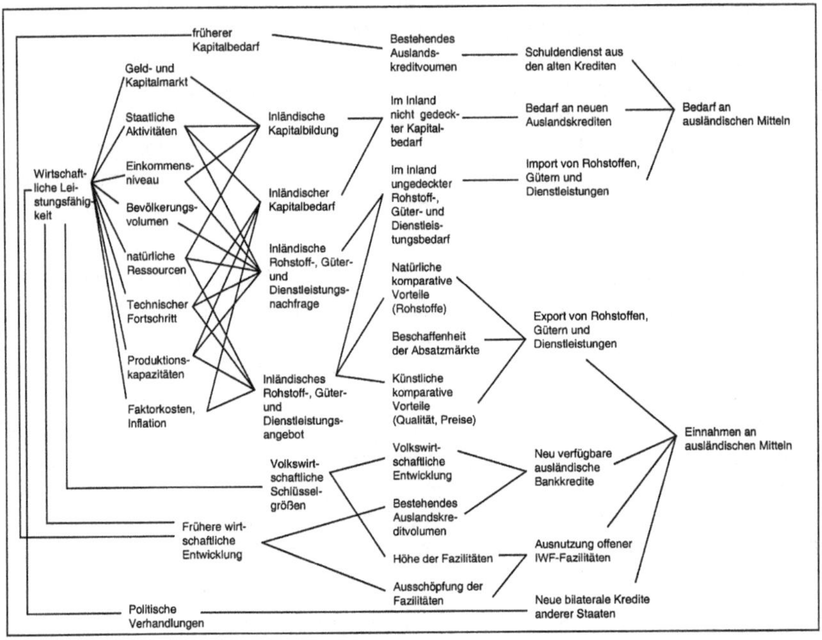

Abbildung 13: Beurteilung von Bedarf und Einnahmen an ausländischen Mitteln bei der Einschätzung der Zahlungsfähigkeit[72]

Die Quantifizierung dieser Komponenten und Wechselwirkungen ist jedoch keineswegs trivial. Die empirische Forschung beschäftigt sich vor diesem Hintergrund vor allem mit der Ermittlung relevanter Indikatoren. Die theoretische Modellierung tritt dabei gegenüber einfachen Plausibilitätsüberlegungen zurück.[73]

---

72 Vgl. Darstellung der Determinanten des wirtschaftlichen Risikos bei Cramer (1981, S. 122).

73 „In looking at debt capacity issue form the empirical side, it would seem that the most appropriate approach would be to base such studies on the theoretical considerations... However, in much of the empirical literature to be discussed, there has been little attempt to provide rigorous theoretical underpinnings“ (vgl. Mc Donald, 1982, S. 614).

Zahlungswilligkeit eines Landes

Die Entscheidung einer Regierung, Zahlungen zu verweigern, lässt sich auf Basis ihres Nutzenkalküls erklären, bei dem die Kosten des Schuldendienstes mit den Kosten der Nichterfüllung verglichen werden.[74] Bei der Entscheidung der Regierung sind unter anderem die Erwartungen über die Aktionen der anderen Marktteilnehmer oder internationaler Organisationen von Bedeutung. Da Entscheidungen auf Basis von Nutzenvorstellungen einer Regierung schwer zu modellieren sind, übernehmen bei der Zahlungswilligkeit wieder plausible Überlegungen eine wichtige Rolle. Abbildung 14 bietet einen Überblick über ein einfaches Wirkungsgefüge politischer und sozialer Ereignisse, die in einer Zahlungsverweigerung münden können.

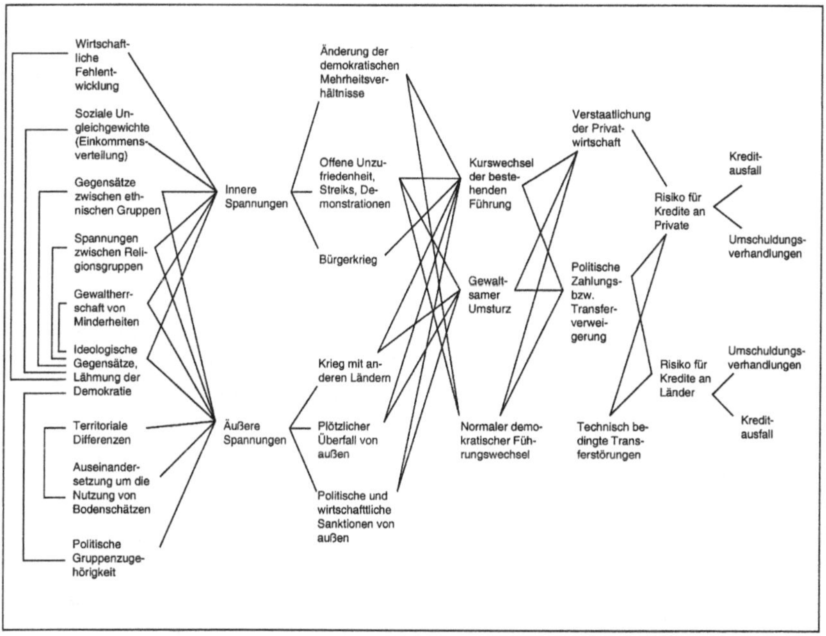

Abbildung 14: Beurteilung des politischen Risikos und des Transferrisikos[75]

[74] Für einen Überblick über grundlegende Modelle zur Zahlungswilligkeit vgl. Eaton et al. (1986, S. 486 ff.). Ein politisch-ökonomisches Modell mit Berücksichtigung der politischen Grenzkosten und des politischen Grenznutzens des Schuldendienstes stellt Bäcker (1998, S. 73 ff.) vor.

[75] Vgl. Darstellung der Determinanten des politischen Risikos bei Cramer (1981, S. 130).

Währungs- und Finanzkrisen

Angesichts der Krisen der neunziger Jahre genießt die Frage nach den Ursachen und den Prognosemöglichkeiten von Währungs- und Finanzkrisen besondere Aufmerksamkeit.[76] Bei der Zuordnung dieser Krisen besteht zunächst die Frage, ob sie dem Länderrisiko im Hinblick auf Kreditrisiken zugerechnet werden können. Tatsächlich handelt es bei dem Einbruch der Währungskurse zunächst um ein Währungs-, d.h. ein Marktrisiko. Führt jedoch der Einbruch der Währung zu einem Zusammenbruch der gesamten Wirtschaft, hat dies selbstverständlich gravierende Folgen für die Zahlungsfähigkeit der Regierung und der dort ansässigen Unternehmen.

Einen Erklärungsansatz für Währungskrisen liefern Beiträge, die aus dem makroökonomischen Modell von Krugman (1979) entwickelt wurden. Hier werden Ungleichgewichte in der Zahlungsbilanz als Ursachen der Krise abgeleitet. Spekulative Attacken gegen eine Währung erscheinen ab einem gewissen Ausmaß des Ungleichgewichts als natürliche Folge der Nutzenmaximierung der Investoren und führen zu einer gleichgewichtigen Lösung. Demgegenüber geht Obstfeld (1986) in seinem Modell von mehreren möglichen Gleichgewichten aus. Er berücksichtigt dabei „self-fullfilling prophecies" und zeigt, dass es in bestimmten Situationen durch die Erwartungen und Aktionen von Spekulanten zu einem Wechsel von einem Gleichgewicht in ein anderes kommen kann.[77]

Bei der Prognose von Finanzkrisen lassen die unterschiedlichen Ansätze verschiedene Schlüsse zu. Berg und Patillo (1998) vergleichen die Funktionsweise von drei ökonometrischen Modellen anderer Forscher in ihrer Fähigkeit, eine Währungskrise zu prognostizieren. Sie zeigen, dass diese Arbeiten Hinweise auf einen kommenden Ausbruch liefern können, jedoch auch viele Unzulänglichkeiten und Fehlalarme zu Tage treten.[78]

---

76 Zur begrifflichen Abgrenzung von Finanz- und Währungskrisen vgl. Mishkin (2001).

77 Zur Analyse von Währungskrisen im Hinblick auf makroökonomische Faktoren und die Rolle von Spekulanten vgl. Schnatz (1998). Im Zusammenhang mit der Asienkrise sehen Corsetti et al. (1998) vor allem fundamentale Gründe als ausschlaggebenden Faktor, während für Furman und Stiglitz (1998) auf Grund der grundsätzlich positiven wirtschaftlichen Situation die Krise nicht unausweichlich kommen musste. Ein anderer aktueller Diskussionspunkt ist der Nutzen und Schaden der Dollarisierung für die Entwicklung eines Landes (vgl. Eichengreen, 2000). Ebenfalls betrachtet wird die Rolle des IMF im Zusammenhang mit diesen Krisen (vgl. Clavijo, 2000).

78 Kaminsky (1999) und Kaminsky et al. (1997) schlagen eine Reihe von „leading indicators" für Finanz- und Währungskrisen vor. Die Analyse der Krisen der neunziger Jahre führte zu einem Überdenken der als relevant erachteten Indikatoren. Nach den Krisen kommt bspw. den kurzfristigen Verbindlichkeiten eine wesentlich höhere Aufmerksamkeit in der Länderrisikoanalyse zu (vgl. Kawai et al., 2001, S. 8 ff.).

Fazit

Zusammenfassend lässt sich feststellen, dass die Theorie kein geschlossenes Gesamtmodell liefert, durch das die Zahlungsfähigkeit und Zahlungswilligkeit umfassend in die Länderrisikoanalyse übernommen werden können. Der Beitrag der Theorie besteht vor allem in einem besseren Verständnis für die Prozesse und sie gibt somit eine Hilfestellung bei der Auswahl wichtiger Variablen oder Kennzahlen.

4.3 Länderrisikoanalyse bei Banken

Die verschiedenen Verfahren, die derzeit bei Banken zur Analyse von Länderrisiken verwendet werden, reichen analog zu den Verfahren der Unternehmensbewertung von Expertenmeinungen in Form von Gutachten über strukturierte Scoringansätze bis hin zu quantitativ-statistischen Verfahren. Die in Kapitel 3 genannten Vor- und Nachteile dieser Verfahren gelten gleichermaßen für den Bereich der Länderrisiken. Auf Grund der Bedeutung qualitativer politischer und sozialer Faktoren, die sich nur bedingt in ein quantitatives Gesamtmodell integrieren lassen, kommt der Meinung eines Experten jedoch noch eine stärkere Stellung zu als bei der Unternehmensbewertung.[79]

Bei der Mehrzahl der Banken werden derzeit Scoringmodelle als Kernstück der Länderrisikoanalyse eingesetzt. Ein Scoringmodell basiert auf der Erfassung und Bewertung von Risikoindikatoren und Kriterien eines Landes, die anschließend zu einer Gesamtbewertung aggregiert werden. Ein möglicher Ausgangspunkt ist die Festlegung von Gefahrenszenarien auf wirtschaftlicher oder politischer Ebene, die zu Zahlungsunfähigkeit oder Zahlungsverweigerung führen können (vgl. Abbildung 13 und Abbildung 14). Als nächster Schritt wird nach Kriterien, Kennzahlen und Indikatoren gesucht, deren Ausprägungen Hinweise auf den Eintritt dieser Szenarien liefern können. Der Schwerpunkt liegt auf ökonomischen Indikatoren[80], die sich in die Bereiche

- Binnenwirtschaft (bspw. BIP pro Einwohner, Arbeitslosenquote, Sparquote),

[79] Zu den auf Expertenmeinung beruhenden Länderberichten vgl. Ciarrapico (1992, S. 8 ff.). Die Arbeit vieler Länderanalysten besteht derzeit noch immer in der Vorbereitung von qualitativen Ländergutachten, die jedoch primär zur Information der Mitarbeiter und im Rahmen der Öffentlichkeitsarbeit angefertigt werden. Die Möglichkeit, dass ein erfahrener Länderexperte, der sich mit der politischen und ökonomischen Situation eines Landes seit Jahren auseinandersetzt, mit seinen Aussagen über den Risikogehalt eines Landes eine höhere Trefferquote aufweisen kann als ein komplexes quantitatives Analyseverfahren, ändert nichts an den Schwachpunkten dieser Vorgehensweise.

[80] Evertz (1992, S. 204 ff.) bietet eine Übersicht zu den verwendeten Indikatoren zahlreicher international tätiger Banken wie bspw. Commerzbank, Deutsche Bank oder Chase Manhattan. Johannsen und Steinbeck (1995, S. 484) listen die verwendeten Indikatoren der Nord/LB) auf.

- Außenwirtschaft (bspw. Leistungsbilanzsaldo/BIP, Devisenreserven, Energieimportquote) und
- Verschuldung (bspw. Schuldendienstquote[81], Devisenreserven/Schuldendienst, Reserveposition bei IMF)

gruppieren lassen.

Darüber hinaus werden für politische und soziologische Risiken Indikatoren aus der Innen- und Außenpolitik sowie aus der sozialen Struktur der Bewohner abgeleitet. Typische Beispiele sind die Beurteilung der Staatsform, die Effizienz der Verwaltung, mögliche Grenzkonflikte, Analphabetenquote sowie ethnische und religiöse Spannungen.[82]

Jedes gewählte Kriterium erhält gemäß seiner Ausprägung einen Punktwert (Score). Die Punktvergabe kann aus einem quantitativen Indikator abgeleitet oder bei qualitativen Merkmalen entsprechend subjektiver Einschätzungen festgelegt werden. Im letzten Schritt erfolgt die Aggregation der Einzelnoten zum Endergebnis entsprechend eines zuvor festgelegten Algorithmus. Auf Grund der Umsetzung der qualitativen Kriterien in Punktwerte und den nicht theoretisch fundierten Aggregationsregeln lassen sich die erzielten Ergebnisse nur ordinal interpretieren, um bspw. eine Risikorangfolge der Länder ermitteln zu können. Konkrete Ausfallwahrscheinlichkeiten lassen sich nicht berechnen.

Scoringmodelle werden seit den siebziger Jahren verwendet und erlebten in dieser Zeit zahlreiche Anpassung auf Grund neuer Erkenntnisse über die Bedeutung einzelner Kriterien. Speziell nach Krisen finden regelmäßig Überarbeitungen statt. Bei der generellen Vorgehensweise und dem Großteil der betrachteten Kriterien hat sich in den letzten Jahrzehnten jedoch wenig verändert.[83] Die Scoringmodelle der einzelnen Banken unterscheiden sich zumeist nur dadurch, dass die jeweiligen Länderexperten, die die Systeme betreuen, ein besonderes Gewicht auf bestimmte Indikatoren setzen.

---

81 Die Schuldendienstquote („Debt Service Ratio") nimmt unter den wirtschaftlichen Kennzahlen eine Sonderstellung ein. Sie berechnet sich aus dem Quotienten von Zins- und Tilgungszahlungen (Zähler) sowie den Deviseneinnahmen aus dem Export von Gütern und Dienstleistungen (Nenner) für den Zeitraum des kommenden Jahres. Hier glaubte man in den siebziger Jahren, auf Grund empirischer Untersuchungen eine Ausfallschwelle (bei 25 Prozent) festlegen zu können und maß dieser Kennzahl eine entsprechende Bedeutung zu. In späteren Zahlungskrisen zeigte sich jedoch, dass diese Größe als alleinige Kenngröße nicht verlässlich ist (vgl. Evertz, 1992, S. 71).

82 Vgl. Evertz (1992, S. 208), Krämer-Eis (1998, S. 25) und Bäcker (1998, S. 26)

83 Vergleicht man bspw. die Ausführungen von Krayenbuehl (1985, S. 67 ff.), Evertz (1992, S. 204 ff.) und Krämer-Eis (1998, S. 25 ff.), finden sich bei den relevanten Kriterien zahlreiche Übereinstimmungen.

Neben den Scoringmodellen werden bei Banken auch statistisch-ökonometrische Verfahren verwendet. Sie stehen in ihrer Bedeutung jedoch hinter den Scoringmodellen oder werden innerhalb des Scoringmodells lediglich zu Schätz- und Prognosezwecken verwendet. Unter den statistisch-ökonometrischen Verfahren bieten sich Logit- und Probitmodelle an, da mit ihrer Hilfe das kategoriale Ereignis Ausfall oder Nicht-Ausfall näher untersucht werden kann. In einem Logitmodell wird unterstellt, dass sich die Ausfallwahrscheinlichkeit π gemäß einer logistischen Funktion aus den als relevant eingestuften Indikatoren x ergibt.

(Gl. 1) $$\pi = \frac{\exp(\beta' x)}{1+\exp(\beta' x)}$$

Eine frühe Anwendung eines Logitmodells im Bereich der Länderrisikoanalyse stammt von Feder und Just (1977). Die Autoren verwenden als unabhängige Variablen u.a. die Schuldendienstquote, das BIP- und Export-Wachstum sowie das Verhältnis von Importen zu den Devisenreserven. Als abhängige Variable dienen die Ausfälle bzw. die Nicht-Ausfälle von Ländern im Betrachtungszeitraum 1965 bis 1972, die sie im Rahmen umfangreicher Analysen von Umschuldungsverhandlungen identifizieren.

Das Modell von Feder und Just lieferte – wie auch spätere Anwendungen dieser Methode – vielversprechende Ergebnisse. Statistische Tests belegten einen signifikanten Einfluss der verwendeten Faktoren, außerdem wurden Erwartungen bzgl. der Vorzeichen bestätigt. Dennoch konnten sich Logit- oder Probitmodelle als Kernstück der Länderrisikoanalyse nicht durchsetzen, sondern werden hauptsächlich als Lieferant zusätzlicher Informationen verwendet. Ein möglicher Grund ist, dass es angesichts der komplexen Wirkungszusammenhänge bei Länderrisiken besonders schwierig ist, Ausfallwahrscheinlichkeiten anhand einiger weniger Kennzahlen festzulegen. Darüber hinaus stellen die Schwierigkeiten bei der Zusammenstellung der Ausfallhistorie ein erhebliches Problem dar. [84]

Ein weiteres Verfahren der Banken bei der Beurteilung von Länderrisiken ist die Spreadanalyse. Dieses Vorgehen basiert auf der Annahme, dass die Märkte Risiken besser beurteilen können als einzelne Länderanalysten. Als Indikator des Länderrisikos wird der Renditeunterschied zwischen risikolosen und riskanten Anleihen verwendet. Die Ergebnisse der Auswertungen von Renditespreads dienen jedoch bei der Beurteilung der Risiken in der Regel nur als Zusatzinformationen, die in den Rahmen eines Scoringmodells eingebun-

[84] Eine Diskussion, ob die Datenlage künftig eine stärkere Anwendung statistischer Verfahren bei der direkten Ermittlung von Ausfallparametern zulässt, erfolgt in Kapitel 6.1.

den werden. Inwieweit Renditespreads genutzt werden können, um auf implizite Ausfallwahrscheinlichkeiten zu schließen, wird in Kapitel 8 untersucht.[85]

4.4 Externe Ratings für Länderrisiken

Die drei großen Ratingagenturen Moody's, Standard & Poor's und Fitch bieten seit mehreren Jahren Ratings für Länder an. Im Vergleich zu den Ratings von Unternehmen, die teilweise schon seit über 100 Jahren erstellt werden, hat sich eine breite, regelmäßige Beurteilung von Länderrisiken erst in den achtziger und neunziger Jahren durchgesetzt. Die Ratings folgen dabei der Notenskala, die auch für die Beurteilung von Unternehmen verwendet wird.[86] Im Mittelpunkt der Bewertung steht die Fähigkeit einer Regierung, Zahlungsverpflichtungen in fremder Währung nachkommen zu können.

Aus den Veröffentlichungen der Ratingagenturen geht hervor, dass bei der Entscheidung ähnliche Kriterien berücksichtigt werden wie in den zuvor beschriebenen Scoringmodellen.[87] Die Verantwortung, einzelne Kriterien zu bewerten und eine Gesamtentscheidung zu treffen, liegt in der Hand eines Ratingkomitees, das hinter verschlossenen Türen über die Ratingnoten abstimmt. Somit stellt der Prozess in weiten Bereichen eine „Black Box" dar.[88] Dies verhindert Modifikationen und Verbesserungen des Rating bspw. für eine bessere Einbindung an bereits bestehende Systeme. Um das Gewicht einzelner Indikatoren in der Ratingentscheidung zu quantifizieren, ist man auf ökonometrische Untersuchungen auf Basis vergangener Ratings angewiesen. So zeigen Cantor und Packer (1996, S. 41 ff.), dass mit Hilfe von acht Variablen, die vorwiegend aus dem wirtschaftlichen Bereich entnommen wurden, 90 Prozent der Ratingschwankungen erklärt werden können.

Angesichts der Black-Box-Problematik und der Kritik, die von Seiten der Kreditinstitute hinsichtlich der Qualität der Beurteilung durch die Agenturen geäußert wird, erscheint fraglich, ob ein weitreichender Einsatz der Länderratings sinnvoll ist. So befinden sich Ratingagenturen bei der Analyse von Länderrisiken in einer völlig anderen Situation als bei der Beurteilung von Unternehmen. Bei Unternehmen kommt den Ratingagenturen – neben wesentlich umfangrei-

---

85 Ein weiteres Verfahren, das im Rahmen der Länderrisikoanalyse angewendet wird, ist die Szenario-Analyse (vgl. Evertz, 1992, S. 44 ff.). Mit ihrer Hilfe können Entwicklungen für alternative politische und wirtschaftliche Rahmenbedingungen untersucht werden.

86 Sie reichen bei Moody's von Aaa bzw. bei Standard & Poor's von AAA bis zur Kennzeichnung des Defaults. Eine Übersicht zu den Ratingnoten befindet sich in Anhang A1.

87 Vgl. Standard & Poor's (Sovereign Risk Indicators, 6/2000)

88 Auch in einer Veröffentlichung von Moody's mit dem Titel „Opening the Black Box" beschreibt die Ratingagentur lediglich den Prozess bis zur Komitee-Entscheidung, gibt aber keine Einzelheiten zu den inhaltlichen Parametern (vgl. Moody's, Black Box, 7/1999).

cheren Erfahrungen – entgegen, dass sie in der Regel im Auftrag des Unternehmens tätig werden. Diese zeigen bei der Bewertung ein hohes Maß an Kooperation und versuchen, den Informationswünschen der Ratingagenturen nachzukommen. Bei Ländern ist dieser Informationsvorsprung in der Regel nicht gegeben. Ein weiteres Problem ist der politische Druck, den die Ratingagenturen bei Ländern ausgesetzt sind. Trotz allem besitzen die Einschätzungen der großen Agenturen einen erheblichen Einfluss auf die Erwartungen der Marktteilnehmer. So wurde in Folge der Asienkrise kritisiert, dass gerade die Verschlechterungen der Ratingnoten die Krise forcierten.[89]

Weitere Anbieter von Länderrisikoanalysen sind die „Economist Intelligence Unit" (EIU), das BERI-Institut[90] sowie die Zeitschriften „Euromoney" und „Institutional Investor". Bis auf den Institutional Investor bewegen sich diese Anbieter im Rahmen von Scoringmodellen und weisen bzgl. der Methodik eine höhere Transparenz als die Bewertungen der Ratingagenturen auf. Die Beurteilung des Institutional Investor ergibt sich aus der Befragung von etwa 100 Länderrisikoexperten. Insgesamt besitzen die Bewertungen gegenüber den Aussagen der Ratingagenturen den Vorteil, dass die Ergebnisse feiner skaliert sind (bspw. bei Euromoney auf einer Skala von 0 bis 100) sowie Teilnoten angegeben werden, aus der sich die Gesamtnote errechnet. In Bankenkreisen genießen diese Bewertungen zum Teil ein höheres Ansehen als die der Ratingagenturen. Ein Nachteil ist, dass sie nur in größeren zeitlichen Abständen veröffentlicht werden, bei Euromoney ist dies bspw. viermal pro Jahr der Fall.[91]

Ein wesentlicher Vorteil externer Ratings liegt in ihrer Funktion als Referenzwerte. Unabhängig von der Kritik an ihrer Qualität im Einzelnen liefern sie eine Bezugs- und Ordnungsgröße, die allen Marktteilnehmern und Forschern bekannt ist. Auch in Kapitel 7 und 8 dieser Arbeit wird mehrmals auf externe Ratings zurückgegriffen, um Hinweise auf die Plausibilität der Ergebnisse zu erlangen bzw. Unterschiede zu den Ratings aufzuzeigen.

---

89 Zur Diskussion über eine Mitverantwortung der Ratingagenturen an den vergangenen Krisen und der prozyklischen Wirkung von Länderratings vgl. Ferri et al. (1999) und Mora (2001).

90 „Business Environment Risk Intelligence"

91 Eine Beschreibung und Gegenüberstellung der verschiedenen Verfahren findet sich in Haque et al. (1998, S. 4 ff.) und Krämer-Eis (1998, S. 40 ff.).

5 Integration der Ergebnisse der Länderrisikoanalyse in das Kreditrisikomanagement

5.1 Lösungsansätze für ein internationales Kreditportfolio mit Firmen- und Länderkrediten

Die Krisen in den Emerging Markets machen deutlich, dass das Länderrisiko schwerwiegende Folgen für Kreditinstitute haben kann. Die dynamische Entwicklung im Kreditrisikomanagement kann nur die erhofften Erfolge bringen, wenn es möglich ist, Länderrisiken angemessen in den bestehenden Kreditrisikomodellen zu berücksichtigen. Im Folgenden werden verschiedene, in der Praxis angewandte Methoden zur Integration von Länderrisiken in das Management internationaler Kreditportfolios erläutert. Im Einzelnen handelt es sich um die Festlegung von Länderlimits, den Einsatz von Ceilings bzw. Vier-Felder-Tafeln und den kommerziellen Modellansatz CreditPortfolioView™ von McKinsey & Company.

Festlegung von Länderlimits

Die derzeit wichtigste Form der Kontrolle von Länderrisiken ist die Festlegung von Grenzwerten, die das Risikovolumen der Kreditgeschäfte mit einem bestimmten Land nicht überschreiten darf. Alle international tätigen Banken, unabhängig von ihrer Größe, arbeiten mit solchen „Länderlimits“.[92] Unterschiede bestehen dahingehend, welche Geschäfte in welchem Umfang für das Risikovolumen eines Landes von Bedeutung sind. Häufig wird das Gesamtexposure von Krediten an ein Land und/oder an dort ansässige Unternehmen durch eine Obergrenze beschränkt. Neben dem Kreditexposure kann das Länderlimit aber auch das Exposure anderer Geschäftsbereiche umfassen, die mit Länderrisiken verbunden sind (bspw. der Value at Risk von Handelsgeschäften mit einem Land).[93] Limits werden darüber hinaus nicht nur für einzelne Länder, sondern, im Hinblick auf die Gefahr von Ansteckungen (Contagion Risk) und gegenseitigen Abhängigkeiten, auch für Ländergruppen vergeben. Für eine Berücksichtigung dieser Ansteckungsgefahren existiert nur bei wenigen Banken ein differenzierter, formeller Rahmen basierend auf empirischen Untersuchungen (bspw. Kovarianzanalysen). Vielmehr werden für naheliegende regionale Ländergruppen, wie „Lateinamerika“ oder „Osteuropa“, Grenzen durch das Management der Bank beschlossen.[94]

Der Vorteil von Länderlimits ist ihre einfache Struktur, die es selbst auf Basis der ordinalen Ergebnisse eines Scoringmodells erlaubt, Kreditrisiken zu begrenzen bzw. einen gewissen Grad an Diversifikation innerhalb des Portfolios

---

92 Vgl. ICERC (1998, S. 4) und Krayenbuehl (1985, S. 88 ff.)

93 Vgl. ICERC (1998, S. 16)

94 Vgl. ICERC (1998, S. 4)

sicherzustellen. Die Aggregation der Exposures von Länder- und Unternehmenskrediten stellt außerdem die einfachste Möglichkeit dar, Sovereign und Private Risk in einem Portfolio simultan zu betrachten.

Länderlimits als Werkzeuge im Kreditrisikomanagement besitzen jedoch auch klare Schwächen. Länderlimits folgen einem Top-Down-Ansatz und eignen sich weniger zum aktiven Risikomanagement als zu einer reinen Risikobegrenzung. Ohne Berücksichtigung der Merkmale einzelner Positionen wird ein Gesamtrahmen vorgegeben. Wie die Asienkrise zeigte, ist ein solcher Rahmen unter Umständen zu starr, da Krisen über einfache nationale oder regionale Grenzen hinweg wirken können (bspw. von Asien nach Russland oder Lateinamerika). Bei der Beantwortung der Fragen, wie Länderrisiken in ähnlich fortschrittlicher Weise wie bei Unternehmen quantifiziert und in geeignete Kreditrisikomodelle eingebunden werden können, leisten Länderlimits keine Hilfestellung. Hierzu wird ein quantitativer Bottom-Up-Ansatz benötigt, der die Zusammenhänge von Sovereign Risk, Transferrisiko und Commercial Risk explizit berücksichtigt. Auf der Basis eines solchen Ansatzes wäre eine Begrenzung der Kreditgeschäfte an einzelne Länder die automatische Folge und nicht der Ausgangspunkt des Risikomanagements.

Insgesamt stehen Länderlimits eher im Zusammenhang mit der Risikovermeidung als dem aktiven Umgang mit Länderrisiken. Solange auf dieser Ebene keine vertrauenswürdigen Portfoliomodelle existieren, stellen sie jedoch weiterhin das einzig verfügbare Instrument dar.

Foreign Currency Ceiling und Vier-Felder-Tafel

Für die Verknüpfung von Transferrisiko und Commercial Risk bietet sich zum einen die Vergabe einer Foreign Currency Ceiling an und zum anderen eine Analyse der Ausfälle von Ländern und Unternehmen im Rahmen einer Vier-Felder-Tafel. Bei beiden Verfahren kommt dem Sovereign Risk als Indikator für das Transferrisiko eine entscheidende Bedeutung zu.[95] Um die beiden Vorgehensweisen im Hinblick auf ein quantitatives Kreditrisikomanagement vergleichen zu können, wird im Folgenden unterstellt, dass neben einem

95 Mit der Beziehung zwischen Sovereign Risk und Transferrisiko geht die Bedeutung dieser Ansätze über eine Verknüpfung von Transferrisiko und Commercial Risk hinaus und bietet auch die Basis für eine gemeinsame Betrachtung von Sovereign und Private Risk bzw. Krediten an Länder und Unternehmen.

Rating der Länder und Unternehmen auch eine Verknüpfung der Ratingnoten mit bestimmten Ausfallwahrscheinlichkeiten zur Verfügung steht.[96]

Das Konzept der Foreign Currency Ceiling beinhaltet, dass für jedes Land eine Ratingnote festgelegt wird, die die bestmögliche Ratingnote für alle Unternehmen in diesem Land hinsichtlich deren Auslandsschulden vorgibt. Als Foreign Currency Ceiling wird in der Regel die Einschätzung der Kreditwürdigkeit des Landes (Sovereign Risk) übernommen. Dies basiert auf der Überlegung, dass ein Unternehmen nie kreditwürdiger sein kann als das Land, in dem es angesiedelt ist. Falls ein Land seine Auslandsschulden nicht mehr bedienen kann, hat die Regierung die Macht, über Devisenkontrollen ihre Zahlungsfähigkeit zu verbessern.[97] Für die international tätigen Unternehmen führen Devisenkontrollen jedoch zu einer Einschränkung ihrer Zahlungsfähigkeit. Unter Berücksichtigung dieses Transferrisikos ergibt sich die gesamte Ausfallwahrscheinlichkeit eines privaten Schuldners (Private Risk) als das Maximum aus der eigenen Ausfallwahrscheinlichkeit (Commercial Risk) und der Ausfallwahrscheinlichkeit des Staates. In der Abbildung 15 wird das Prinzip der Foreign Currency Ceiling erläutert.

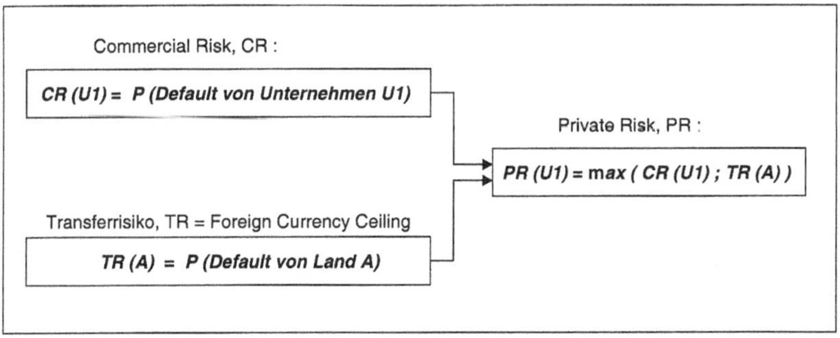

Abbildung 15: Bestimmung des Private Risk über eine Foreign Currency Ceiling für ein Unternehmen U1 in Land A (Grundprinzip)

Die zweite Möglichkeit ist eine Verknüpfung von Transferrisiko und Commercial Risk im Rahmen einer Vier-Felder-Tafel. Die Überlegung ist in diesem Fall, dass ein Unternehmen bezüglich seiner Auslandsschulden immer in Zahlungsschwierigkeiten gerät, wenn das Land, in dem es ansässig ist, sich in einem Default befindet. Die Begründung ist wie zuvor, dass eine Regierung

96 Problematisch ist hierbei insbesondere die Vergabe von Ausfallwahrscheinlichkeiten für Länder. Eine mögliche Vorgehensweise wäre, den Ratingnoten der Länder die Ausfallwahrscheinlichkeiten für Unternehmen mit der gleichen Ratingnote zuzuordnen. Es ist jedoch keineswegs sichergestellt, dass bspw. eine Note BB für ein Land dieselbe Ausfallwahrscheinlichkeit signalisiert wie die Note BB für ein Unternehmen. Das Problem der Ermittlung der Ausfallparameter wird in Kapitel 6 wieder aufgegriffen.

97 Vgl. Bäcker (1998, S. 3)

bei Zahlungsschwierigkeiten ihre Macht nutzen wird, um die verfügbaren Devisen im Land unter ihrer Kontrolle zu behalten. Die Vier-Felder-Tafel bildet die Kombinationsmöglichkeiten von Default und Kein-Default eines Landes und eines Unternehmens ab. Für jede Kombination lässt sich festlegen, ob es bei einem Unternehmenskredit zu Zahlungsschwierigkeiten kommt oder nicht. Abbildung 16 zeigt die Vier-Felder-Tafel für ein Land A und ein Unternehmen U1. Das Unternehmen kann nur dann seinen Verpflichtungen gegenüber den ausländischen Schuldnern nachkommen, wenn sich sowohl auf Länder- als auch auf Unternehmensebene kein Default ereignet.

Unternehmen U1

		Default	Kein Default
Land A	Default	Ausfall des Kredits	Ausfall des Kredits
	Kein Default	Ausfall des Kredits	Kein Ausfall

Abbildung 16: Kombinationsmöglichkeiten, die zur Zahlungsunfähigkeit eines Unternehmens gegenüber ausländischen Gläubigern führen[98]

Der Unterschied zwischen einer Foreign Currency Ceiling und einer Vier-Felder-Tafel lässt sich anhand eines einfachen Zahlenbeispiels zeigen. Es werden zwei Länder (A, B) sowie vier Unternehmen (U1 bis U4) betrachtet. Die Unternehmen U1 und U2 haben ihren Sitz in Land A, die Unternehmen U3 und U4 in Land B. Die Ausfallwahrscheinlichkeiten betragen für Land A zwei Prozent, für Land B zwanzig Prozent, für U1 und U3 jeweils ein Prozent und für U2 und U4 jeweils zehn Prozent.

Im Folgenden werden für dieses Beispiel die Auswirkungen der verschiedenen Vorgehensweisen für die Ermittlung des Private Risk dargestellt. In Abbildung 17 wird zunächst eine Foreign Currency Ceiling verwendet, die entsprechend der Ausfallwahrscheinlichkeit des Landes festgelegt wird. Zum Vergleich hierzu werden in Abbildung 18 die Wahrscheinlichkeiten für das Private Risk über eine Vier-Felder-Tafel ermittelt. Bei der Berechnung wird die Unabhängigkeit zwischen dem Commercial Risk und dem Transferrisiko unterstellt.

98 Vgl. Mussil (2001, S. 8)

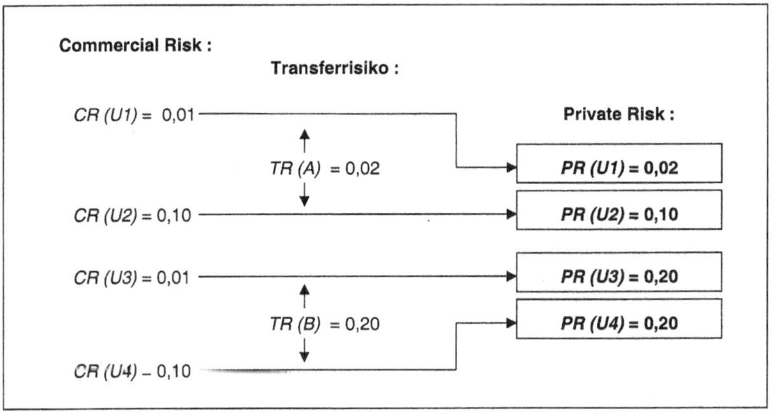

Abbildung 17: Ermittlung des Private Risk für vier Unternehmen mit Hilfe einer Foreign Currency Ceiling

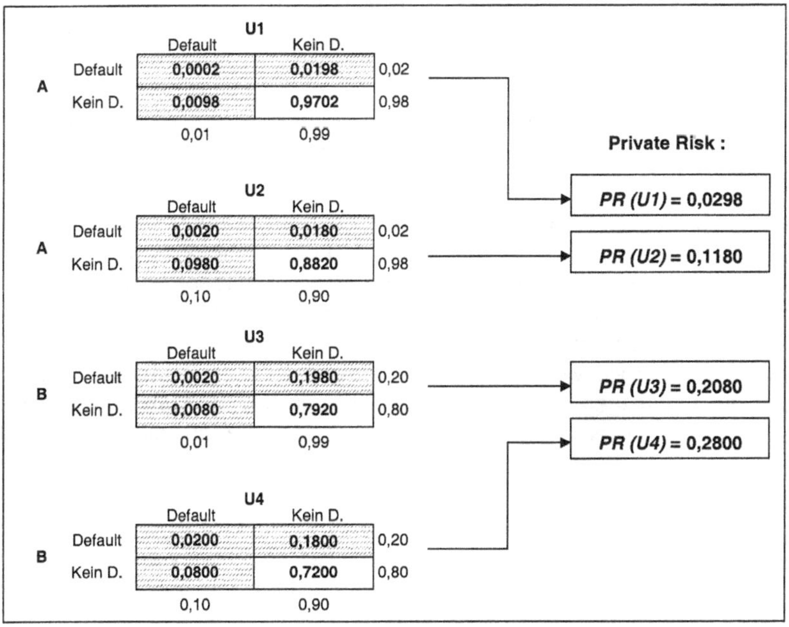

Abbildung 18: Ermittlung des Private Risk von vier Unternehmen über Vier-Felder-Tafeln bei Unabhängigkeit von Commercial Risk und Transferrisiko

Wie zu erwarten, unterscheiden sich die Ergebnisse der Vier-Felder-Tafel und der Foreign Currency Ceiling. Der Unterschied resultiert aus einer verkürzten Betrachtungsweise der Foreign Currency Ceiling. Da hier nur das Maximum der beiden Ausfallwahrscheinlichkeiten berücksichtigt wird, vernachlässigt man, dass auch die kleinere der beiden Ausfallwahrscheinlichkeiten das Risiko beträchtlich erhöhen kann. Der Unterschied zwischen Foreign Currency Ceiling und Vier-Felder-Tafel ist umso größer, je größer die vernachlässigte Wahrscheinlichkeit ist. Entsprechend ist in dem Beispiel der Unterschied für Unternehmen U4 mit acht Prozent am größten.

Unter bestimmten Umständen lässt sich jedoch auch eine Foreign Currency Ceiling rechtfertigen. Zunächst ist zu beachten, dass das Prinzip der Foreign Currency Ceiling auch mit nur ordinalen Bonitätsbewertungen möglich ist, während für eine Vier-Felder-Tafel Ausfallwahrscheinlichkeiten als bekannt vorausgesetzt werden. Ein weiterer Punkt ist, dass bei der obigen Betrachtung von der Unabhängigkeit des Transferrisikos und des Commercial Risk ausgegangen wurde. Eine plausiblere Annahme ist jedoch, dass bei Ausfall des Landes auch die Zahl der Unternehmenszusammenbrüche ansteigt. Tatsächlich zeigen Studien eine deutlich Steigerung der Ausfälle von Unternehmen während eines Sovereign Event.[99] Mit einem positiven Zusammenhang zwischen Länder- und Unternehmensdefaults verringert sich jedoch der Unterschied zwischen Foreign Currency Ceiling und Vier-Felder-Tafel, da die Wahrscheinlichkeit für einen Ausfall des Unternehmens ohne Ausfall des Landes sinkt.[100]

Ein Kritikpunkt, der an beiden Verfahren geäußert werden kann, liegt in der vereinfachenden Sichtweise, dass ein Land seine Zahlungsschwierigkeiten in jedem Fall an die dort ansässigen Unternehmen weitergeben wird. Gerade bei größeren, international agierenden Unternehmen muss dies nicht unbedingt zutreffen. Falls Unternehmen Teile ihrer Exporterlöse auf Konten im Ausland halten oder ein weltweites Netz von Zweigstellen und Tochterunternehmen besitzen, unterliegen ihre Devisenreserven und ihre Zahlungsfähigkeit nicht völlig dem Willen einer Regierung.[101] Zum anderen kann bei internationalen

---

99 Vgl. Hurt und Felsovalyi (1998)

100 Ein Spezialfall, bei dem eine Foreign Currency Ceiling und Vier-Felder-Tafel identische Werte liefern, ist, dass die Kombination „Default Unternehmen" und „Kein Default Land" nicht vorkommt (Wahrscheinlichkeit von Null). Dieser Fall lässt sich für Unternehmen begründen, bei denen von Seiten des Landes mit einer impliziten Garantie des Schuldendienstes des Unternehmens gerechnet wird, d.h. solange der Staat nicht ausfällt, bleibt auch das Unternehmen zahlungsfähig.

101 „...it is not so evident that a firm like Cemex of Mexico (the third largest cement company in the world) should have a higher probability of default than Mexico" (vgl. Mora, 2001, S. 3). Zur Frage, ob Unternehmen kreditwürdiger sein können als ihr Land vgl. auch Durbin und Ng (1999, S. 25 f.).

„Aushängeschildern“ der einheimischen Wirtschaft der Regierung daran gelegen sein, Bonität und Ansehen des Unternehmens nicht zu beschädigen. Im Rahmen des Konzepts der Foreign Currency Ceiling reagierten Ratingagenturen in jüngster Zeit auf diese Kritikpunkte mit dem Vorschlag, für ausgewählte Unternehmen bei der Einschätzung des Private Risk die Möglichkeit zuzulassen, bestehende Länderobergrenzen zu durchbrechen.[102] Bei der Anwendung einer Vier-Felder-Tafel wäre eine entsprechende Lösung, mit der Kombination „Default Land“ und „Kein Default Unternehmen“ nicht unweigerlich einen Ausfall des Kredits zu verbinden, sondern bspw. mit einer Wahrscheinlichkeit von 50 Prozent.

Zusammenfassend lässt sich sagen, dass das Konzept der Vier-Felder-Tafel zwar größere Datenanforderungen beinhaltet, aber auch wesentlich breitere Möglichkeiten einer Analyse bietet.

Integration von Länderrisiken in CreditPortfolioView™

Im Folgenden soll schließlich noch das Kreditrisikomodell CreditPortfolioView™ betrachtet werden. Länderrisiken werden hier integriert, indem vor jeder Simulation der Unternehmensausfälle die Möglichkeit zugelassen wird, dass einzelne Länder ausfallen. Kommt es zu einem Länderausfall, werden automatisch auch alle Kredite, die mit diesem Länderrisiko im Zusammenhang stehen (bspw. Kredite an dort ansässige Unternehmen), als Default eingestuft.[103] Nach Abschluss der Unternehmensausfalls-Simulation wird erneut ein Länderausfall simuliert u.s.w. Die Simulation der Unternehmensausfälle wird somit in eine Simulation der Länderausfälle eingebettet. Bei der Verknüpfung der beiden Ebenen handelt es sich im Kern um das Konzept der Vier-Felder-Tafel. Wie in Kapital 3.2 beschrieben, bietet CreditPortfolioView™ darüber hinaus die Möglichkeit, den Zusammenhang zwischen verschiedenen Ländern durch die Vorgabe von Korrelationen zu erfassen.

Das Hauptproblem dieser Anwendung besteht in der Ermittlung der Ausfallwahrscheinlichkeiten der Länder sowie der Korrelationen. In der technischen Beschreibung zu CreditPortfolioView™ werden sie als bekannt vorausgesetzt, ohne dem Anwender eine Hilfestellung zu geben, auf welche Weise diese Informationen gewonnen werden können.

5.2 Aktueller Forschungsbedarf auf Seiten der Entwicklung von Kreditrisikomodellen und bei der Ermittlung der Ausfallparameter

Aus den offenen Fragen, die in den bisherigen Teilen der Arbeit auftraten, kann der aktuelle Forschungsbedarf abgeleitet werden. Im Wesentlichen

---

[102] Vgl. Moody's (Obergrenzen, 02/2002, S. 3 ff.)

[103] Vgl. McKinsey (PortfolioView, 1998, S. 21)

lassen sich zwei Problemfelder definieren: Zum einen die Verbesserung bzw. Entwicklung eines Modellrahmens, in dem Länderrisiken angemessen berücksichtigt werden können. Zum anderen werden leistungsfähigere Verfahren zur Ermittlung von Parametern des Ausfallrisikos benötigt, da die traditionelle Länderrisikoanalyse nicht auf die Bereitstellung quantitativer Ergebnisse ausgerichtet ist.

Verbesserung der Kreditrisikomodelle

Aktuelle Kreditrisikomodelle sind noch mit einer Reihe von Schwachstellen verbunden,[104] wobei sich die Situation bei der Einbindung von Länderrisiken besonders unbefriedigend darstellt. Während der Schwerpunkt der Diskussion auf Krediten an Unternehmen liegt, bleiben Länderrisiken häufig ausgeklammert oder werden innerhalb der Kreditrisikomodelle lediglich als Zusatzkomponenten aufgenommen. Am Beispiel von CreditPortfolioView™ lassen sich die Schwächen einer solchen Vorgehensweise erläutern. Für Unternehmensrisiken werden verschiedene wirtschaftliche Rahmenbedingungen simuliert. Es wäre plausibel, einen Zusammenhang zwischen diesen Umweltzuständen und dem Ausfall eines Landes in das Modell aufzunehmen. Stattdessen wird das Länderrisiko als reiner Zusatz der Simulation der Unternehmensausfälle vorgeschaltet und die Ausfallwahrscheinlichkeiten der Länder werden exogen festgelegt.

Ein weiteres Problem ist der stark vereinfachte Zusammenhang zwischen den Ländern mit Hilfe eines Korrelationsmaßes. Hier wäre zu prüfen, ob genauere Aussagen im Hinblick auf die Bedeutung der einzelnen Ökonomien zueinander und die möglichen Ansteckungsgefahren möglich sind. So gestalten sich die Beziehungen zwischen großen und kleinen Ländern häufig nicht als symmetrische Beziehungen, sondern als einseitige Abhängigkeiten. Forschungsbedarf besteht ebenfalls bei dem Zusammenhang zwischen Länderausfall und Ausfall eines Unternehmens.

Eine Möglichkeit, einige der genannten Probleme zu beseitigen, wäre bei der Schätzung der Ausfallwahrscheinlichkeiten von Ländern aktuelle makroökonomische Informationen zu berücksichtigen. Mittels der prognostizierten weltwirtschaftlichen Entwicklung ließen sich „point-in-time“-Ausfallwahrscheinlichkeiten schätzen, mit denen ein Teil der beobachtbaren Korrelationen als Scheinkorrelationen identifiziert werden könnte.[105]

---

104 Für einen Überblick über die Schwächen der aktuellen Kreditrisikomodelle vgl. auch Shirreff (1998).

105 Analog zu den bedingten Modellierungen auf Seiten der Unternehmen (vgl. Kapitel 3.2)

Ermittlung der Parameter des Ausfallrisikos

Weiterer Forschungsbedarf liegt in der Ermittlung der Parameter zur Festlegung des Ausfallrisikos eines einzelnen ausländischen Schuldners und als Inputgrößen für ein Portfoliomodell. Die Ausfallwahrscheinlichkeit eines Landes ist im Rahmen eines Portfoliomodells von besonderer Bedeutung, da sie – neben dem Ausfall von Länderkrediten – über das Transferrisiko auch das Kreditrisiko von Unternehmen beeinflusst. Die schlechte Datenlage und die große Bedeutung qualitativer Faktoren erschweren die Suche nach praktikablen Lösungen jedoch erheblich. Ein zweiter wichtiger Parameter ist die Recovery Rate, die sich nicht zuletzt nach der Reaktion und den Hilfsmaßnahmen internationaler Organisationen richtet. Recovery Rates aus der Vergangenheit sind deshalb nur bedingt übertragbar.

In den weiteren Teilen der Arbeit wird die Frage nach verbesserten Möglichkeiten zur Schätzung dieser Parameter im Mittelpunkt stehen. Dies hat vor allem zwei Gründe: Zum einen stellen die Parameter des Ausfallrisikos eine notwendige Bedingung für den Einsatz der jetzigen Portfoliomodelle dar. Bei nahezu allen bisher diskutierten Lösungsansätzen erscheint als kritische Voraussetzung das Vorhandensein von Ausfallwahrscheinlichkeit und/oder Korrelationsmaßen auf Länderebene. Zum anderen steht in den aktuellen Reformvorschlägen des Basler Ausschusses zur Eigenkapitalunterlegung der Portfoliogedanke noch nicht im Vordergrund. Das zentrale Thema ist vielmehr die Beurteilung von Kreditrisiken einzelner Positionen. Entsprechend liegt auf diesem Gebiet von rechtlicher Seite auch bei den Länderrisiken der größte Handlungsbedarf. Die Ermittlung von Ausfallwahrscheinlichkeiten für Länder wäre im Hinblick auf den IRB-Anatz ein wesentlicher Fortschritt.

6 Ermittlung der Parameter des Ausfallrisikos in den Emerging Markets

Für die Ermittlung der gesuchten Parameter des Ausfallrisikos von Ländern lassen sich zwei unterschiedliche Vorgehensweisen verfolgen. Zunächst kann versucht werden, aus den erhältlichen Landesinformationen das Ausfallrisiko auf direktem Weg zu beurteilen. Die Länderrisikoanalysen bei Banken und Ratingagenturen verfolgen mit der unmittelbaren Beurteilung möglicher Risikofaktoren einen solchen Ansatz. Wie in Kapitel 4 erläutert, wird auf der Basis der ökonomischen und politischen Informationen jedoch üblicherweise nur ein ordinaler Ratingscore als Output generiert. Für die Ableitung konkreter Schätzungen der gesuchten Parameter stellt sich die Frage, inwieweit sich die Datenbasis und die verwendeten Verfahren erweitern lassen, um bspw. Ausfallwahrscheinlichkeiten für ein Land zu liefern.

Zum anderen kann versucht werden, die Parameter implizit durch eine Analyse von Marktinformationen zu ermitteln. Hier wird nicht unmittelbar das Ausfallrisiko untersucht, sondern die Reaktionen der anderen Marktteilnehmer. Als Datenbasis für ein solches Verfahren bieten sich alle Preise von Finanzprodukten an, deren Werte durch das Kreditrisiko des untersuchten Landes beeinflusst werden.

Bei den folgenden Überlegungen wird die Schätzung der Ausfallwahrscheinlichkeit im Mittelpunkt stehen, jedoch lassen sich viele Aussagen auch auf andere wichtige Parameter des Ausfallrisikos übertragen.

6.1 Daten für eine direkte Ermittlung

Das grundsätzliche Schema für eine direkte Ermittlung der Ausfallwahrscheinlichkeit beruht im einfachsten Fall auf der Quantifizierung eines Zusammenhangs zwischen der Ausfallwahrscheinlichkeit eines Landes und beobachtbaren Faktoren, die seine Risikosituation kennzeichnen. Die Risikofaktoren können sowohl einzelne makroökonomische oder politische Kennzahlen als auch bereits verdichtete Informationen in Form eines Risikourteils, bspw. ein externes Rating, sein. Ob der Zusammenhang zwischen Ausfallwahrscheinlichkeit und Risikofaktoren über ein ökonomisches Modell oder über eine einfache statistische Zuordnung ermittelt wird, ist zunächst nicht von Bedeutung. Entscheidend ist, dass eine solche Analyse immer auf folgende Daten angewiesen ist: Zum einen die Information, wann ein Land in der Vergangenheit ausgefallen bzw. nicht ausgefallen ist, und zum anderen, welche Ausprägungen die ausgewählten Risikofaktoren hatten, die zu diesen Zeitpunkten relevant waren. Kann der Zusammenhang zwischen den Faktoren und den Ausfallereignissen quantifiziert werden, lässt sich hiermit für ein beliebiges Land bei Kenntnis der Faktorenausprägung die Ausfallwahrscheinlichkeit berechnen.

Betrachtet man zunächst die unmittelbaren Informationen über Ausfälle, so stellt sich bei Ländern die Situation ungünstig dar. Hauptproblem ist die geringe Anzahl relevanter Länder. Während bei Unternehmen alleine in Deutschland im Jahr 2002 mit über 30.000 Insolvenzen gerechnet wird, ergeben sich bei den Ländern jährlich nur eine sehr geringe Zahl „neuer" Ausfälle.[106]

Bei den wenigen Fällen ergibt sich als zusätzliche Schwierigkeit, das Defaultereignis und den Defaultzeitpunkt korrekt zu identifizieren. Während bei Anleiheverbindlichkeiten mit vielen Gläubigern der Markt auftretende Ausfälle noch relativ einfach registrieren kann, fällt eine Rekonstruktion bei Zahlungsausfällen von Bankkrediten bedeutend schwerer. Anders als bei einer Unternehmensinsolvenz können eingeschränkte Zahlungen unter Umständen nur einzelne Schuldtitel bzw. einzelne Kredite betreffen, während gleichzeitig die Länder weiterhin am Kapitalmarkt aktiv sind. Ist ein Default einmal eingetreten, kann dieser Zustand über mehrere Jahre fortdauern. Kommt es zu Umschuldungsverhandlungen sind diese häufig durch eine sehr zurückhaltende Informationspolitik gekennzeichnet, da bspw. private Gläubigerbanken kein großes Interesse daran haben, der Öffentlichkeit einen detaillierten Einblick in ihre Kreditausfälle zu gewähren. Eine weitere Schwierigkeit sind die vielfältigen politischen und ökonomischen Einflussnahmen durch andere Staaten und internationale Organisationen. Es ist nicht immer klar, ob es sich bei neuen Krediten um eine einfache Finanzierungsmaßnahme oder bereits um ein Hilfspaket als Reaktion auf einen Default handelt. Bei der Zusammenstellung der Defaulthistorie für Länder aus öffentlich zugänglichen Meldungen ist man deshalb in einem weit höheren Maße auf subjektive Entscheidungen angewiesen als etwa bei einer Insolvenzstatistik von Unternehmen.

Eine günstigere Ausgangslage für die Zusammenstellung einer Defaulthistorie bieten möglicherweise interne Datenbanken von Kreditinstituten und Versicherungsunternehmen, da Ausfälle innerhalb des eigenen Portfolios klar identifiziert werden können. In Deutschland wären etwa Informationen der Hermes Kreditversicherung, die Exporte in Entwicklungsländer absichert, geeignet, einen tiefergehenden Einblick in die Zahlungsfähigkeit von Partnern in den Emerging Markets zu gewähren. 1999 waren 2,7 Prozent der Gesamtexporte versichert.[107] Allerdings lässt sich auch hiermit das grundlegende Problem der geringen Zahl von Schuldnerländern und Defaults nicht beseitigen.

Neben der Defaulthistorie werden für eine Auswertung messbare Kenngrößen benötigt, die in einem Zusammenhang mit dem Ausfallrisiko des Landes stehen. Bereits aggregierte Kenngrößen stellen externe Ratings dar. Die Schwierigkeit besteht darin, einen quantitativen Zusammenhang zwischen dem Ra-

[106] Ein „neuer" Ausfall zielt auf den Ausfall eines Landes ab, das im Jahr zuvor noch alle Schulden vertragsgemäß erfüllte.

[107] Vgl. BMWi (Hermes, 2000)

ting und der Ausfallwahrscheinlichkeit herzustellen. Analog zu der Vorgehensweise einfacher ratingbasierter Kreditrisikomodelle könnten die durchschnittlichen historischen Ausfallhäufigkeiten in einer Ratingklasse als Schätzung der Ausfallwahrscheinlichkeit dienen. Die geringe Zahl der Länder pro Ratingklasse steht jedoch einer solchen Vorgehensweise im Wege. Im Gegensatz zu Unternehmen werden von Seiten der Ratingagenturen keine entsprechenden Übergangsmatrizen für Länderrisiken veröffentlicht.

Statt der aggregierten Informationen könnten auch einzelne ökonomische und politische Landesinformationen in eine Auswertung einfließen. Da die Ursachen der Zahlungsunfähigkeit meist in der wirtschaftlichen Entwicklung eines Landes liegen, sind besonders makroökonomische Informationen von Bedeutung. Die Probleme bei der Verfügbarkeit dieser Daten lassen sich gut anhand der Erfahrungen von Hanke (2000, S. 52) verdeutlichen, der für eine Arbeit über Currency Boards (CBS) in Emerging Markets eine Auswahl üblicher makroökonomischer Daten benötigte. Hanke schrieb zur Datensammlung: „The data for the five CBS countries required a review of over 100 documents. In the end, 40 separate documents were required to piece the time-series together."

Mängel bei der Verfügbarkeit von Informationen, die für das Länderrisiko relevant sind, wurden spätestens durch den überraschenden Verlauf der Asienkrise offensichtlich. Das „Institute of International Finance, Inc." (IIF) rief deshalb 1998 wieder eine Arbeitsgruppe ins Leben, die bereits nach der Mexikokrise 1995 untersuchte, auf welche Weise eine ausreichende Transparenz der finanziellen Situation der Emerging Markets sichergestellt werden kann. Wesentliche Forderungen im Ergebnisbericht der Arbeitsgruppe beinhalteten die Veröffentlichung genauerer Informationen über internationale Währungsreserven sowie die Zusammensetzung der Auslandsschulden. Außerdem sollten die regelmäßigen Veröffentlichungen detaillierter Berichte zur Handelsbilanz nicht mehr jährlich, sondern quartalsweise erfolgen.[108]

Die Forderungen nach einer besseren Datenverfügbarkeit bei den Emerging Markets unterstützten neben den Investoren aus der Privatwirtschaft auch der IMF und die Weltbank. Da diese Gruppen durch ihre Bedeutung als Kreditgeber einen erheblichen Druck auf die kritisierten Regierungen ausüben können, hat sich die Verfügbarkeit von Daten bereits seit der Mexikokrise deutlich verbessert. Insgesamt kann derzeit jedoch noch nicht von einem befriedigenden Zustand gesprochen werden. Die meisten Daten werden nur einmal im Jahr erhoben, sie sind in ihrer Berechnungsmethodik teilweise nicht standardisiert und werden erst mit einer beträchtlichen zeitlichen Verzögerung veröffentlicht. Selbst bei gutem Willen der Regierungen fehlen in vielen Emerging Markets entsprechende institutionelle Rahmenbedingungen, um umfassende

[108] Vgl. IIF (Transparency, 1999, S. 6 ff.)

und zeitnahe statistische Erhebungen bereitzustellen. In Gesprächen mit Länderanalysten bei Banken wurden auch immer wieder Zweifel an der Qualität der veröffentlichten Daten genannt. Es ist nicht auszuschließen, dass Daten veröffentlicht werden, deren sinnvolle Generierung noch gar nicht möglich ist, um die Forderungen von Investoren, IMF und Weltbank zu befriedigen. Schätzungen können in diesen Fällen auch leicht durch politischen Druck verzerrt werden.

Angesichts des großen Arbeitsaufwands, der mit Anfragen bei den Regierungen der Emerging Markets und deren statistischen Behörden verbunden ist, sind die wichtigsten Datenlieferanten für die Emerging Markets der IMF und die Weltbank. Ihre Veröffentlichungen besitzen darüber hinaus den Vorteil, dass die Institutionen sich um einen einheitlichen Darstellungsrahmen der Daten bemühen.[109]

Liegen Informationen über Ausfälle und makroökonomische Faktoren vor, könnte die Bedeutung der einzelnen Faktoren über statistische Verfahren, bspw. eine kategoriale Regression quantifiziert werden. Die Wahrscheinlichkeit eines Ausfalls wäre bei einer kategorialen Regression die abhängige Variable und die makroökonomischen Faktoren wären die unabhängigen Variablen. Ferner könnten sowohl Ratings als auch politische Faktoren in die Analyse aufgenommen werden, die allerdings zuvor kodiert werden müssen.

Theoretisch besitzen Verfahren wie die kategoriale Regression gegenüber einer einfachen Durchschnittsbildung pro Ratingklasse vielerlei Vorteile. Da analog zu Unternehmen auch für Länder zu erwarten ist, dass die Ausfallwahrscheinlichkeit innerhalb einer Ratingklasse in Abhängigkeit von der globalen wirtschaftlichen Lage schwankt, könnten auch die jeweiligen wirtschaftlichen Rahmenbedingungen in der Analyse berücksichtigt werden.[110]

Trotz dieser Vorzüge ist die praktische Umsetzung im Rahmen der Emerging Markets schwierig. Ohne eine größere Defaulthistorie kann die dargestellte Vorgehensweise nicht sinnvoll verfolgt werden. Ein weiteres Problem ist die große Bedeutung qualitativer (vor allem politischer) Informationen und deren Kategorisierung und Kodierung für eine statistische Auswertung. So lassen sich Informationen zu politischen Entwicklungen aus Medienberichten naturgemäß schwer innerhalb solcher Systeme verarbeiten.

---

109 Die wichtigsten Publikationen auf diesem Gebiet sind die monatlich erscheinenden „International Financial Statistics“ des IMF und die unregelmäßig erscheinende Publikation „Global Development Finance“ (Titel bis 1999: „World Debt Tables“) der Weltbank.

110 Wie Hamerle und Rösch (Korrelationen, 2002) zeigen konnten, bedeutet auf der Ebene von Unternehmen die Aufnahme makroökonomischer Faktoren eine wesentliche Verbesserung der Prognosequalität gegenüber einer historischen Durchschnittsbildung für einzelne Ratingklassen.

6.2 Marktpreise als Basis für eine indirekte Ermittlung

Die grundlegende Idee bei der Auswertung von Marktpreisen zur Ermittlung der Ausfallwahrscheinlichkeit ist, dass auf effizienten Märkten alle Informationen über die gehandelten Güter, die zu diesem Zeitpunkt verfügbar sind, bei der Preisbildung berücksichtigt werden. Unter optimalen Bedingungen sorgt der Wettbewerb dafür, dass sich am Markt die verlässlichsten Informationsquellen und die besten Analysesysteme durchsetzen. Für Forscher, die an bestimmten Eigenschaften von Marktgütern interessiert sind, wäre es in diesem Fall ein naheliegender Gedanke, die eigenen Ressourcen zu schonen und die gesuchten Informationen implizit aus den Preisen zu ermitteln. Bezogen auf Länderrisiken bietet sich bspw. an, aus den Preisen einer Staatsanleihe die Risikoeinschätzung des Marktes oder sogar die Marktmeinung über die genaue Höhe der Ausfallwahrscheinlichkeit abzuleiten.

Effizienzparadox und Rationalität der Märkte

Die implizite Ermittlung von Parametern ist unmittelbar mit der Frage verbunden, ob die beobachtbaren Marktpreise tatsächlich effizient sind. Fama (1970, S. 383) definiert: „A market in which prices always fully reflect available information is called efficient." Eine wichtige Arbeit zu diesem Thema stammt von Grossman und Stiglitz (1980). Sie beschreiben ein Modell bestehend aus einem risikolosen und einem riskanten Anlageobjekt. Über die Rendite des riskanten Wertpapiers können kostenverursachende Informationen eingeholt werden. Die Autoren zeigen, dass eine grundsätzliche Unvereinbarkeit zwischen der Annahme effizienter Marktpreise und einer kostenverursachenden Informationsbeschaffung besteht. Würden die Preise alle Informationen beinhalten, würden die Investoren keinen Anreiz mehr haben, Geld für die Informationsbeschaffung auszugeben. Ohne die Sammlung und Verarbeitung von Daten und Nachrichten ist es jedoch nicht möglich, dass die aus dem Marktgeschehen resultierenden Preise diese Informationen beinhalten. Für ein Gleichgewicht ist daher ein gewisses Maß an Ineffizienz nötig.

Inwieweit sich vor diesem Hintergrund eine Analyse der Preise lohnt, ist davon abhängig, wie hoch man die Ineffizienz des Marktes einschätzt. Tendenziell sollte die Gleichgewichts-Ineffizienz mit sinkenden Informationskosten abnehmen. Falls alle Informationen frei verfügbar sind, wäre von theoretischer Seite ein effizienter Markt möglich. Für Ausfallrisiken von Ländern müssen die Kosten der Informationsbeschaffung auf zwei Ebenen betrachtet werden. Einerseits ist ein Großteil der verfügbaren Informationen sehr einfach erhältlich. Auf Grund des großen Interesses der Finanzwelt und der überschaubaren Zahl von Emerging Markets finden sich gerade für diesen Bereich unzählige von Diskussionen und Daten in den Medien. Der Zugang zu diesen Quellen kann als kostenfrei betrachtet werden. Sehr kostenintensiv kann es hingegen sein, diese Berichte für die konkrete Fragestellung zu filtern und zu verdichten sowie Informationen zu recherchieren, die in den üblichen Datenbanken nicht zu finden sind (etwa über Anfragen bei nationalen statistischen Behörden).

Einen weiteren Aspekt des Effizienzgedankens im Hinblick auf die Globalisierung der Märkte betonen Calvo und Mendoza (2000). Für eine Analyse von Marktpreisen stellen ineffiziente Preise potentielle Fehlerquellen dar, die um so gravierender werden, je stärker die Portfolios durch passives Management anhand ihrer Preise gesteuert werden, bzw. Preise als billige Indikatoren fundamentaler Eigenschaften des Emittenten verwendet werden. Nach Ansicht von Calvo und Mendoza bietet gerade die Globalisierung Anreize, die kostspielige Informationsbeschaffung zu senken und einfach das „Marktportfolio" zu erraten und zu imitieren. Wenn die Grenzkosten eines Portfoliomanagers für Ergebnisse unter dem Markt den Grenzgewinn für überdurchschnittliche Gewinne übersteigt, lässt sich zeigen, dass eine Bandbreite optimaler Portfolios existiert, bei denen alle Marktteilnehmer ein willkürliches Marktportfolio kopieren. Vor diesem Hintergrund können auch Phänomene wie Herdenmechanismen betrachtet werden, bei denen ein Teil der Marktteilnehmer die Strategie verfolgt, immer den Entscheidungen der anderen Investoren zu folgen.

Die genannten Aspekte lassen beträchtliche Ineffizienzen der Preise erwarten, jedoch gibt es auch Argumente, die für eine gewisse Effizienz der Preise sprechen. So können im Falle des Länderrisikos Motivationen zur Informationsbeschaffung vorliegen, die im Rahmen von Modellen, wie dem von Grossman und Stiglitz, nicht berücksichtigt werden. Viele große Banken verbinden mit der Länderrisikoanalyse auch Öffentlichkeitsarbeit, da mit den entsprechenden Erkenntnissen in Publikationen und Reden Kompetenz signalisiert werden kann. Außerdem wirkt sich die Arbeit der zahlreichen öffentlichen Forschungsanstalten, die nicht nur ein Gewinnmaximierungskalkül verfolgen, positiv auf die Effizienz der Preise aus. Schließlich sollte noch beachtet werden, dass bei steigenden Handelsvolumina auf den globalen Finanzmärkten bereits geringe Ineffizienzen der Preise große Gewinnchancen für informierte Investoren beinhalten und somit ein Anreiz besteht, sich solche Informationen zu besorgen. Diese Überlegungen sind relevant, da eine Analyse der Preise bereits als gerechtfertigt erscheint, falls zu vermuten ist, dass das Ineffizienz-Gleichgewicht relativ nahe bei den effizienten Preisen liegt.

Neben dem beschriebenen Effizienzparadox von Grossman und Stiglitz wird in der Literatur auch die Rationalität der Marktteilnehmer diskutiert. Grund für diesbezügliche Bedenken sind beobachtbare Preisbewegungen, die mit dem Bild rationaler Marktteilnehmer schwer vereinbar sind. Rubinstein (2001, S. 22 ff.) nennt als Beispiele für Anomalien, die als Belege für Marktirrationalität verwendet werden, die im Vergleich zu den Fundamentalwerten zu hohen Volatilitäten der Aktienkurse, Kalendereffekte oder den Börsencrash 1987. Rubinstein argumentiert, dass bei diesen Preisbewegungen, die auf Grund der vorliegenden Informationen irrational wirken, nicht zwangsläufig die Annahme der Rationalität aufgegeben werden müsse. Oft verbirgt sich dahinter lediglich, dass das verwendete Modell bestimmte Entscheidungskomponenten der

Investoren nicht berücksichtigt. So könnten auf Aktienmärkten nicht nur Fundamentalwerte, sondern auch die vermuteten Reaktionen anderer Marktteilnehmer eine Investitionsentscheidung beeinflussen und eine höhere Volatilität bewirken.

Die Frage der Rationalität der Marktteilnehmer wird speziell auf dem Gebiet der „Behavioral Finance" systematisch untersucht. Häufig werden hier anhand von Experimenten mit Versuchsgruppen Hinweise gefunden, dass sich Individuen in bestimmten Situationen nicht rational verhalten. Rubinstein sieht jedoch in solchen Ergebnissen noch nicht die zwangsläufige Folge, dass sich Irrationalitäten auch in den Marktpreisen manifestieren. Bei funktionierenden Märkten existieren verschiedene Mechanismen, die verhindern, dass sich irrationales Verhalten auf individueller Ebene auch auf aggregierter Ebene niederschlägt. Zumindest erscheint zweifelhaft, ob Irrationalitäten über längere Zeit systematisch bestehen können. Um im Rahmen dieser Arbeit irrationale Verhaltensmuster zu berücksichtigen, müsste man Größen im Bereich der Emotionen, der Fehlschlüsse oder der persönlichen Verhaltensmuster der Marktakteure modellieren und untersuchen. Dies soll jedoch im Rahmen dieser Arbeit nicht weiter vertieft werden.

Als letztes können einige empirische Arbeiten angeführt werden, die für die grundsätzliche Funktionsfähigkeit der Märkte sprechen. So zeigen Untersuchungen von Jensen (1968) und Arnott et al. (2000), dass große Investmentfonds in den letzten 50 Jahren im Durchschnitt nicht besser abschnitten als der Gesamtmarkt. Dies ist bemerkenswert, da in diesen Fonds große Summen für die Informationsbeschaffung aufgewendet werden und die Investmentgesellschaften über viele Jahre Erfahrungen sammeln konnten, um Irrationalitäten gewinnbringend zu nutzen. Dies deutet darauf hin, dass es selbst mit großen Anstrengungen nicht einfach ist, mehr Informationen zu erhalten, als in den Preisen bereits zum Ausdruck kommen. Abgesehen von kurzzeitigen Störungen erscheint es als plausibel, dass sich ein wesentlicher Teil der verfügbaren Informationen angemessen in den Preisen widerspiegelt.

Potentielle Kandidaten als Basis für eine Auswertung

Das Grundprinzip der Auswertung von Marktpreisen beruht auf einer Umkehrung der Preisfindung. Wird bei der Bepreisung eines Produkts aus verschiedenen Determinanten ein angemessener Preis ermittelt, versucht man nun bei gegebenen Preisen die Ausprägungen der Faktoren zu schätzen, die zu dem beobachtbaren Preis führen. Je nachdem, wie viele Faktoren einen Preis determinieren, ist man mit einem unterschiedlich großen Identifikationsproblem konfrontiert. Ist der Preis einer Anleihe bspw. von vier Faktoren abhängig, von denen eine die Ausfallwahrscheinlichkeit des Emittenten ist, muss man für die Ermittlung dieser Ausfallwahrscheinlichkeit zunächst Überlegungen bezüglich der drei anderen – möglicherweise unbekannten – Faktoren anstellen. Als Datenbasis sind daher solche Finanzprodukte günstig, deren Preise möglichst ausschließlich oder zumindest in wesentlichen Teilen durch das Ausfallrisiko determiniert werden.

Bei Länderrisiken lassen sich Verbindungen von der Bonität des Landes zu einer ganzen Reihe von Marktpreisen herstellen. So weisen auch der Preis der Währung oder die Werte von Aktienindizes eines Landes einen Zusammenhang mit dem Ausfallrisiko auf. In den vergangenen Finanzkrisen der Emerging Marktes waren entsprechend die Währungen und die Börsen der betroffenen Länder unter Druck geraten. Um aus Preisen auf das Ausfallrisiko zu schließen, erscheinen jedoch andere Finanzprodukte eine direktere Verbindung aufzuweisen.

Beispielsweise könnten Prämien von Kreditausfallversicherungen als Grundlage für die Beurteilung des Ausfallrisikos dienen. Im privaten Bereich sind Kreditausfallversicherungen durchaus üblich, auf der Ebene von Ländern könnten Daten über die Hermes Kreditversicherung gesammelt werden. Problematisch ist jedoch zum einen, dass diese Daten nicht öffentlich zugänglich sind. Zum anderen wird die Prämienhöhe auch von politischen Erwägungen, bspw. der Entwicklungshilfe oder der Förderung des Exports, beeinflusst. Schließlich werden diese Versicherungen nicht kontinuierlich gehandelt und somit kann nicht jederzeit die aktuelle Risikoeinschätzung des Marktes ermittelt werden.

Ein der Versicherung sehr ähnliches Produkt sind Kreditderivate. Speziell die so genannten Default-Produkte versprechen eine günstige Ausgangslage für die Ermittlung der gesuchten Größen, da hier das „reine“ Ausfallrisiko gehandelt und bewertet wird und darüber hinaus die Handelsvolumina stark wachsen. Es bleibt jedoch zu prüfen, ob die Märkte bereits heute eine sinnvolle Ermittlung von Ausfallwahrscheinlichkeiten zulassen.

Eine weitere mögliche Grundlage für eine Analyse stellen Anleihen dar, die im Wesentlichen einer verbrieften Kreditbeziehung entsprechen. Der Vorteil gegenüber Kreditderivaten ist der Handel auf ausgereifteren Märkten. Ein Ausgangspunkt für eine Untersuchung ist die Renditedifferenz zwischen riskanten und risikolosen Anleihen als Indikator des Ausfallrisikos. Eine wichtige Frage ist dabei, welche anderen Faktoren außer dem Ausfallrisiko die Renditedifferenz beeinflussen.

Der kontinuierliche Handel von Kreditderivaten und Anleihen hat vor allem im Hinblick auf die Aktualität wesentliche Vorteile gegenüber einer Analyse auf der Basis makroökonomischer Daten.

6.3 Weitere Vorgehensweise

In den folgenden Teilen werden für die Ermittlung der Ausfallwahrscheinlichkeit speziell die Auswertungsmöglichkeiten von Marktpreisen untersucht. Die Hauptgründe für die Bevorzugung der indirekten gegenüber der direkten Methodik sind die größere Zeitnähe und die automatische Inkorporation qualitativer sowie noch nicht publizierter Informationen. Selbst Insider-Wissen, das noch nicht öffentlich zugänglich ist, kann über die Aktivitäten wissender Marktteilnehmer in die Preise einfließen. Darüber hinaus besteht bei der Auswertung der Preise die theoretische Chance, sich von einer Defaulthistorie unabhängig zu machen und somit ein wesentliches Problem für eine direkte Ermittlung der Parameter zu umgehen.

Die im letzten Kapitel diskutierten theoretischen Bedenken bezüglich der Aussagekraft von Preisen – wie Ineffizienz, fehlende Rationalität oder Herdenmechanismen – bedeuten eine Einschränkung für die Schätzung der Ausfallwahrscheinlichkeiten. Allerdings rechtfertigen die derzeitigen Schwachstellen bei der traditionellen Länderrisikoanalyse, den Versuch durch alternative Vorgehensweisen die Situation zumindest zu verbessern. Angesichts der verschiedenen Einschränkungen ist jedoch nicht mit sofort einsatzfähigen Lösungen zu rechnen. In der Diskussion soll in diesem Zusammenhang darauf geachtet werden, bestehende Probleme weiter zu verdeutlichen und diese bei der Interpretation der Ergebnisse zu beachten.

Methoden der traditionellen Länderrisikoanalyse, wie die Auswertung makroökonomischer Daten, werden nur im Zusammenhang mit der Auswertung der Marktpreise verwendet. Die Vernachlässigung dieser Methoden bedeutet jedoch keineswegs, dass es auf diesem Gebiet keinen Raum für Verbesserungen gibt. Bei der Suche nach Parametern des Ausfallrisikos empfiehlt sich eine eingehende Untersuchung, auf welche Weise die traditionelle Länderrisikoanalyse für die Ermittlung quantitativer Faktoren umgestaltet werden kann. Da der Rahmen dieser Arbeit jedoch nur die Untersuchung einzelner Teilaspekte zulässt und aus obigen Gründen die indirekte Ermittlung Vorteile verspricht, wird der Fokus im Folgenden auf dieser Form der Analyse liegen.

Als Datenbasis für die Auswertungen werden Preise von Kreditderivate- und Anleihemärkten dienen. Da die Datenverfügbarkeit und die Charakteristika dieser Märkte für Finanzprodukte der Emerging Marktes wesentlich die Möglichkeiten und Einschränkungen einer Auswertung bestimmen, spielt die Betrachtung der Entwicklung dieser Märkte eine große Rolle.

Für die Ermittlung von Preisen von Finanzprodukten werden bereits seit längerer Zeit historische und aktuelle Marktpreise herangezogen. Im Rahmen der folgenden Kapitel sollen die Fragen im Mittelpunkt stehen, ob aus Preisen mit möglichst einfachen Methoden auch die gesuchten Parameter ermittelt werden können, und welche Annahmen erfüllt sein müssen, damit die Schätzungen keine Verzerrungen aufweisen.

In Kapitel 7 und 8 wird die Schätzung der Höhe der Ausfallwahrscheinlichkeit im Mittelpunkt stehen. Entsprechend der theoretischen Überlegung und der zur Verfügung stehenden Daten werden in der zweiten Hälfte der Kapitel 7 und 8 die impliziten Ausfallwahrscheinlichkeiten für wichtige Emerging Markets ermittelt. Anhand der Berechnung der Werte lässt sich die empirische Umsetzung der theoretischen Modelle sowie eine Reihe der auftretenden Probleme demonstrieren. Für die Umsetzung müssen an einigen Stellen pragmatische Lösungen gefunden werden. Falls die zuvor angesprochenen Identifikationsprobleme auftreten, können bspw. für einige Parameter plausible Schätzungen vorgenommen werden. Es wird darauf geachtet, dass die Methodik und die getroffenen Annahmen möglichst transparent bleiben.

Da die wahren Ausfallwahrscheinlichkeiten nicht bekannt sind, ist eine unmittelbare Überprüfung der Güte der Schätzungen nicht möglich. Statt dessen werden die Ergebnisse im Hinblick auf spätere, tatsächliche Entwicklungen betrachtet und ein Vergleich mit den Beurteilungen externer Ratings vorgenommen. Hierdurch werden zum einen die Unterschiede und Gemeinsamkeiten zwischen den beiden Vorgehensweisen deutlich. Zum anderen lassen sich zumindest auf ordinaler Ebene Aussagen über die Plausibilität der Ergebnisse machen, soweit man den externen Ratings eine gewisse Aussagekraft zuspricht.

7 Ermittlung impliziter Ausfallwahrscheinlichkeiten durch Preise von Kreditderivaten

Im Folgenden wird zunächst ein kurzer Überblick über die Märkte von Kreditderivaten sowie die gehandelten Kreditderivattypen gegeben. Anschließend wird eine Methodik für die Ermittlung impliziter Ausfallwahrscheinlichkeiten vorgestellt und es werden mit Daten aus Emerging Markets konkrete implizite Ausfallwahrscheinlichkeiten berechnet.

7.1 Kreditderivate als spezielle Form derivativer Finanzinstrumente

Derivate sind Finanzinstrumente, deren Zahlungsströme von der Entwicklung bestimmter Finanz- oder Warentitel (sog. Underlyings) abgeleitet werden. Als Underlyings können prinzipiell beliebige Vermögenswerte oder Kenngrößen verwendet werden. So existieren Derivate in Verbindung mit Aktien, Anleihen, Zinssätzen, Wechselkursen oder auch anderen Derivaten. Ein Kennzeichen von Derivaten ist das zeitliche Auseinanderfallen von Vertragsabschluss und Erfüllung, weshalb sie sich den Termingeschäften zuordnen lassen.

Abhängig von den Rechten, die in dem jeweiligen Kontrakt festgelegt werden, lassen sich Derivate den Grundtypen Option, Swap und Forward bzw. Future zuordnen. So unterscheidet sich bspw. eine Option von einem Forward durch die Form der Erfüllungsverpflichtung. Während der Käufer im ersten Fall ein Wahlrecht besitzt, ob er die Ausübung durchführt, besteht bei einem Forward immer die Pflicht zur Erfüllung. In diesem Zusammenhang spricht man auch von bedingten und unbedingten Termingeschäften. Swaps beinhalten eine Vereinbarung über den Tausch zweier Finanzprodukte bzw. der daraus resultierenden Zahlungsströme während einer vereinbarten Zeitspanne.

7.1.1 Entwicklung der Märkte für Derivate

Der Handel von Derivaten wird entweder an organisierten Terminbörsen oder durch sogenannte „Over-The-Counter"-Geschäfte (OTC) abgewickelt. Auf OTC-Märkten werden Derivate außerbörslich von Banken oder Brokern angeboten und direkt zwischen den Kontraktpartnern ausgehandelt.

Derivate gewannen in den vergangenen Jahrzehnten eine große Bedeutung auf den Finanzmärkten. Am bekanntesten sind Optionen auf Aktien und Aktienindizes, die in der Methodenentwicklung eine Vorreiterrolle spielten. Hinsichtlich der Umsatzvolumina sind hingegen Zins- und Währungsderivate führend.

Die Attraktivität derivativer Instrumente liegt in der Möglichkeit, mit ihrer Hilfe Marktrisiken, wie Aktienkurs- oder Zinsänderungsrisiken, effizient zu steuern oder spekulative Strategien umzusetzen. So können bspw. durch den Erwerb von Verkaufsoptionen (Puts) Aktienpositionen gegen Kursverluste abgesichert werden, ohne die Aktienpositionen selbst zu verändern.

Die Handelsvolumina derivativer Finanzinstrumente überschreiten teilweise deutlich diejenigen der Underlyings. Aus Erhebungen der „Bank für internationalen Zahlungsausgleich" (BIS)[111] geht hervor, dass die Umsätze bei den an Börsen gehandelten Derivaten im Jahr 1999 bei 350,1 Billionen US$ lagen. Um die dynamische Entwicklung zu veranschaulichen, sind in Abbildung 19 die Nominalvolumina der am Jahresende offenen Kontrakte dargestellt.[112] 1999 lag alleine der Wert für OTC-Produkte bei 88,2 Billionen US$. Daran besaßen Swaps und Futures auf Zinssätze den bei weitem größten Anteil.

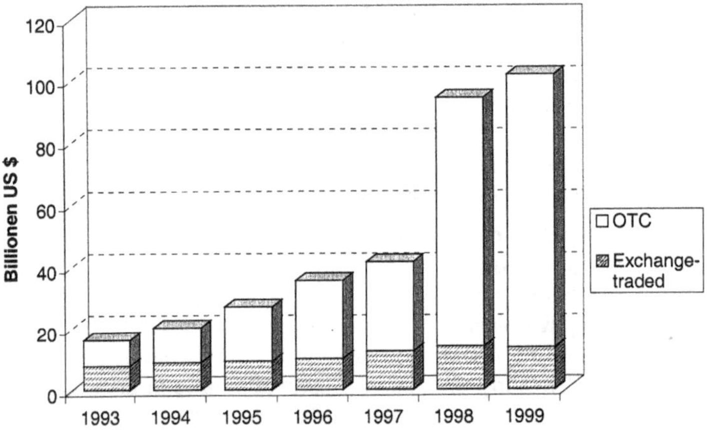

Abbildung 19: Ausstehende Nominalvolumina von derivativen Finanzinstrumenten am Jahresende[113]

Die Asienkrise und die folgenden Turbulenzen auf den Finanzmärkten führten bei Banken und Investoren zu einem stärkeren Risikobewusstsein und mehr Interesse an Instrumenten, die eine aktive Risikosteuerung erlauben. Der

---

[111] Vgl. BIS (Quarterly Review, 8/2000, S. 28 ff.)

[112] Das Volumen eines Derivatekontrakts errechnet sich aus dem Nominalwert des Underlying, auf das sich die Zahlungen beziehen (vgl. Siems, 1997, S. 3). „Offen" bedeutet in diesem Zusammenhang, dass ein bestehendes Recht oder eine bestehende Verpflichtung aus einem Finanzderivat noch nicht erfüllt bzw. durch ein entsprechendes Gegengeschäft ausgeglichen wurde.

[113] Quelle: BIS (Quarterly Review, 8/2000)

gewaltige Sprung von 1997 auf 1998 ist allerdings zum Teil auf eine Umstellung bei der Datenerfassung zurückzuführen.[114]

Die seit den achtziger Jahren rasant verlaufenden Entwicklungen bei der Konstruktion und dem Handel von Derivaten konzentrierten sich fast ausschließlich auf Marktrisiken. Bei jeder Form der Kreditvergabe ist jedoch neben dem Marktrisiko vor allem das Kreditrisiko entscheidend. Auf internationaler Ebene unterstrichen in der Vergangenheit die zuvor erwähnten Finanzkrisen eindringlich die Relevanz dieser Risikoquelle.

Vor diesem Hintergrund stellen Kreditderivate eine konsequente Weiterentwicklung der derivativen Finanzinstrumente dar. Im Gegensatz zu herkömmlichen Derivaten resultiert der Wert von Kreditderivaten nicht aus Zins-, Preis- oder Wechselkursrisiken, sondern aus dem Kreditrisiko ausfallbedrohter Underlyings (bspw. bestimmter Anleihen). Bei Kreditderivaten kommt es zu einer Abspaltung des Kreditrisikos von der zu Grunde liegenden Position in Form eines handelbaren Finanzkontraktes. Das Kreditrisiko kann hierdurch auf andere Marktteilnehmer transferiert werden, ohne die ursprüngliche Kreditbeziehung zu berühren.[115]

Die anfängliche Zurückhaltung beim Aufbau derivativer Instrumente für Kreditrisiken sowie entsprechender Märkte resultierte insbesondere aus dem Fehlen sinnvoller Modelle für die Bewertung von Kreditrisiken. Nicht handelbare Kreditverträge, eine schlechte Datenlage und komplexere Strukturen der Einflussgrößen machen die Modellierung von Kreditrisiken im Vergleich zu den Marktrisiken ungleich schwieriger. Bietet jedoch die Theorie keine sinnvollen Ansatzpunkte für die Preisbestimmung eines Kontraktes, dann hält sich auch die Marktaktivität in Grenzen und dies führt wiederum zu einer mangelnden Datenlage für die Forschung.

Trotz dieser Schwierigkeiten konnten in den letzten Jahren beachtliche Fortschritte erzielt werden und im Zuge der allgemeinen Hinwendung zu den Kreditrisiken rückten die Kreditderivate zwangsläufig in das Blickfeld von Marktakteuren und Risikomanagern. Über das Marktvolumen von Kreditderivaten lassen sich derzeit nur sehr grobe Schätzungen anstellen. Fest steht, dass die Zahlen im Vergleich zu anderen Derivategruppen noch verhältnismäßig gering sind. Alle Prognosen gehen jedoch davon aus, dass sich der sehr starke Anstieg der letzten Jahre auch weiterhin fortsetzen wird. Beginnend bei

---

[114] Die Daten bis 1997 wurden von der „International Swaps and Derivatives Association" (ISDA) gesammelt. Ab 1998 stammen sie aus der Datenerhebung der BIS.

[115] Eine ausführlichere Darstellung der Funktionsweise eines Kreditderivats am Beispiel des Credit Default Swaps erfolgt in Kapitel 7.1.3.

einem sehr geringen Niveau im Jahr 1995 konnte sich das Volumen der offenen Kontrakte bis zum Jahr 2000 um das 75fache ausweiten (vgl. folgende Abbildung).

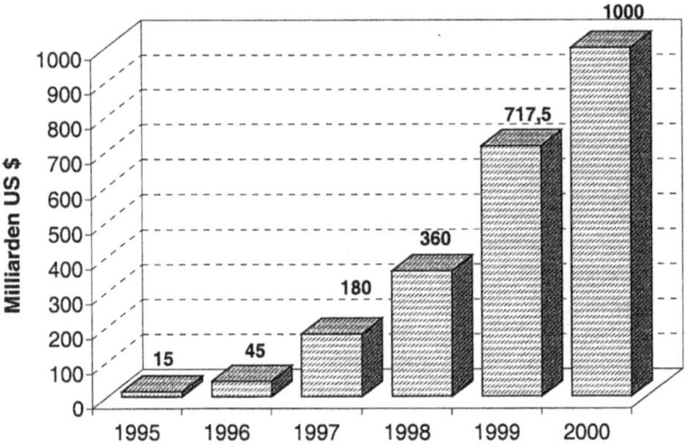

Abbildung 20: Volumina von gehandelten Kreditderivaten[116]

7.1.2 Typen von Kreditderivaten

Kreditderivate werden derzeit noch nicht an Börsen gehandelt, sondern zählen zu den OTC-Instrumenten. Bei der Konstruktion der Verträge haben die Marktteilnehmer daher die Möglichkeit, ihre individuellen Bedürfnisse zu berücksichtigen. In der großen Vielfalt haben sich vier Kontrakttypen etabliert:

- Credit Default Swap (CDS): Gegen eine Prämie kauft der Protection Buyer vom Protection Seller das Recht, bei Default des Underlying eine Ausgleichszahlung zu erhalten. Das Underlying kann grundsätzlich jeder kreditrisikobehaftete Finanztitel sein, in der Regel handelt es sich um eine Anleihe. Der CDS entspricht in seiner Funktionsweise einer klassischen Kreditausfallversicherung.
- Credit Default Linked Note: Im Gegensatz zum CDS erfolgt eine Vorleistung des Protection Seller an den Protection Buyer, indem der Protection

[116] Quelle: British Bankers Association (BBA), Risk Magazine in Landry und Radeke (1999) sowie OCC (12/2000). Die Schätzungen bis zum Jahr 1997 stammen von der BBA. Ab 1998 waren nur Angaben des OCC für den US-Markt erhältlich. Ausgehend von 1997 als Referenzjahr wurde unterstellt, dass die US-Banken für 40 Prozent des Gesamtvolumens verantwortlich sind. Entsprechend wurden Schätzungen für die Jahre 1998 - 2000 erstellt.

Seller eine vom Protection Buyer emittierte Anleihe kauft. Falls das festgelegte Underlying (z.B. eine Schuldverschreibung eines Unternehmens) von seinem Emittenten nicht mehr bedient werden kann, hat der Protection Buyer das Recht, die Rückzahlung seiner Anleihe gegenüber dem Protection Seller um seinen Verlust zu kürzen.

- Credit Spread Option: Eine Option, deren Wert von der Höhe des Credit Spreads einer bestimmten Anleihe abhängt.[117] Der Käufer erhält bei Optionsausübung den Unterschiedsbetrag zwischen dem aktuellen Credit Spread und dem vereinbarten Strike Spread.
- Total Return Swap: Der Protection Seller übernimmt gegen Zahlung eines Zinssatzes (häufig LIBOR + Prämie) alle Erträge und somit auch das gesamte Risiko des Underlying. Da neben den Zinszahlungen auch die Marktwertveränderungen des riskanten Underlying auf den Protection Seller übertragen werden, entspricht dies einer Übernahme sowohl des Kredit- als auch des Marktrisikos.

Bei der Verbreitung der einzelnen Produkte geht die BBA für 1997 von einer vorherrschenden Stellung der Credit Default Swaps aus (vgl. Abbildung 21). Ihre übersichtliche Konstruktion und der bereits relativ hohe Standardisierungsgrad dürften für die Popularität dieser Instrumente verantwortlich sein. Mit zunehmendem Reifegrad der Märkte und umfangreicheren praktischen Erfahrungen mit den Instrumenten ist damit zu rechnen, dass die anderen Kontrakttypen ebenfalls an Bedeutung gewinnen werden.

Da es sich im Kern dieser Arbeit um Kreditrisiken von Ländern handelt, die ein nennenswertes Ausfallpotential besitzen, wäre es interessant, in welchem Umfang diese Gruppe bei Kreditderivaten relevant ist. Laut BBA handelt es sich bei etwa einem Drittel der Underlyings um Länderkredite. Über 80 Prozent der Underlyings liegen in den Ratingklassen A, BBB, BB und B, die auch für Länderrisiken in den Emerging Markets relevant sind. Detailliertere Informationen liegen dazu leider nicht vor.[118]

---

[117] Credit Spread (bzw. Renditespread) bezeichnet in diesem Zusammenhang die Differenz der Renditen zwischen einer risikolosen und der zu Grunde liegenden ausfallbedrohten Anleihe.

[118] Eine Erörterung der Charakteristika und der Spezialfälle verschiedener Konstruktionen findet sich bspw. in den Beiträgen von Burghof et al. (1998) oder Das (1998).

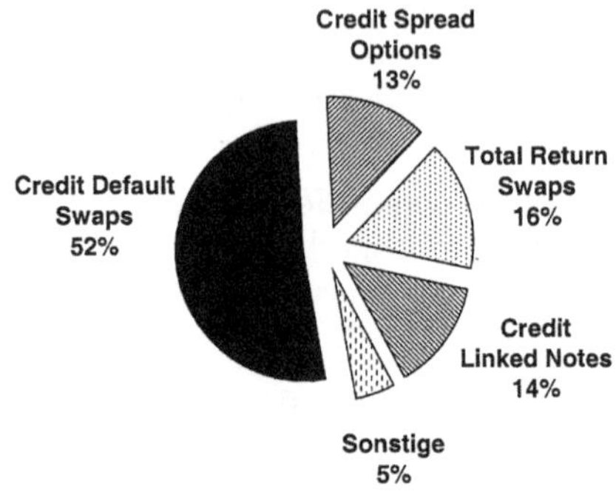

Abbildung 21: Aufteilung nach Produktarten im Jahr 1997[119]

Die Analyse von Kreditderivaten wird sich im Folgenden auf die Klasse der Credit Default Swaps beschränken. Dies geschieht aus zwei Gründen: Zum einen ist auf Grund ihrer einfachen Konstruktionsweise die Rückrechnung von den Preisen auf implizite Paramater technisch am leichtesten durchführbar. Zum anderen werden die Möglichkeiten einer Analyse von Kreditderivaten stark durch die Verfügbarkeit der Daten begrenzt. Vor dem Hintergrund der Länderrisiken stehen einzig für die CDS Preisinformationen in einem verwertbaren Umfang zur Verfügung.

7.1.3 Struktur von Credit Default Swaps

Credit Default Swaps gehören zu den Default Produkten, d.h. die Zahlungsverpflichtung ist vom Ausfall (Default) des Underlying abhängig.[120] In seiner Grundstruktur erhält der Protection Buyer gegen Zahlung einer Prämie an den Protection Seller den Anspruch auf den Ersatz des Verlustbetrages, der ihm im Falle eines Default entsteht. In Abbildung 22 wird deutlich, dass ein CDS mit einem Kreditausfallversicherungsvertrag identisch ist, bei dem sich der Protection Seller (Versicherer) gegen eine Prämie bereit erklärt, in einem genau definierten Schadensfall Ersatz zu leisten.

---

[119] Quelle: BBA in Landry und Radeke (1999, S. 536)

[120] Im Gegensatz dazu ist bei Credit-Spread-Produkten nicht das Defaultereignis, sondern eine bestimmte Bonitätsveränderung das entscheidende Auszahlungskriterium.

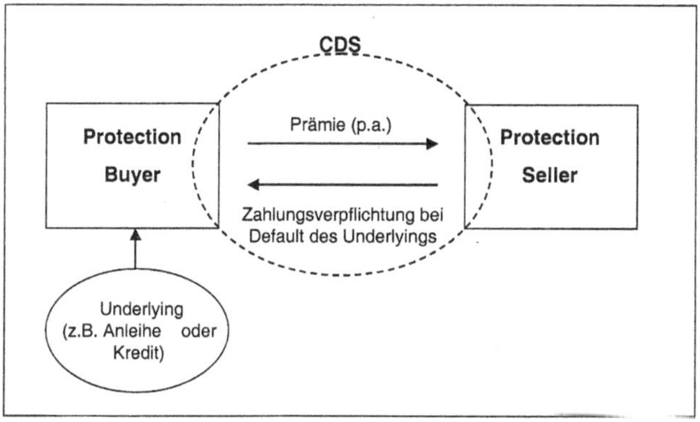

Abbildung 22: Grundstruktur eines Credit Default Swap

Wesentliche Bausteine bei der vertraglichen Gestaltung eines CDS sind die Festlegung des Underlying, die Höhe und die Zeitpunkte der Prämienzahlungen sowie die Regelungen zum Defaultzeitpunkt und zur Höhe der Defaultzahlung. Theoretisch sind den Vertragspartnern bei der Ausgestaltung dieser Details kaum Grenzen gesetzt. Im Sinne einer besseren Markttransparenz und geringerer Verhandlungskosten entwickelten sich in der Praxis verschiedene Standardvarianten.

In den meisten Fällen wird die Prämienzahlung als Prozentsatz des Nominalwertes des betroffenen Underlying festgelegt, der pro Jahr zu entrichten ist. Die Zahlung erfolgt am Ende des jeweiligen Jahres oder aufgeteilt in halb- bzw. vierteljährliche Raten. Für die Festlegung des Ausfallereignisses schlägt die „International Swaps and Derivatives Association" (ISDA) neun verschiedene Ereignisse vor.[121] Ein mögliches Defaultereignis ist bspw. die Nachricht von der Insolvenz des Emittenten in entsprechenden Fachblättern. Die Höhe der dann fälligen Defaultzahlung wird meist durch die Differenz von Nominalwert und Wert des Underlying bei Insolvenz bestimmt. Im Kontrakt ist festzulegen, ob ein Barausgleich des Verlustbetrages erfolgt (Cash Settlement) oder die tatsächliche Lieferung des Underlying zum Nominalwert (Physical Settlement).

Der Wert eines CDS wird stark durch die genaue Ausgestaltung des Vertrages beeinflusst. Für eine Analyse der Preise ist es daher erforderlich, die Charakteristika des jeweiligen Vertrages zu berücksichtigen. Dies ist oft problematisch, da auf Grund des OTC-Handels die genauen Verträge nur den beteiligten Parteien bekannt sind. Banken und Broker verhalten sich zurückhaltend mit Meldungen über Abschlüsse und häufig werden nicht alle preisrelevanten

121 Die ISDA hat 1998 Musterregelungen für Kreditderivate vorgelegt, in denen u. a. potentielle Defaultereignisse genannt werden (vgl. ISDA, Definitions, 1999).

Informationen offengelegt. Dieses Problem stellt sich auch im empirischen Teil dieser Arbeit.

7.2 Zusammenhang zwischen den Preisen von Kreditderivaten und den impliziten Ausfallwahrscheinlichkeiten

7.2.1 Bewertung von Kreditderivaten

Um den Zusammenhang zwischen den Preisen von Kreditderivaten und den impliziten Ausfallwahrscheinlichkeiten zu ermitteln, soll zunächst erläutert werden, worauf aus theoretischer Sicht die Bepreisung von Kreditderivaten beruht. Da es sich bei dem Underlying eines Kreditderivats um eine ausfallbedrohte Position handelt und der Wert des Kreditderivats von dem Wert dieses Underlying abhängt, bildet die Bepreisung des Kreditrisikos einen wesentlichen Baustein in der theoretischen Herleitung. In Arbeiten zur Bewertung von Kreditderivaten finden sich diesbezüglich Ansätze, die bereits in Kapitel 3 zu den Kreditrisikomodellen erläutert wurden. Die wesentlichen Grundlagen für die Bewertung sind Annahmen bezüglich des Default- und des Recovery Rate-Prozesses sowie eine Vorstellung über die Höhe des risikolosen Zinssatzes bzw. der Zinsstruktur.

Auf Basis der Annahmen bezüglich des Ausfallprozesses lassen sich die diskutierten Modelle in Structural Models sowie Reduced Form Models einteilen. Structural Models besitzen den Vorteil, dass die Vorgehensweise auf eine ökonomische Theorie zurückgeht (vgl. Kapitel 3.2).

Reduced Form Models werden u.a. in den Arbeiten von Jarrow und Turnbull (1995), Jarrow et al. (1997), Das und Tufano (1996) oder Duffie und Singleton (1999) vorgeschlagen. Der Name Reduced Form Models bezieht sich darauf, dass in diesen Modellierungen nicht mehr Bezug auf strukturelle Informationen bzgl. des Unternehmenswertes genommen wird. Stattdessen wird auf Basis einer exogen vorgegebenen Intensität (Ausfallwahrscheinlichkeit für den nächsten infinitesimal kleinen Zeitabschnitt) ein Hazardraten-Prozess[122] modelliert. Während bei den Structural Models die Bindung an eine ökonomische Theorie auf Grund komplexer Kapitalstrukturen zu Schwierigkeiten führt, können die Reduced Form Models Parameter und Prozesse optimal an beobachtbare Marktdaten anpassen. So können stochastische Prozesse sowohl für die Recovery Rate als auch die Zinsentwicklung ohne unmittelbare Berufung auf

---

[122] Hazardraten bezeichnen in der Regel die Wahrscheinlichkeit, das nächste Intervall nicht zu überstehen, falls zuvor noch kein Ausfall erfolgt ist, wobei der betrachtete Zeitabschnitt infinitesimal klein ist. Die Werte einer solchen stetigen Hazardfunktion sind nicht mehr unmittelbar als Wahrscheinlichkeiten zu verstehen, jedoch lassen sie sich über die Bildung von Integralen und relativ einfachen Formeln in Wahrscheinlichkeiten umformen. Allgemeine Erläuterungen zu Hazardraten finden sich in Blossfeld et al. (1986).

eine ökonomische Theorie modelliert werden, solange die Ergebnisse mit den beobachtbaren Werten in Einklang stehen.

Bei den aktuellen Modellen fällt auf, dass immer komplexere und allgemeinere Lösungen entwickelt werden, bei denen jedoch auch die Zahl der zu schätzenden Parameter weiter ansteigt. Trotz der intensiven Forschung auf diesem Gebiet konnte sich bisher noch keine Standardmethodik am Markt etablieren.[123]

Bewertung von Derivaten

Liegt ein Modell zur Bewertung des ausfallbedrohten Underlying vor, wird bei der Ableitung des Preises eines Kreditderivats auf dieselben Methoden zurückgegriffen wie bei anderen Derivaten. Eine zentrale Annahme ist die Arbitragefreiheit. Von Arbitrage spricht man, wenn es bei gegebenen Preisen der Anlageobjekte möglich ist, verschiedene Portfolios zusammenzustellen, die künftig mit Sicherheit gleiche Erträge aufweisen, aber mit unterschiedlichen Investitionskosten verbunden sind. Durch Kauf und Verkauf der entsprechenden Portfolios entfällt auf den Arbitrageur der Differenzbetrag, der als „free lunch" konsumiert werden kann.[124] Die Realisierung von Arbitragegewinnen ist für alle Marktteilnehmer unabhängig von ihren persönlichen Preiserwartungen oder Risikopräferenzen erstrebenswert, soweit sich ihr Nutzen durch eine Steigerung des Konsums erhöht. In funktionierenden Märkten sollten deshalb solche Gewinnchancen unverzüglich realisiert werden. Die Marktakteure sorgen auf diese Weise fortlaufend für ein Preisgefüge, das keinerlei Arbitrage mehr zulässt.

Die fundamentalen Annahmen, auf denen Modelle zur Derivatebepreisung in der Regel basieren, sind:[125]

1. Keine Transaktionskosten und Steuern;
2. Kein Kontrahentenrisiko;
3. Vollkommener Wettbewerb;
4. Keine Marktbeschränkungen; Wertpapiere sind beliebig teilbar; Leerverkäufe sind möglich;
5. Rationale Marktakteure („mehr" wird gegenüber „weniger" bevorzugt);
6. Keine Arbitragemöglichkeiten

---

[123] Ein Überblick über die Literatur zur Bewertung ausfallbedrohter Positionen findet sich bspw. bei Duffee (1999, S. 1 ff.), Hüttemann (1997, S. 69 ff.) oder Uhrig-Homburg (2002, S. 24 ff.).

[124] Vgl. Spremann (1991, S. 487)

[125] Vgl. Jarrow und Turnbull (1996, S. 555)

Falls die ersten fünf Annahmen zutreffen, ergibt sich die Arbitragefreiheit gemäß dem zuvor beschriebenen Mechanismus automatisch. Andererseits gilt die Arbitragefreiheit als fraglich, falls in einem realen Markt eine oder mehrere der Annahmen verletzt sind. Nur wenn die Marktteilnehmer die Möglichkeit haben, theoretische Arbitragegewinne auch tatsächlich zu realisieren, werden sich die Preise entsprechend dem zu Grunde liegenden Modell einstellen.

Für miteinander verbundene Vermögenswerte, wie Derivat und Underlying, ist die Annahme der Arbitragefreiheit sehr mächtig. Auf Grund der Verkettung beider Finanzinstrumente lassen sich die Zahlungsströme der einen Position durch die andere replizieren bzw. ein risikoloses Portfolio zusammenstellen.

Da die Modellierung des Preises des Underlying häufig mit Hilfe stochastischer Prozesse erfolgt, läuft die Berechnung des Preises des Kreditderivats in der Regel auf die Lösung einer Differentialgleichung hinaus. Bei der Bepreisung von Aktienoptionen wird bspw. die Aktienrendite als stochastischer Prozess modelliert. Auf Basis der Arbitragefreiheit ergibt sich die bekannte Black-Scholes Formel für die Bewertung der Option.

Die Parameter der Bewertungsformel eines Derivats sind damit im Wesentlichen die Parameter der Prozesse, die bei der Bepreisung des Underlying unterstellt wurden. Deshalb spielen bei der Entwicklung von Bewertungsformeln für Kreditderivate die Parameter der Ausfallwahrscheinlichkeit, der Recovery Rate und der Zinsstruktur eine wichtige Rolle.

Arbitragefreiheit und risikoneutrales Wahrscheinlichkeitsmaß

Es lässt sich zeigen, dass bei Gültigkeit der Arbitragefreiheit alle Preise über „risikoneutrale Wahrscheinlichkeitsmaße“ (auch als „Pseudo-“ oder „Martingal[126]-Wahrscheinlichkeiten“ bezeichnet) abgeleitet werden können. Das theoretische Fundament für diese Aussage begründet sich auf dem Fundamentallemma der Wertpapierbepreisung.[127] Es besagt, dass bei Arbitragefreiheit eine stetige, positive und lineare Preisregel existiert, die festlegt, auf welche Weise die künftigen unsicheren Auszahlungen in die Bewertung einer Position einfließen. Übertragen auf Derivate bedeutet dies, dass bei Geltung der Arbitragefreiheit der Wert eines jeden marktfähigen Derivats gleich dem Erwartungswert der abgezinsten Auszahlungen des Derivats unter dem risikoneutralen Wahrscheinlichkeitsmaß ist.

---

[126] Der Begriff Martingal weist auf den stochastischen Entwicklungsprozess des Underlying hin. Alle bis zu diesem Zeitpunkt erhältlichen Informationen und Prognosen sind in seiner Bewertung enthalten. Der letzte realisierte Marktpreis entspricht dann dem bedingten, künftigen Erwartungswert des Martingals, wobei die Bedingung die gesamte Historie umfasst.

[127] Für eine Demonstration des Fundamentallemmas der Wertpapierbepreisung vgl. bspw. Sandmann (1999, S.17 ff.).

Die Benennung dieser Gewichtungsmaße als „risikoneutrale Wahrscheinlichkeiten" beruht auf der Gleichheit der Struktur dieser Bepreisungsregel mit der Bewertung der möglichen Zahlungen bei Risikoneutralität. Jedoch handelt es sich nur um eine scheinbare Übereinstimmung. Die risikoneutralen Wahrscheinlichkeiten innerhalb der Bepreisungsregel erheben nicht den Anspruch, mit den tatsächlichen Wahrscheinlichkeiten übereinzustimmen. Vielmehr sind sie lediglich als Gewichte für die Bepreisung zu interpretieren.

Wie Milne (1995, S. 17 ff.) zeigt, stimmen die risikoneutralen Wahrscheinlichkeiten mit den echten Wahrscheinlichkeiten nur in speziellen Fällen überein. Milne unterstellt zunächst risikoneutrale Neumann-Morgenstern-Präferenzen. In diesem Fall entsprechen die Martingal-Wahrscheinlichkeiten den tatsächlichen Wahrscheinlichkeiten. Ausgehend von der Annahme risikoaverser Präferenzen ergibt sich jedoch eine Abweichung.

Für die Ermittlung impliziter Ausfallwahrscheinlichkeiten aus den Preisen von Kreditderivaten ist der positive Aspekt dieser Erkenntnisse, dass die risikoneutralen Ausfallwahrscheinlichkeiten sich in den Preisen des Derivats voll niederschlagen. Für eine Rückrechnung ist eine zusätzliche Betrachtung des Underlying nur insoweit relevant, als Annahmen über die Recovery Rate und den möglichen Ausfallzeitpunkt getroffen werden müssen. Sundaram (1997, S. 86) bezeichnet die Ableitung von Bewertungsformeln über die risikoneutralen Wahrscheinlichkeitsmaße als vorteilhafter gegenüber alternativen Methoden, da sie gegenüber der Replikation von Portfolios und der Lösung von Differentialgleichungen wesentlich einfacher durchgeführt werden kann.

Die Schwierigkeit bei einer Interpretation der berechneten risikoneutralen Wahrscheinlichkeiten ist deren Abweichung von den tatsächlichen Werten für risikoaverse Investoren. In theoretischen Überlegungen, wie zuvor in der Analyse von Milne, können die Ergebnisse für verschiedene unterstellte Präferenzen untersucht werden. Coutant (1999, S. 2 ff.) bietet einen Überblick über Arbeiten, in denen untersucht wird, inwieweit Aussagen über die Risikoaversion aus Optionspreisen und risikoneutralen Wahrscheinlichkeiten getroffen werden können. Für eine Auswertung sind umfassende Daten nötig und die Übertragbarkeit quantitativer Ergebnisse auf die vorliegende Untersuchung erscheint nur unter vielen weiteren Annahmen möglich.

Da die Risikoaversion nicht quantifiziert werden kann, verlaufen die folgenden Analysen unter der Annahme risikoneutraler Präferenzen. Diese Annahme ist gerechtfertigt, falls die Investoren tatsächlich risikoneutral sind, oder falls es auf den Märkten Möglichkeiten gibt, Portfolios so weit zu diversifizieren, dass die Investoren Risiken weitgehend eliminieren können. Diese Annahme vereinfacht die weitere Vorgehensweise erheblich, stellt allerdings gleichzeitig die Aussagekraft der Ergebnisse unter den Vorbehalt ihrer Gültigkeit. Liegen tatsächlich risikoaverse Präferenzen vor, würden die geschätzten impliziten Ausfallwahrscheinlichkeiten die wahren Ausfallwahrscheinlichkeiten tendenziell übersteigen, da eine zusätzliche Risikoprämie für unsichere Auszahlungen fälschlicherweise nicht den Präferenzen, sondern der Ausfallwahrscheinlichkeit zugerechnet wurde.

Einfache Bewertung von Credit Default Swaps

Im Folgenden soll anhand eines einfachen Modells der Zusammenhang zwischen impliziter Ausfallwahrscheinlichkeit und Preis eines Credit Default Swaps verdeutlicht werden.

Betrachtet wird ein Zerobond als Underlying mit einer Laufzeit von einem Jahr und einem Nominalwert von 100. Zum Zeitpunkt $t = 0$ notiert die Anleihe bei einem Wert *B(0)*. Ein Default ist nur am Ende des Jahres möglich und bei Default erhält der Gläubiger nur einen Anteil gemäß Recovery Rate RC. Die risikoneutrale Wahrscheinlichkeit für einen Ausfall lautet p.

Für einen CDS, der sich auf die Anleihe bezieht, gilt ebenfalls eine Laufzeit von einem Jahr. Bei Abschluss des Vertrages $t = 0$ erfolgen keinerlei Zahlungen. Bei Nicht-Default muss der Protection Buyer an den Protection Seller eine Prämie in Höhe von SY bezahlen. Falls Insolvenz eintritt, kann der Protection Buyer vom Protection Seller die Ausgleichszahlung in Höhe des entstandenen Schadens ((1-*RC*)*100) fordern. In Abbildung 23 wird die Situation anhand von zwei Ereignisbäumen dargestellt:

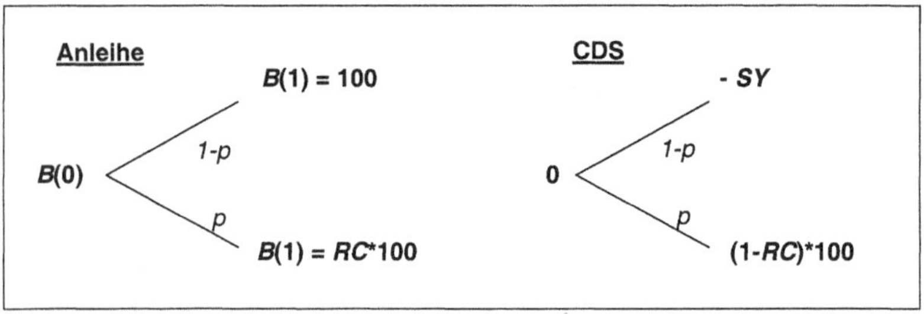

Abbildung 23: Zahlungen bei Bond und CDS aus Sicht des Protection Buyer

Unterstellt man zusätzlich noch einen risikolosen Zinssatz für ein Jahr von r, muss auf Seiten des CDS folgende Gleichung erfüllt sein:

(Gl. 2) $$0 = (1-p)\cdot \exp(-r)\cdot(-SY) + p\cdot \exp(-r)\cdot(1-RC)\cdot 100$$

Durch Auflösung dieser Gleichung nach p ist eine einfache Berechnung der risikoneutralen Wahrscheinlichkeit möglich. Im nächsten Kapitel soll aus diesem Grundgedanken der Modellrahmen für die empirische Untersuchung abgeleitet werden.

7.2.2 Modellrahmen für die Ermittlung impliziter Ausfallwahrscheinlichkeiten

Für eine konkrete Datenauswertung ist es erforderlich, den Modellrahmen auf die vorhandene Datenbasis abzustimmen. Die Daten für die spätere Analyse beinhalten Strukturkurven für CDS-Prämien bei Laufzeiten zwischen einem und 10 Jahr(en). Da detaillierte Informationen über die Ausstattung der einzelnen Kontrakte nicht vorliegen, wird von den folgenden – im angelsächsischen Finanzbereich üblichen – Konditionen ausgegangen: Die zu Grunde liegende Anleihe ist in US$ notiert, die Prämienzahlung erfolgt in halbjährlichen Raten, die letzte Rate ist am Ende der Laufzeit des Swaps zu erbringen und bei Eintritt eines Defaultereignisses ist die Zahlung in Höhe des Verlustbetrages unverzüglich fällig.[128] Diese Konditionen werden bei der Modellierung explizit berücksichtigt.

Ausfallzeitpunkt und Zeitpunkt der Zahlungen

Die Bestimmung des Ausfallzeitpunktes ist nicht exakt möglich. Falls ein Ausfall im *n*-ten Halbjahr erfolgt, kann es ein beliebiger Zeitpunkt in diesen sechs Monaten sein. Mangels genauerer Informationen wird stellvertretend die Mitte des Zeitintervalls verwendet. Die genauen Zeitpunkte der Zahlungen sind insofern relevant, als berücksichtigt werden soll, dass Individuen Zeitpräferenzen besitzen. Um den Barwert einer künftigen Zahlung zu erhalten, muss sie mit dem risikolosen Zinssatz abdiskontiert werden. Da die möglichen Auszahlungen in US$ notiert sind, können die benötigten Zinssätze aus der Schätzung einer Zinsstrukturkurve amerikanischer Staatspapiere entnommen werden. Das Defaultrisiko von US-Bonds und US-Notes kann vernachlässigt werden. Eine detaillierte Erläuterung der Vorgehensweise bei der Ermittlung der Zinsstrukturkurve findet sich in Anhang B1.

Recovery Rate

Neben dem Ausfallzeitpunkt ist die Festlegung der Recovery Rate notwendig. Genauer wird jene Recovery Rate benötigt, die von den Marktteilnehmern angenommen wird. Eine Schätzung der Recovery Rate aus historischen Werten ist problematisch. Neben der schlechten Datenbasis muss die unterstellte Recovery Rate darüber hinaus keineswegs über die Zeit stabil sein. Speziell bei den Emerging Markets erscheint seit den Krisen in den neunziger Jahren eine Veränderung der Recovery Rate plausibel. Nachdem internationale Organisationen bei Krisen mehrmals Bail-Outs durchführten, wurden Forderungen laut, durch Zurückhaltung bei Hilfsmaßnahmen mehr Marktdisziplin zu erlangen. Dies könnte bedeuten, dass die Recovery Rate deutlich pessimistischer, d.h. niedriger eingeschätzt wird, als dies in den historischen Werten bisher zum Ausdruck gekommen ist. Im Rahmen dieser Arbeit wird nicht ver-

---

[128] Vgl. Das (1998, S. 37 ff.)

sucht, die Recovery Rate empirisch zu ermitteln, vielmehr wird ein Wert vorgegeben.

Formaler Zusammenhang zwischen Höhe der CDS-Prämie und impliziter Ausfallwahrscheinlichkeit

Ziel ist es, aus der Höhe der halbjährlichen Prämien *SH(T)* die Markteinschätzung des Ausfallrisikos zu ermitteln. Die Variable ph_t (mit $t = 1,...,10$) bezeichne die Wahrscheinlichkeit eines Default in einem Halbjahr des Jahres t unter der Bedingung, dass zuvor noch kein Ausfall erfolgt ist. Ausgangspunkt für einen formalen Zusammenhang zwischen CDS-Prämie und impliziter Ausfallwahrscheinlichkeit ist die Überlegung, dass bei Abschluss eines Kontraktes in $t = 0$ keine Zahlungen erfolgen und der Gegenwartswert entsprechend Null ist. Bei risikoneutraler Bepreisung muss folgende Gleichung erfüllt sein:

(Gl. 3) $$0 = \sum_{i=1}^{2\cdot T} \left[R(0{,}5 \cdot i) \cdot (1 - ph_t)^i (-SH(T)) + R(0{,}5 \cdot i - 0{,}25) \cdot (1 - ph_t)^{i-1} \cdot ph_t \cdot V \right]$$

mit $R(t) = \exp(-r_t \cdot t)$ = Abdiskontierungsfaktor für t Jahre

$V = (1 - RC) * 100$ = Ausgleichszahlung bei Default

i = Halbjahres-Index

T = Gesamtlaufzeit

und r_t = risikoloser Zinssatz für t Jahre entsprechend der Zinsstrukturkurve

Legt man als Recovery Rate einen bestimmten Wert fest, sind die einzigen Unbekannten in der vorhergehenden Gleichung die Ausfallwahrscheinlichkeiten ph_t. Es ist davon auszugehen, dass die Wahrscheinlichkeiten in jedem Halbjahr der Laufzeit variieren, d.h. eigentlich eine Festlegung von $2*T$ verschiedenen Ausfallwahrscheinlichkeiten erforderlich wäre. Falls nur die CDS-Prämie für eine einzige Laufzeit vorliegt, ist eine solche Berechnung jedoch nicht durchführbar, weil eine eindeutige Bestimmung mehrerer Unbekannter aus Gleichung 3 nicht möglich ist. Es könnte lediglich eine durchschnittliche, halbjährliche Ausfallwahrscheinlichkeit während der

Laufzeit T berechnet werden, wobei unterstellt würde, dass für alle Halbjahre die gesuchten Wahrscheinlichkeiten gleich sind (vgl. Gleichung 4).

(Gl. 4) $ph_t = ph$ für alle t

Liegen Preise für CDS mit unterschiedlichen Laufzeiten vor, bietet sich die Möglichkeit zu einer genaueren Analyse. Ideal wären Prämien für CDS mit Laufzeiten von einem halben bis zehn Jahr(en) mit halbjährlichen Intervallen. Zu Beginn ließe sich für einen halbjährigen CDS mit T=0,5 aus Gleichung 3 die Ausfallwahrscheinlichkeit für des erste Halbjahr berechnen. In der Gleichung für T=1 könnte dann dieser Wert eingesetzt werden, wodurch die einzige Unbekannte die Ausfallwahrscheinlichkeit für das zweite Halbjahr wäre. Auf diese Weise könnten schrittweise alle gesuchten Wahrscheinlichkeiten berechnet werden.

Die vorliegenden Daten enthalten allerdings nur CDS-Prämien mit Laufzeiten in jährlichen Abständen. Es muss daher die Annahme getroffen werden, dass die Ausfallwahrscheinlichkeiten im ersten und zweiten Halbjahr eines Jahres t identisch sind:

(Gl. 5) $$ph_t(1.HJ) = ph_t(2.HJ) = ph_t \qquad \text{für alle } t$$

Für die verschiedenen Jahre werden gemäß der zuvor beschriebenen Vorgehensweise individuelle Wahrscheinlichkeiten berechnet.

Das rekursive Vorgehen bei der Ableitung der bedingten Ausfallwahrscheinlichkeiten für die verschiedenen Jahre wird in Abbildung 24 verdeutlicht. Es werden jeweils die angepassten Ereignisbäume für CDS mit einer Laufzeit von einem bis T Jahr(e) skizziert. Aus der Prämie des einjährigen CDS lassen sich zunächst die impliziten Ausfallwahrscheinlichkeiten für das erste und zweite Halbjahr des ersten Jahres (ph_1) mit Hilfe des Zusammenhangs aus Gleichung 3 berechnen. Dieses Ergebnis wird anschließend bei der Analyse des zweijährigen CDS verwendet. Setzt man ph_1 in Gleichung 3 für einen zweijährigen CDS ein, ist nunmehr die einzige unbekannte Variable ph_2. Auf diese Weise werden nach und nach die gesuchten Parameter ermittelt.

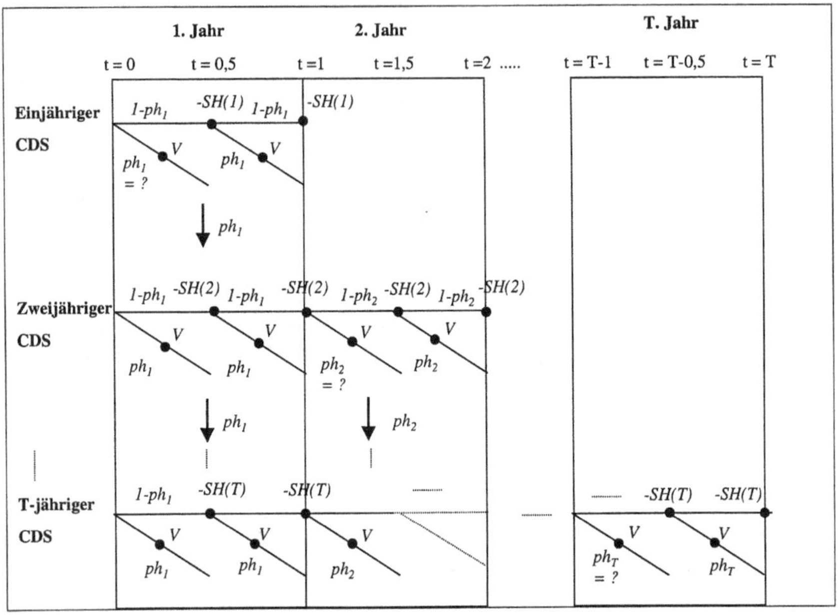

Abbildung 24: Zahlungsstruktur verschiedener CDS mit Laufzeiten von einem bis T Jahr(en), halbjährlichen Prämienleistungen SH(T) und möglichen Ausgleichszahlungen V

Sind die bedingten Ausfallwahrscheinlichkeiten für die Halbjahre bekannt, lassen sich daraus die bedingten Ausfallwahrscheinlichkeiten für die ganzen Jahre (py_t) errechnen:

(Gl. 6) $$py_t = 2 \cdot ph_t - ph_t^{\,2}$$

Abschließend sollen noch einmal die kritischen Punkte zusammengefasst werden, die bei der Verwendung des vorgestellten Untersuchungsrahmens und der Einschätzung der Ergebnisse zu beachten sind:

1. Eine Grundvoraussetzung für die Ableitung der risikoneutralen Wahrscheinlichkeitsmaße ist die Gültigkeit der Annahmen über vollkommene Märkte, insbesondere **Arbitragefreiheit**. Für Credit Default Swaps wird diese Fragestellung anhand empirischer Daten im folgenden Kapitel 7.3 diskutiert.
2. Voraussetzung für die Interpretation der risikoneutralen Wahrscheinlichkeitsmaße als implizite Ausfallwahrscheinlichkeiten ist die **Risikoneutralität** der Marktteilnehmer. Ansonsten sind Aussagen zumindest auf Basis der absoluten, berechneten Werte problematisch.

3. Ein besonderes **Datenproblem** zeigt sich bei der Festlegung der Recovery Rate. Um den Einfluss der Wahl dieses Parameters zu illustrieren, erfolgt in Kapitel 7.4.2 eine Sensitivitätsanalyse für unterschiedliche Recovery Rates. Für spätere Analysen erfolgt eine Ad-hoc-Festlegung dieses Wertes.

7.3 Diskussion der Arbitragefreiheit auf Märkten von Credit Default Swaps für Länderanleihen

Die Annahme der Arbitragefreiheit steht mit der Vollständigkeit und der Funktionsfähigkeit der Märkte in unmittelbarem Zusammenhang. Wie in Kapitel 7.2.1 erläutert, kommen die zuvor beschriebenen Zusammenhänge zwischen Preis und impliziter Ausfallwahrscheinlichkeit nur zum Tragen, wenn Arbitragechancen auch tatsächlich realisiert werden können. Bestehen noch erhebliche Marktunvollkommenheiten, kommt es selbst bei Risikoneutralität zu Verzerrungen. In diesem Fall kann nur versucht werden, die Verzerrungen in Richtung und Größenordnung abzuschätzen.

Im Hinblick auf die Arbitragefreiheit für CDS ist zu prüfen, ob der relevante Markt einen Entwicklungsstand aufweist, der diese Annahme rechtfertigt. Um Aussagen treffen zu können, werden zunächst einige bereits angedeutete Schwachstellen der Kreditderivatemärkte zusammengefasst. Anschließend werden anhand konkreter Daten einzelne Probleme detaillierter betrachtet. Vier Charakteristika der bestehenden Kreditderivatemärkte erscheinen kritisch:

- Bei Kreditderivaten handelt sich um sehr junge Konstruktionen, deren Handelsvolumina noch deutlich hinter denen vergleichbarer Produkte zurückliegen.
- Die Kontrakte besitzen einen geringen Standardisierungsgrad und werden nicht an organisierten Börsen gehandelt.
- Preisinformationen sind häufig lückenhaft und nur schwer erhältlich.
- Es existiert noch keine überzeugende und handhabbare Bepreisungsmethodik.

Diese Punkte führen nicht zwangsläufig zu ineffizienten Märkten, einige der gewünschten Eigenschaften sind jedoch bedroht. Das Fehlen langjähriger Erfahrungen bzw. einer überzeugenden Bepreisungsmethodik wird viele potentielle Marktteilnehmer von einem Engagement abhalten. Die wenigen Aktiven werden sich die Bewertungsunsicherheiten durch zusätzliche Aufschläge entlohnen lassen bzw. versuchen, monopolistische Renten zu erzielen. Der geringe Standardisierungsgrad und das lückenhafte Datenangebot verringert die Transparenz des Marktes und erhöht die Informationskosten. Um den aktuellen Preis eines CDS zu erfahren, müssen die großen Anbieter zur Abgabe eines speziellen Angebotes aufgefordert werden.

Auf Grund dieser Schwierigkeiten besteht die Gefahr, dass die Liquidität eines Kontraktes nicht gesichert ist, d.h. dass eine Veräußerung bestehender Positionen nicht oder nur mit Abschlägen möglich ist.[129] Zu einer Veranschaulichung dieser Problematik werden im Folgenden reale Geld- und Briefkurse von CDS für den Zeitraum von November 1999 bis März 2000 betrachtet.[130] Der Geld-(Bid-)kurs gibt in diesem Zusammenhang den Wert an, zu dem ein Institut einen CDS kaufen würde, d.h. die jährliche Prämienhöhe (in Basispunkten), die es als Protection Buyer zu zahlen bereit wäre. Der Brief-(Offer-)Kurs entspricht dem Verkaufsangebot, d.h. der jährlichen Prämienhöhe, zu der der Anbieter bereit ist, das Defaultrisiko als Protection Seller zu übernehmen.

Es wurden rund 4.000 Angebote erfasst, von denen etwa ein Drittel Länderanleihen behandelt. Die Zahl der Anbieter ist gering; insgesamt wurden nur Angebote von etwa 20 Instituten registriert, wobei die fünf aktivsten Institute für über 80 Prozent der Angebote verantwortlich sind. Diese Beobachtung einer starken Konzentration deckt sich auch mit den offiziellen Schätzungen der amerikanischen OCC. Laut ihren Angaben stehen die sieben größten US-Banken hinter mehr als 95 Prozent – J.P. Morgan alleine hinter mehr als der Hälfte – des Gesamtvolumens an Kreditderivaten in den USA im dritten Quartal 2000.[131]

Auffällig ist darüber hinaus, dass in einem Drittel der Fälle nur der Offer- und in einem Viertel der Fälle nur der Bid-Preis angegeben wurde. Viele Marktteilnehmer sind offensichtlich zu einem bestimmten Zeitpunkt gezielt an einer Art von Geschäft interessiert, um bspw. eine Anleihe abzusichern oder eine offene CDS-Position durch ein entsprechendes Gegengeschäft zu schließen. Da die Spanne zwischen Bid- und Offer-Kursen ein wichtiger Indikator für die Liquidität eines Marktes ist, werden nur jene Datensätze in die Analyse einbezogen, die simultan beide Kurse enthalten. Für die Länderrisiken sind insgesamt knapp 500 Werte von Bedeutung. In Abbildung 25 sind die Quartile und die Extrema der prozentualen Geld-Brief-Spannen[132] für die unterschiedlichen Laufzeiten dargestellt.

---

129 Eine systematische Diskussion möglicher ausfallrisikofremder Preiskomponenten (bspw. Illiquiditätsprämien) erfolgt im Kapitel 8.2.

130 Die Daten wurden von Mitarbeitern der Bayerischen Landesbank gesammelt.

131 Vgl. OCC (12/2000)

132 Für die prozentuale Berechnung dient der Geldkurs als Basis.

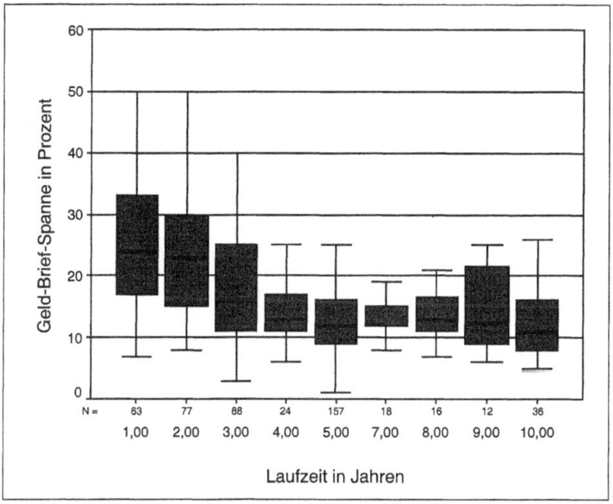

Abbildung 25: Übersicht der beobachtbaren Geld-Brief-Spannen bei CDS (in Prozent) im Zeitraum November 1999 bis März 2000 [133]

Die größte Geschäftsaktivität zeigt sich bei den Laufzeiten bis zu fünf Jahren. Für längerfristige Kontrakte besteht relativ selten Interesse. In allen Fällen übersteigt der Briefkurs (Offer) den Geldkurs (Bid) deutlich. Besonders für kürzere Laufzeiten (ein und zwei Jahr(e)) kommt es zu Aufschlägen von bis zu 50 Prozent auf den Geldkurs. Dies ist ein deutlicher Hinweis auf Unvollkommenheiten auf diesem Markt. Der Käufer eines CDS steht vor dem Problem, dass, falls er zu einem späteren Zeitpunkt wieder eine Veräußerung wünscht, er nur Kontraktpartner findet, die nicht einen aktuellen mittleren Kurs bezahlen, sondern nur einen wesentlich geringeren Geldkurs. In der folgenden Abbildung ist das Ausmaß dieser Unterschiede noch einmal für bedeutende Emerging Markets dargestellt.[134]

---

[133] Auf der Abszisse sind auch die Zahl der Beobachtungen N pro Laufzeitklasse vermerkt.

[134] Für die Definition der Länderkürzel siehe Abkürzungsverzeichnis.

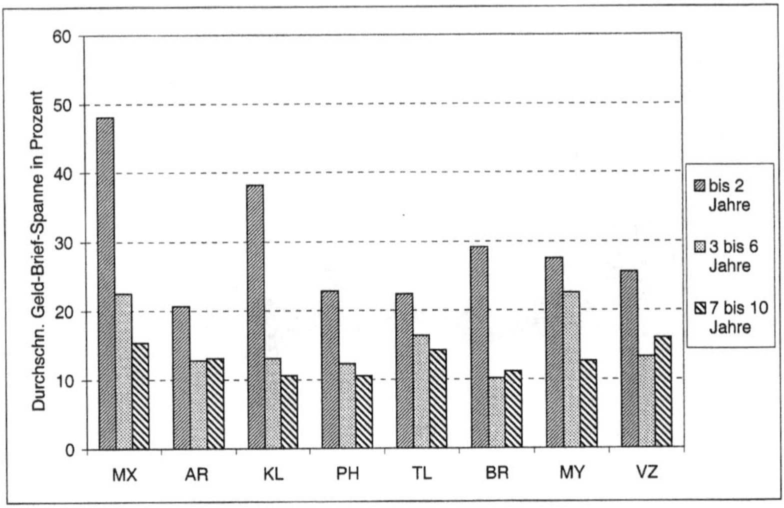

Abbildung 26: Durchschnittliche Geld-Brief-Spannen bei CDS einzelner Emerging Markets (in Prozent) im Zeitraum von November 1999 bis März 2000 (Basis: Geldkurs)

Welche Komponenten in welchem Ausmaß zu diesen Aufschlägen beitragen, kann aus den vorliegenden Daten nicht ermittelt werden. Vermutlich kommen in der Preisgestaltung methodische Unsicherheiten, hohe Informationskosten und eine gewisse Marktmacht zum Ausdruck.

Abschließend wird am Beispiel der Philippinen noch der Verlauf von Geld- und Briefkursen über den Beobachtungszeitraum dargestellt (vgl. Abbildung 27). Die Geld-Brief-Spanne bleibt für dieses Land im Beobachtungszeitraum relativ stabil bei etwa zehn Prozent. Auffällig sind die großen Preissprünge innerhalb weniger Tage, obwohl in den betrachteten Wochen keine Meldungen über dramatische Veränderungen der ökonomischen oder politischen Lage der Philippinen vorlagen. Möglicherweise sind unterschiedliche Preisstrategien der Institute für die starke Streuung der registrierten Angebote verantwortlich.

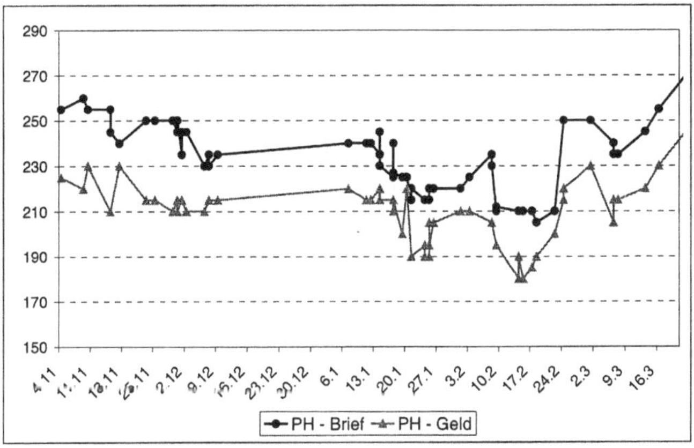

Abbildung 27: *CDS Geld- und Briefkurse für die Philippinen (in Basispunkten) von November 1999 bis März 2000*

Zusammenfassend kann davon ausgegangen werden, dass im beobachteten Zeitraum die Preisgestaltung nicht alleine durch die Attribute des Underlying und des Kontraktes bestimmt wurden, sondern auch durch die geringe Marktreife.[135] Dies stellt eine unmittelbare Fehlerquelle bei der Berechnung von Ausfallwahrscheinlichkeiten dar. Eine tiefergehende Untersuchung des Entwicklungsstands dieser Märkte wäre angesichts der Befunde sehr sinnvoll. Insbesondere Aussagen über die Richtung und die Größenordnung möglicher Verzerrungen durch die mangelnde Liquidität wären erforderlich, um die ermittelten Werte tatsächlich als Basis für die Ableitung von Ausfallwahrscheinlichkeiten zu verwenden. Hüttemann (1997, S. 129) schlägt die Einführung eines Liquiditätsfaktors zur Lösung dieses Problems vor. Als mögliche Datenbasis nennt sie das Verhältnis zwischen den Vertragsangeboten und den tatsächlich zustande gekommenen Geschäfte. Abgesehen von der Beschaffung entsprechender Informationen ist auch eine theoretische Begründung für eine solche Vorgehensweise problematisch.

Angesichts der Zweifel am tatsächlichen Bestehen der Arbitragefreiheit sowie der kritischen Annahme der Risikoneutralität könnte man die Analyse der CDS im Sinne einer unmittelbaren praktischen Anwendbarkeit vorzeitig beenden. Ziel dieser Arbeit ist jedoch nicht die Präsentation ausgereifter Lösungen. Mit der empirischen Analyse des nächsten Kapitels soll vor allem der Einsatz der methodischen Werkzeuge für eine Verwertung der CDS-Preise demonstriert werden. Darüber hinaus vermitteln die berechneten Ausfallwahrscheinlichkei-

135 Eine Bestätigung der Annahme, dass die Rahmenbedingungen der Märkte für Kreditderivate zur Zeit noch sehr schlecht entwickelt sind, findet sich auch in Landry und Radeke (1999, S. 562).

ten einen Eindruck, an welcher Stelle die beschriebene Problematik zu eindeutig unplausiblen Resultaten führt, bzw. wo unter Umständen nützliche Informationen ermittelt werden können.

Das Hauptargument für eine Fortführung der Untersuchungen liegt in der zukünftigen Anwendbarkeit der Analysemethoden. Auch wenn die Aussagekraft der Ergebnisse derzeit noch stark begrenzt ist, so steht dahinter doch die Hoffnung, dass sich die Rahmenbedingungen auf diesen Märkten und damit die Datenlage rasch verbessern werden. Gerade Länder in den Emerging Markets bieten sich an, eine Vorreiterrolle im Hinblick auf Liquidität, Standardisierungsgrad und Datenverfügbarkeit unter den handelbaren Kreditrisiken zu spielen. Die Zahlungsfähigkeit einer relativ kleinen Anzahl von Schuldnern ist hier für Investoren auf der ganzen Welt von Bedeutung.

7.4 Auswertung von Credit Default Swaps für Emerging Markets

Die bisherigen Überlegung sollen nun für die Auswertung eines Datensatzes mit Preisen für Credit Default Swaps von Emerging Markets verwendet werden. Der theoretische Rahmen der Auswertung folgt den Überlegungen in Kapitel 7.2.2.

7.4.1 Datenbasis

Für die Ermittlung der impliziten Ausfallwahrscheinlichkeiten werden elf Länder aus Lateinamerika und Südost-Asien betrachtet. Die Datenquelle ist in diesem Fall das Informationssystem MorganMarkets von J.P. Morgan. Es stellt für die betrachteten Länder indikative Preise für CDS mit Laufzeiten von einem bis zu zehn Jahren zur Verfügung. Um diese Informationen für eine Vielzahl von Underlyings täglich bieten zu können, ist es innerhalb solcher Systeme üblich, fehlende Marktwerte mit Hilfe statistischer Verfahren oder Expertenmeinungen aufzufüllen. Dies ist insofern ein Nachteil, als bereits eine Überarbeitung der originären Marktdaten erfolgt. Wie sich im Verlauf der Analyse aber zeigen wird, stellt die Vollständigkeit der verwendeten Daten für die Bestimmung der jährlichen Ausfallwahrscheinlichkeiten einen wesentlichen Vorteil dar. Folgende Werte wurden am 6. Juni 2000[136] für CDS lateinamerikanischer und asiatischer Länder angegeben. Die Länder der beiden Regionen Lateinamerika und Südost-Asien sind innerhalb der Tabellen 1 und 2 nach abnehmender Bonität geordnet. Als Indikator der Bonität wurden die Ratingnoten von Standard & Poor's und von Moody's verwendet.

---

136 Alle folgenden Übersichten und Ergebnisse in diesem Kapitel sind immer aus der Sicht dieses Termins zu verstehen.

Land	Mexiko (MX)	Argentinien (AR)	Kolumbien (KL)	Peru (PE)	Brasilien (BR)	Venezuela (VZ)
S&P	BB+	BB	BB	BB	B+	B
Moody's	Baa3	B1	Ba2	Ba3	B2	B2
1 Jahr	121	500	739	310	205	900
2 Jahre	153	540	771	346	285	905
3 Jahre	185	581	804	383	366	911
4 Jahre	221	626	841	423	449	920
5 Jahre	253	667	874	460	531	926
6 Jahre	278	700	900	489	597	925
7 Jahre	306	738	929	522	681	926
8 Jahre	339	783	965	561	782	930
9 Jahre	370	824	997	597	862	935
10 Jahre	398	857	1024	628	920	940

Tabelle 1: Ratingnoten und CDS-Prämien für Staatsanleihen lateinamerikanischer Emerging Markets

Land	Singapur (SI)	Korea (KR)	Malaysia (MY)	Thailand (TL)	Philippinen (PH)
S&P	AAA	BBB	BBB	BBB-	BB+
Moody's	Aa1	Baa2	Baa3	Ba1	Ba1
1 Jahr	15	70	75	100	215
2 Jahre	17	80	85	105	253
3 Jahre	18	95	95	110	290
4 Jahre	19	105	103	115	350
5 Jahre	20	115	110	120	410
6 Jahre	24	120	118	128	425
7 Jahre	28	125	125	135	440
8 Jahre	30	127	130	142	455
9 Jahre	33	135	135	148	470
10 Jahre	35	140	140	155	485

Tabelle 2: Ratingnoten und CDS-Prämien für Staatsanleihen südostasiatischer Emerging Markets

Ein Blick auf die Prämienhöhe zeigt, dass Investoren die lateinamerikanischen Staaten, verglichen mit den asiatischen, als riskanter bewerten. Es deutet sich auch an, dass eine Ableitung des Risikos aus den vorliegenden Preisen zu Unstimmigkeiten mit der Bonitätsbeurteilung der Ratingagenturen führt. Bei einer Entsprechung von Risiko und CDS-Prämie müssten die Prämien mit sinkender Bonität ansteigen. Während dies innerhalb der asiatischen Staaten erfüllt ist, liegen bspw. für Brasilien wesentlich geringere Prämien als für das besser eingestufte Kolumbien vor. Eine ausführliche Diskussion dieser Problematik erfolgt anhand der Ausfallwahrscheinlichkeiten in Abschnitt 7.4.4.

7.4.2 Implizite Ausfallwahrscheinlichkeiten bei verschiedenen Recovery Rates

Die Berechnung der impliziten Ausfallwahrscheinlichkeiten erfolgte mit Hilfe der Software SAS. Als Inputfaktoren werden die CDS-Prämien für die verschiedenen Laufzeiten, die Werte der Zinsstrukturkurve und die Recovery Rates benötigt. Mit Hilfe des in Kapitel 7.2.2 beschriebenen Verfahrens werden rekursiv die bedingten, halbjährlichen Ausfallwahrscheinlichkeiten vom ersten bis zum zehnten Jahr bestimmt. Das vollständige Programm befindet sich in Anhang B2.

Wie bereits festgestellt, ist man bei der Schätzung der Recovery Rate auf eine intuitive Festlegung angewiesen. Um die Sensitivität der Ergebnisse zu verdeutlichen, werden zunächst die bedingten Ausfallwahrscheinlichkeiten zweier Länder bei Annahme verschiedener Recovery Rates gezeigt. Abbildung 28 und Abbildung 29 fassen die Resultate für Brasilien und Thailand bei unterstellten Recovery Rates von 0 bis 40 Prozent zusammen.

Wie zu erwarten, steigen die impliziten Ausfallwahrscheinlichkeiten bei höheren Recovery Rates. Ein beobachteter Prämienwert kann bei einer Verringerung der unterstellten Schadenshöhe nur durch eine entsprechend höhere implizite Ausfallwahrscheinlichkeit erklärt werden.

Bei Brasilien werden die Abweichungen der Ergebnisse besonders deutlich. Falls man von einem Totalverlust ausgeht, d.h. $RC = 0$, liegen die bedingten Ausfallwahrscheinlichkeiten zwischen zwei Prozent für das erste und 22 Prozent für das zehnte Jahr. Unterstellt man hingegen eine Recovery Rate von 40 Prozent, reichen die Werte von drei bis 70 Prozent.[137] Für Banken sind auf Grund der kürzeren Planungshorizonte vor allem die kürzeren Laufzeiten

---

[137] Für noch größere Recovery Rates steigen die impliziten Ausfallwahrscheinlichkeiten weiter an. Da mit dieser einfachen Methodik eine Begrenzung der Ergebnisse auf den zulässigen Wertebereich für Wahrscheinlichkeiten von null bis eins nicht sichergestellt ist, können sich auch Werte ergeben, die größer als eins sind. Da dies für Wahrscheinlichkeiten nicht mehr sinnvoll ist, wurden Recovery Rates nur bis zu einem Wert von 40 Prozent in die Analyse einbezogen.

interessant. Hier kommt es bei den einjährigen Ausfallwahrscheinlichkeiten zu relativen Unterschieden von über 50 Prozent.

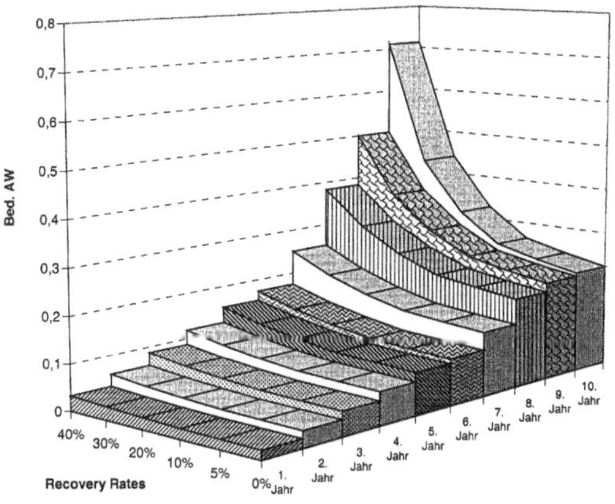

Abbildung 28: Abhängigkeit der impliziten, bedingten Ausfallwahrscheinlichkeiten von der unterstellten Recovery Rate für Brasilien

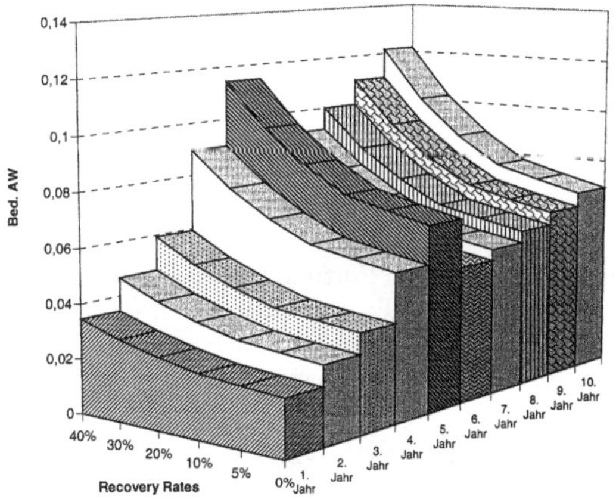

Abbildung 29: Abhängigkeit der impliziten, bedingten Ausfallwahrscheinlichkeiten von der unterstellten Recovery Rate für die Philippinen

Auch für die Philippinen sind die Auswirkungen verschiedener Recovery Rates sichtbar. Eine Sprung der Recovery Rate von null auf 40 Prozent erhöht die Ausfallwahrscheinlichkeiten um mehr als 50 Prozent. Darüber hinaus ist zu beobachten, dass die berechneten Ausfallwahrscheinlichkeiten niedriger sind als für Brasilien. Im Gegensatz zu Brasilien steigen sie nicht monoton mit der Laufzeit an, sondern weisen nach fünf Jahren und zehn Jahren jeweils lokale Maxima auf. Eine Erklärung dieses Phänomens ist mit den vorliegenden Daten nicht möglich.

Als Ergebnis sollte festgehalten werden, dass die Ausfallwahrscheinlichkeiten je nach gewählter Recovery Rate beträchtlich variieren können und der relative Anstieg der Ausfallwahrscheinlichkeiten bei einer Erhöhung der Recovery Rate nicht in allen Ländern proportional verläuft. Zudem gilt, dass sich mit zunehmender Länge der Laufzeit unterschiedliche Recovery Rates stärker in den Resultaten niederschlagen.

Unterstellt man einheitliche Recovery Rates für alle Länder, erscheint es plausibel, dass, von Ausnahmefällen abgesehen, zumindest die ordinale Rangfolge unabhängig von der Wahl der Recovery Rate erhalten bleibt. Diese Eigenschaft ist eine Vorraussetzung für eine einfache Überprüfung der Plausibilität anhand eines Vergleichs mit anderen Risikoeinschätzungen (vgl. Kapitel 7.4.4). Werden demgegenüber die Recovery Rates länderspezifisch festgelegt, werden nicht nur die absoluten Werte der impliziten Ausfallwahrscheinlichkeiten, sondern auch ihre ordinale Rangfolge völlig durch die Wahl der Recovery Rates bestimmt.

7.4.3 Implizite Ausfallwahrscheinlichkeiten bei fester Recovery Rate

Aus den bisherigen Ausführungen geht hervor, dass die Festlegung der Recovery Rate entscheidend für die Qualität der Ergebnisse ist. Bei fehlenden Daten für eine vernünftige Modellierung der Recovery Rate erscheint es ratsam, durch plausible Annahmen sowie die Festlegung einheitlicher und nicht länderspezifischer Recovery Rates zumindest die Manipulationsmöglichkeiten an dieser Stelle zu minimieren.

Im Folgenden wird eine eher pessimistische Einschätzung der Recovery Rate seitens der Investoren von lediglich fünf Prozent unterstellt. Die Begründung für diese geringe Recovery Rate stellen die großen Unsicherheiten innerhalb der Emerging Markets dar und die eingeschränkten Möglichkeiten zu Zwangsmaßnahmen bei einem Länderdefault. Unter der Annahme, dass die Investoren die Recovery Rate bei der Gruppe der Emerging Markets als relativ ähnlich betrachten, wird dieser Wert für alle Länder verwendet. Selbstverständlich ist insbesondere die Aussagekraft der absoluten Zahlen damit von der Richtigkeit der Höhe der Recovery Rate abhängig.

In den folgenden Tabellen werden die Ergebnisse für die elf betrachteten Länder zusammengefasst.[138] Es werden zu jedem Land drei verschiedene Werte betrachtet. Die erste Ergebnistafel in Tabelle 3 zeigt die bedingten Ausfallwahrscheinlichkeiten, die auch in den bisherigen Darstellungen ver-

---

[138] Zur Vereinfachung wurden lediglich die Werte für die Jahre 1, 3, 5, 7 und 10 dargestellt.

wendet wurden. Sie enthält jeweils die Wahrscheinlichkeit eines Ausfalls in einem bestimmten Jahr, falls zuvor noch kein Ausfall erfolgte. Dies ist eine gebräuchliche Darstellung und entspricht formal den Werten einer diskreten Hazardfunktion. Die Werte einer diskreten Hazardfunktion stellen gerade die bedingten Ausfallwahrscheinlichkeiten dar. Entsprechend unproblematisch ist ihre Verarbeitung in weiteren Berechnungen.

	1. Jahr	3. Jahr	5. Jahr	7. Jahr	10. Jahr
MX	0,012	0,026	0,042	0,055	0,085
AR	0,050	0,067	0,087	0,108	0,153
KL	0,072	0,086	0,103	0,119	0,159
PE	0,031	0,047	0,065	0,082	0,119
BR	0,021	0,055	0,096	0,148	0,241
VZ	0,087	0,089	0,093	0,090	0,100
KR	0,007	0,013	0,017	0,017	0,021
MY	0,008	0,012	0,015	0,018	0,021
TL	0,010	0,012	0,015	0,019	0,026
PH	0,022	0,038	0,072	0,057	0,073
SI	0,002	0,002	0,003	0,006	0,006

Tabelle 3: Bedingte Ausfallwahrscheinlichkeiten

In Tabelle 4 sind die unbedingten Ausfallwahrscheinlichkeiten aufgelistet. Sie geben an, wie wahrscheinlich aus heutiger Sicht ein Ausfall des Engagements nach *n* Jahren ist.

	1. Jahr	3. Jahr	5. Jahr	7. Jahr	10. Jahr
MX	0,012	0,025	0,038	0,046	0,058
AR	0,050	0,060	0,067	0,069	0,064
KL	0,072	0,073	0,073	0,067	0,058
PE	0,031	0,044	0,055	0,059	0,064
BR	0,021	0,052	0,079	0,098	0,083
VZ	0,087	0,074	0,064	0,051	0,042
KR	0,007	0,013	0,016	0,016	0,019
MY	0,008	0,012	0,014	0,017	0,019
TL	0,010	0,012	0,014	0,018	0,022
PH	0,022	0,036	0,062	0,043	0,046
SI	0,002	0,002	0,003	0,006	0,006

Tabelle 4: Unbedingte Ausfallwahrscheinlichkeiten

Im Unterschied zu den bedingten Ausfallwahrscheinlichkeiten ist die Wahrscheinlichkeit des Überlebens früherer Perioden relevant, weil das Erreichen des entsprechenden Intervalls nicht als Bedingung gesetzt wird. Ist bspw. die Ausfallwahrscheinlichkeit für das erste Jahr sehr groß, folgt daraus eine geringe Überlebenswahrscheinlichkeit und entsprechend klein sind die unbedingten Wahrscheinlichkeiten. Formal besteht zwischen der jährlichen unbedingten Ausfallwahrscheinlichkeit pu_t und der jährlichen unbedingten Ausfallwahrscheinlichkeit py_t bei einem Defaultzeitpunkt D folgender Zusammenhang:

(Gl. 7) $$pu_t = P(D=t) = P(D=t|D \geq t) \cdot \prod_{i=1}^{t-1}\left(1-P(D=i|D \geq i)\right) = py_t \cdot \prod_{i=1}^{t-1}\left(1-py_i\right)$$

Der zweite Teil des Produktes entspricht der Wahrscheinlichkeit, das Jahr t zu erleben und kann als der Wert einer Survivorfunktion interpretiert werden:

(Gl. 8) $$S(t) = \prod_{i=1}^{t-1}\left(1-P(D=i|D \geq i)\right)$$

Da $S(t)$ immer zwischen null und eins liegt, können die unbedingten die bedingten Wahrscheinlichkeiten nie überschreiten. Für das erste Jahr, in dem die bisherige Überlebenswahrscheinlichkeit zwangsläufig eins beträgt, sind bedingte und unbedingte Wahrscheinlichkeiten identisch.

Als letztes erfolgt die Darstellung der kumulierten Ausfallwahrscheinlichkeiten. Mit ihrer Hilfe kann die Wahrscheinlichkeit erfasst werden, dass innerhalb der ersten *t* Jahre ein Ausfall erfolgt. Sie entsprechen somit einer „Nichtüberlebenswahrscheinlichkeit".

(Gl. 9) $$F(t) = P(D \leq t) = 1 - S(t+1)$$

Da hier die Ausfallwahrscheinlichkeiten für die vergangenen Perioden berücksichtigt werden, stellt dieses Maß den kompaktesten Indikator für das mittel- und langfristige Kreditrisiko eines Landes dar.

	1. Jahr	3. Jahr	5. Jahr	7. Jahr	10. Jahr
MX	0,012	0,057	0,128	0,213	0,382
AR	0,050	0,165	0,298	0,432	0,643
KL	0,072	0,219	0,366	0,501	0,693
PE	0,031	0,113	0,218	0,331	0,529
BR	0,021	0,110	0,256	0,433	0,737
VZ	0,087	0,242	0,376	0,483	0,620
KR	0,007	0,029	0,059	0,090	0,143
MY	0,008	0,029	0,057	0,090	0,143
TL	0,010	0,034	0,061	0,096	0,157
PH	0,022	0,087	0,201	0,287	0,422
SI	0,002	0,006	0,010	0,021	0,039

Tabelle 5: Kumulierte Ausfallwahrscheinlichkeiten

7.4.4 Diskussion der Plausibilität der erzielten Ergebnisse

Wie bereits diskutiert, ist die Gültigkeit der nötigen Annahmen für die Berechnung der Ausfallwahrscheinlichkeiten kritisch, weshalb die ermittelten Zahlenwerte nicht unbedingt den wahren Ausfallwahrscheinlichkeiten entsprechen. Die ordinalen Risikoeinstufungen der Länder durch Ratingagenturen und andere Forschungsgruppen bieten die Möglichkeit zu einem groben Plausibilitätscheck.

Falls folgende ideale Umstände vorliegen, müsste die Rangfolge der Länder gemäß ihrer Ratingnoten bzw. gemäß ihrer impliziten Ausfallwahrscheinlichkeiten identisch sein:

- Das Rating ist korrekt und vollständig.
- Alle Annahmen bei der Berechnung der impliziten Ausfallwahrscheinlichkeiten sind erfüllt.
- Das Bewertungsobjekt der Ratingagenturen ist genau jenes Kreditrisiko, das der untersuchte CDS zum Inhalt hat.

Die Abbildung 30 zeigt deutlich, dass dies nur bedingt der Fall ist.

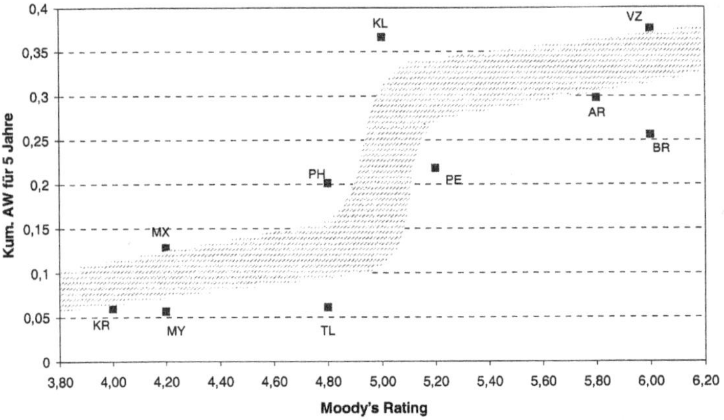

Abbildung 30: Kumulierte Ausfallwahrscheinlichkeiten in den ersten fünf Jahren und Ratingnoten durch Moody's[139]

In der Grafik wurde dem Rating durch Moody's die Wahrscheinlichkeit eines Ausfalls in den ersten fünf Jahren gegenübergestellt. Der fünfjährige Zeithorizont wurde gewählt, weil bei den Sovereign Ratings von Moody's der Fokus auf die mittel- und langfristige Zahlungsfähigkeit eines Landes gelegt ist.[140] In der Grafik zeigt sich tendenziell der erwartete Anstieg der Ausfallwahrscheinlichkeit mit abnehmender Bonität. Allerdings ist dieser Zusammenhang nicht eindeutig. So ergibt sich für Kolumbien trotz besserer Ratingnote eine höhere Ausfallwahrscheinlichkeit als für Brasilien oder Argentinien. Thailand besitzt eine schlechtere Ratingnote als Korea, Malaysia oder Mexiko, und trotzdem ist die Ausfallwahrscheinlichkeit gleich oder niedriger.

In Abbildung 31 werden die kumulierten Ausfallwahrscheinlichkeiten mit einem zweiten Rating, der Bewertung durch die Zeitschrift Euromoney, verglichen.

---

139 Um die grafische Darstellung zu vereinfachen, wurden den einzelnen Ratingnoten numerische Werte zugewiesen. Eine höherer Wert entspricht einer schlechteren Ratingnote. Eine Auflistung der Ratingnoten und der entsprechenden Werte findet sich in Anhang A1.

140 Da Details zum Rating der Agenturen nicht bekannt sind (vgl. Kapitel 4.4), ist auch die Zuordnung des genauen Zeithorizonts schwierig. Der Anspruch der Ratingagenturen, ihre Bewertungen „through the cycle" vorzunehmen, deutet jedoch auf eine längerfristige Perspektive hin. Häufig werden Ratingnoten auch als generelle Indikatoren der Bonität eines Landes betrachtet. Vergleiche lassen sich deshalb auch mit einem kürzeren oder längeren Zeithorizont rechtfertigen als die gewählten fünf Jahre. So werden Ratings in Kapitel 8.6 zu Vergleichen mit einjährigen Ausfallwahrscheinlichkeiten herangezogen.

Das Rating verwendet eine Skalierung von null bis 100 und kann somit direkt übernommen werden. Außerdem lässt es eine feinere Unterscheidung der Bonitäten zu. Da in der Ratingmethodologie von Euromoney die aktuelle wirtschaftliche und politische Situation besonders betont wird[141], wurde ein Vergleich mit kumulierten Ausfallwahrscheinlichkeiten für einen Zeithorizont von zwei Jahren vorgenommen. Im Gegensatz zur vorigen Abbildung bedeutet eine höhere Ratingnote eine Abnahme des Risikos

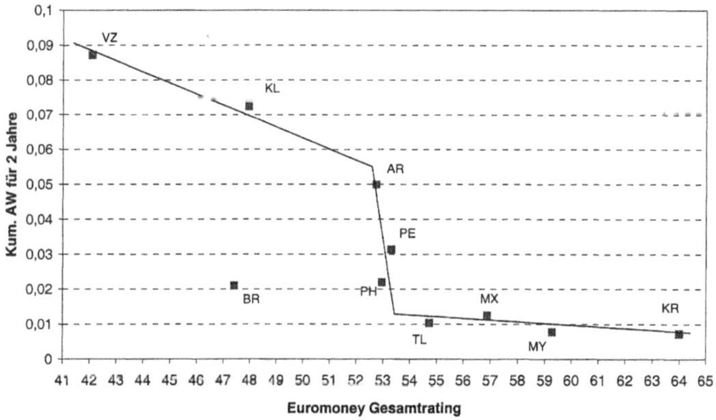

Abbildung 31: Kumulierte Ausfallwahrscheinlichkeiten in den ersten zwei Jahren und Ratingnoten von Euromoney[142]

Auch hier zeigen einzelne Länderpaare wie Peru und die Philippinen bzw. Thailand und Mexiko unterschiedliche Rangfolgen gemäß Ratingnoten und Ausfallwahrscheinlichkeiten. Dennoch lässt sich der Zusammenhang zwischen Bonität und Ausfallwahrscheinlichkeit in dieser Darstellung deutlicher erkennen als zuvor. Zwei Beobachtungen sind in Abbildung 31 besonders auffällig:

- Eine starke Veränderung der Ausfallwahrscheinlichkeiten bei Bonitätsveränderungen im mittleren Bereich (zwischen Werten von etwa 52 und 54);
- Die sehr geringe Ausfallwahrscheinlichkeit Brasiliens angesichts seiner schlechten Bonität.

Die unterschiedlichen Effekte von Bonitätsveränderungen auf die Ausfallwahrscheinlichkeiten deuten sich bereits in Abbildung 30 bei Verwendung der Ratingnoten von Moody's an. Im Bereich um den Wert fünf, der der Ra-

141 „Economic Performance" basiert im Wesentlichen auf den Prognosen wichtiger Wirtschaftsindikatoren für das kommende Jahr (vgl. Euromoney, 3/2000, S. 109).

142 Da Euromoney die Ratings nur im März und September veröffentlicht, wurden die Werte von März 2000 verwendet (Quelle: Euromoney, 3/2000, S. 106 ff.).

tingklasse BB entspricht, besteht eine Sprungstelle, nach der die Wahrscheinlichkeiten auf einem wesentlich höheren Niveau verlaufen. Wird ein Land generell als sicher eingestuft, scheint das Ausmaß dieser Sicherheit, bspw. AA oder A, mit nur relativ gering veränderten Ausfallwahrscheinlichkeiten einherzugehen. Ebenso scheint die generelle Einschätzung eines Landes als ein ernsthaftes Risiko, den größten Sprung in den Ausfallwahrscheinlichkeiten aufzuweisen. Eine solche Argumentation wäre auch stimmig mit der Klassifizierung der Investitionsobjekte in Investment Grade und Speculative Grade.[143] Der spekulative Charakter überwiegt bei Moody's nach eigenen Angaben ab der Note BB. Die größten Veränderungen existieren im Grenzbereich zwischen den beiden Gruppen.[144]

Die zweite Auffälligkeit besteht, wie erwähnt, in der sehr geringen Ausfallwahrscheinlichkeit Brasiliens. In der bisherigen Diskussion wurden bereits mögliche Ursachen für unplausible Ergebnisse genannt. Im Falle Brasiliens lohnt sich eine genauere Untersuchung der Struktur der Ausfallwahrscheinlichkeiten. In Abbildung 32 werden die bedingten Ausfallwahrscheinlichkeiten Brasiliens mit denen von Venezuela verglichen. Während die Ausfallwahrscheinlichkeiten von Venezuela relativ stabil sind, nehmen sie für Brasilien, ausgehend von einem sehr niedrigen Niveau, mit jedem Jahr zu. Bei Brasilien scheinen die Märkte zu erwarten, dass kurzfristig genügend Reserven und Kapitalzuflüsse zur Verfügung stehen, um alle Zahlungsverpflichtungen zu decken. Mittelfristig werden jedoch massive Probleme befürchtet. Durch diese starke Laufzeitabhängigkeit der Ergebnisse für Brasilien können sich Fehler bei der Bestimmung der Parameter zusätzlich verstärken. Bei Venezuela hingegen besteht von Anfang an ein beträchtliches Kreditrisiko. Jedoch wird hier von keiner deutlichen Verschlechterung der Situation ausgegangen.

---

143 Vgl. Anhang A1

144 Die Bedeutung der Trennung zwischen Speculative und Investment Grade geht über eine bloße Klasseneinteilung hinaus, da für eine Reihe von Marktteilnehmern, wie Versicherungsunternehmen oder Pensionsfonds, auf Grund gesetzlicher oder sonstiger Regelungen Investitionen in Anleihen mit Speculative Grade nicht oder nur eingeschränkt gestattet sind.

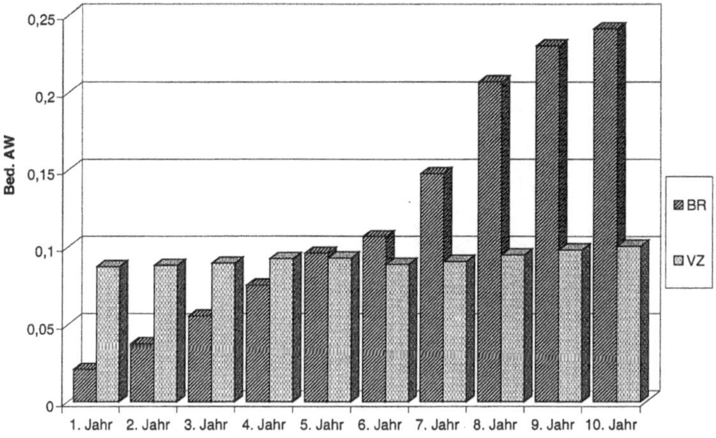

Abbildung 32: Bedingte Ausfallwahrscheinlichkeiten (bzw. diskrete Hazardraten) von Brasilien und Venezuela

Zuletzt werden noch einmal die kumulierten Ausfallwahrscheinlichkeiten für Lateinamerika und Südost-Asien betrachtet. Sie stellen einen anschaulichen Indikator für die Entwicklung des Ausfallrisikos dar.

Betrachtet man in Abbildung 33 die Verläufe für die Gruppe der lateinamerikanischen Staaten, ist die Wahrscheinlichkeit eines Ausfalls innerhalb des ersten Jahres bei Brasilien relativ gering und bei Venezuela am höchsten. Betrachtet man aber die Wahrscheinlichkeiten eines Ausfalls innerhalb der ersten zehn Jahre, bietet sich das umgekehrte Bild: Brasilien besitzt die höchste Ausfallwahrscheinlichkeit und nur Peru und Mexiko haben eine geringere Wahrscheinlichkeit als Venezuela.

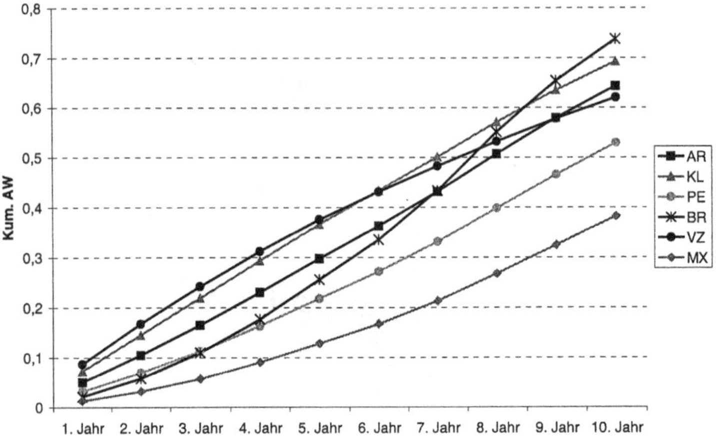

Abbildung 33: Kumulierte Ausfallwahrscheinlichkeiten (Non-Survival-Funktion) für Lateinamerika

In Südost-Asien ist die Struktur der Ausfallwahrscheinlichkeiten gleichmäßiger. Die Risikorangfolge bleibt für jeden Betrachtungszeitraum dieselbe (vgl. Abbildung 34).

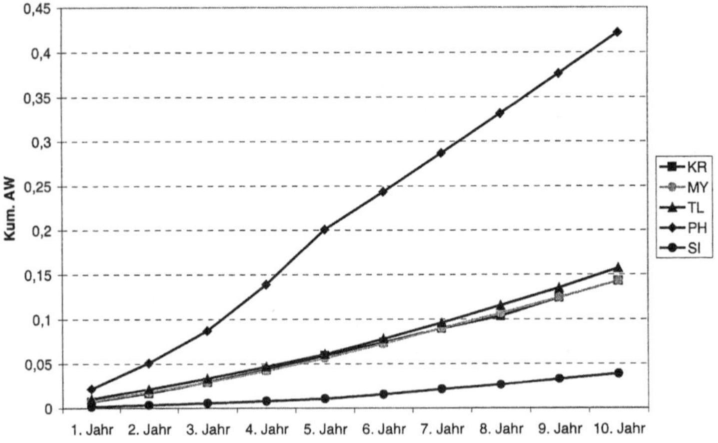

Abbildung 34: Kumulierte Ausfallwahrscheinlichkeiten (Non-Survival-Funktion) für Südost-Asien

Die Stärke der Zuwächse und die Abstände zwischen den einzelnen Ländern unterscheiden sich auch hier. An dieser Stelle stößt man erneut auf die Kernprobleme der Analyse, insbesondere die Gültigkeit der Annahme der Risikoneutralität und die Ad-hoc-Festlegung der Recovery Rate. Interessant wäre ein Hinweis darauf, wie die Größenordnung der ermittelten Ausfallwahrscheinlichkeiten im Vergleich zu realen Beobachtungen liegen.

	1. Jahr	**3. Jahr**	**5. Jahr**	**7. Jahr**	**10. Jahr**
Durchschn. bedingte AW	0,029	0,041	0,055	0,065	0,091
Durchschn. unbedingte AW	0,029	0,037	0,044	0,045	0,044
Durchschn. kumulierte AW	**0,029**	**0,099**	**0,184**	**0,271**	**0,410**
Durchschn. kumulierte AW für identische Ratingklassen bei Unternehmen (Moody's) [145]	**0,017**	**0,059**	**0,098**	**0,130**	**0,171**

Tabelle 6: Durchschnittliche Ausfallwahrscheinlichkeiten von elf Emerging Markets

Tabelle 6 gewährt einen Überblick über die Größenordnung der berechneten Werte, indem die Durchschnitte der impliziten Ausfallwahrscheinlichkeiten für 1, 3, 5, 7 und 10 Jahr(e) aufgelistet sind. Da die wahren Ausfallwahrscheinlichkeiten nicht bekannt sind und eine experimentelle oder historische Ermittlung nicht möglich ist, kann eine echte Verifizierung dieser Werte nicht durchgeführt werden. Zwar veröffentlichen die Ratingagenturen auf der Basis historischer Beobachtungen durchschnittliche Ausfallhäufigkeiten für die einzelnen Ratingklassen, jedoch handelt es sich dabei überwiegend um amerikanische Unternehmen. Bereits eine Übertragung dieser Werte auf Firmen anderer Länder ist problematisch. Versuche, mit ihrer Hilfe Aussagen über die durchschnittliche Ausfallhäufigkeit von Ländern zu ziehen, sind alles andere als vielversprechend. Eine Übereinstimmung der klassenspezifischen, durchschnittlichen Wahrscheinlichkeiten wäre reiner Zufall, da sich sowohl die Ratingkriterien als auch die Ausfallereignisse stark unterscheiden. Um überhaupt eine Vergleichszahl vorlegen zu können, wurde trotz dieser offensichtlichen Diskrepanzen, auf historische Defaultzahlen von Moody's zurückgegriffen. Den Verknüpfungspunkt stellen die Ratingnoten dar. Das Rating der untersuchten elf Länder lag einmal bei AA, viermal bei Baa, dreimal bei Ba und dreimal bei B. Für die Berechnung der Vergleichszahlen wurden die histori-

[145] Da bspw. eines von elf der betrachteten Länder ein Rating AA besitzt, gingen die historischen Ausfallquoten dieser Ratingklasse mit einer entsprechenden Gewichtung in den Schätzwert ein. Die Ermittlung der Durchschnittswerte der kumulierten Ausfallwahrscheinlichkeiten für die verschiedenen Laufzeiten erfolgte auf der Basis der Default-Historie von 1920 bis 1999; Quelle: Moody's (Default Rates, 2000).

schen Ausfallwahrscheinlichkeiten der jeweiligen Ratingklassen mit einer entsprechenden Gewichtung zusammengefasst.

Bei einem Vergleich der kumulierten Ausfallwahrscheinlichkeiten in Zeile drei und vier erscheinen die berechneten Werte relativ hoch. Ob sie zu hoch sind, kann aus obigen Gründen nicht gesagt werden. Da aber die Ratingagenturen mit ihrer Benotung den Anlegern eine kompakte Information über das Risiko einer Investition geben wollen, werden sie bestrebt sein, mit einer Notenstufe vergleichbare Aussagen zu treffen, auch wenn die Untersuchungsobjekte und der Untersuchungsrahmen sehr unterschiedlich sind. Die teilweise mehr als doppelt so hohen Werte der berechneten Länder-Ausfallwahrscheinlichkeiten erscheinen im Vergleich zu den historischen Zahlen für Unternehmensausfälle als unverhältnismäßig hoch. Dies ist bemerkenswert, da sowieso eine sehr geringe Recovery Rate gewählt wurde. Bei einer höheren Recovery Rate wären die Werte noch größer. Dieser Eindruck verstärkt sich, wenn man einzelne Länder herausgreift. So lagen in Lateinamerika die Wahrscheinlichkeiten eines Ausfalls im Gesamtzeitraum von zehn Jahren bei vier Ländern über 60 Prozent. Falls dies der tatsächlichen Risikoeinschätzung entspräche, wäre zumindest fraglich, ob diesen Ländern der Zugang zu den Finanzmärkten nicht in einem größeren Maße erschwert würde, als es derzeit zu beobachten ist.

7.5 Fazit

Marktpreisinformationen bieten sich in bestimmten Fällen als zeitnahe und kostengünstige Informationsquelle an, um aus der Marktmeinung die Risikocharakteristika von Finanzprodukten abzuleiten. In diesem Kapitel wurde geprüft, ob Länderrisiken alleine auf Basis der Preise von Kreditderivaten quantifizierbar sind. Von besonderem Interesse war, ob sich für die einzelnen Länder implizite Ausfallwahrscheinlichkeiten ermitteln lassen. Diese Fragen wurden zunächst in einem theoretischen und anschließend in einem empirischen Rahmen diskutiert:

- Auf theoretischer Ebene bieten Preise von Kreditderivaten vielversprechende Möglichkeiten zur Bestimmung von Indikatoren des Kreditrisikos, weil sie speziell auf diesen Aspekt des Risikos hin konstruiert wurden. Falls bestimmte Annahmen über die Beschaffenheit der Märkte zutreffend sind und alle nötigen Informationen vorliegen (insbesondere Recovery Rates), lassen sich für Credit Default Swaps im Rahmen eines einfachen Modells implizite Ausfallwahrscheinlichkeiten berechnen. Die wichtigsten Annahmen sind die Risikoneutralität und die Arbitragefreiheit auf den betroffenen Finanzmärkten. Stehen simultan Preisdaten eines CDS für unterschiedliche Laufzeiten zur Verfügung, können detaillierte Aussagen über die Einschätzung der Ausfallwahrscheinlichkeiten künftiger Perioden getroffen werden.
- Bei der praktischen Umsetzung der theoretischen Überlegungen steht man vor großen Hindernissen. Wesentliche Probleme sind die zweifelhafte Gültigkeit der Annahmen und die schlechte Datenlage. Die beachtlichen Diffe-

renzen zwischen den Geld- und den Briefkursen sind ein deutlicher Hinweis auf eine mangelnde Liquidität auf den Kreditderivatemärkten. Methodische Unsicherheiten und die Marktmacht der wenigen, gewichtigen Marktteilnehmer führen offensichtlich zu Preisen, in denen sich auch kreditrisikofremde Überlegungen widerspiegeln. Bei der Analyse dieser Preise steht man vor Informationslücken, die nur durch sehr intuitive Vorgehensweisen geschlossen werden können. Dies betrifft das fehlende Standard-Bepreisungsmodell, detaillierte Angaben zur Ausstattung der untersuchten CDS und die Höhe der unterstellten Recovery Rate.
Ein weiteres Problem stellt schließlich noch die Beschaffung der Preisdaten selbst dar. Entweder man sammelt Angebote und Informationen über Abschlüsse bei einzelnen Instituten, oder man verlässt sich auf die indikativen Preise, die im Rahmen eines Informationssystems wie MorganMarkets zur Verfügung gestellt werden. Die erste Möglichkeit besitzt den Nachteil, dass die Daten häufig lückenhaft sind und stark von der institutsspezifischen Angebotspolitik abhängen. Ein Informationssystem stellt hingegen vollständige Daten zur Verfügung, was gerade für eine Auswertung von Strukturkurven sehr vorteilhaft ist. Problematisch ist allerdings, dass die Daten nicht unbedingt mit den Märkten übereinstimmen müssen, da nicht immer alle Werte durch Beobachtungen abgeleitet werden können. Dies schwächt aber den ursprünglichen Ansatz der Ableitung der Marktmeinung.
Um die Möglichkeiten einer praktischen Umsetzung zu demonstrieren, wurden trotz dieser Vorbehalte für ausgewählte Emerging Markets implizite Ausfallwahrscheinlichkeiten errechnet. Vergleicht man die Ergebnisse mit der Risikoeinschätzung der Ratingagenturen, so zeigen sich noch erhebliche Diskrepanzen. Insgesamt erscheinen die berechneten impliziten Ausfallwahrscheinlichkeiten als sehr hoch, besonders wenn man bedenkt, dass eine sehr geringe Recovery Rate unterstellt wurde und diese Annahme eher kleinere Ausfallwahrscheinlichkeiten bewirkt. Neben anderen Gründen spielen hier sicherlich kreditrisikofremde Preiskomponenten eine Rolle.

Für das anfänglich formulierte Ziel der Quantifizierung von Kreditrisiken mit Hilfe von Kreditderivaten, kann zusammenfassend gesagt werden, dass dies derzeit nur sehr eingeschränkt möglich ist. Es ist zwar denkbar, unplausible Ergebnisse durch zusätzliche Annahmen, z.B. die Berücksichtigung spezieller Liquiditätskomponenten in den Preisen, zu korrigieren. Die große Gefahr ist allerdings, dass am Ende nur die Vorurteile des Analysten reproduziert werden. Die Expansion der Märkte für Kreditderivate gibt jedoch Grund zur Hoffnung, in wenigen Jahren von Seiten der Datenverfügbarkeit, der Marktreife und der methodischen Durchdringung die gleichen Analysen in einem wesentlich günstigeren Umfeld betreiben zu können. So eröffneten bspw. mit Credittrade (www.credittrade.com) und Creditex (www.creditex.com)[146] zwei

[146] Vgl. Kiff und Morrow (2000)

Marktplätze im Internet. Deren Daten waren zwar im Rahmen dieser Arbeit noch nicht für Auswertungen verfügbar, sie sind jedoch bereits Vorboten von Informationssystemen, die kostengünstig und zeitnah standardisierte Marktpreisinformationen zur Verfügung stellen können.

Derzeit ist es sinnvoll zu prüfen, ob liquidere Finanzinstrumente, wie Anleihen, deren Preise ebenfalls von Kreditrisiken beeinflusst werden, weitergehende Auswertungsmöglichkeiten bieten. Insbesondere könnte eine Analyse neben den Ausfallwahrscheinlichkeiten auch die bisher ausgeklammerten Zusammenhangsparameter zwischen den Ländern umfassen.

8 Ermittlung impliziter Ausfallwahrscheinlichkeiten durch Renditespreads von Anleihen

Eine Anleihe begründet eine Schuldbeziehung zwischen Käufer und Emittent der Anleihe, wobei die Einschätzung der Bonität bzw. das Kreditrisiko des Emittenten bei der Bewertung ein wichtiger Faktor ist. Renditespreads sind ein häufig verwendeter Indikator für das Kreditrisiko und lassen sich auf unterschiedliche Weisen berechnen. So können Renditeunterschiede[147] zwischen Anleihen eines Emittenten mit verschiedenen Laufzeiten, zwischen verschiedenen Instrumenten eines Emittenten oder auch zwischen Anleihen verschiedener Emittenten ermittelt werden. Im Kontext von Kreditrisiken bezieht sich der Begriff „Renditespread" bzw. „credit spread" auf den Unterschied zwischen der Rendite einer risikolosen und einer riskanten Anleihe mit jeweils gleicher Ausstattung.

Im folgenden Kapitel wird diskutiert, inwieweit die Marktpreise bzw. die Renditespreads von Anleihen für die Quantifizierung der Ausfallwahrscheinlichkeiten im Rahmen von Länderrisiken genutzt werden können. Ein Vorteil der Anleihen gegenüber den im letzten Kapitel betrachteten Kreditderivaten besteht darin, dass sie zumindest in den Industrieländern seit vielen Jahrzehnten wichtiger Bestandteil des Kapitalmarkts sind. Erfahrene Marktteilnehmer, zahlreiche Anbieter und Nachfrager sowie ausgereifte Handels- und Informationssysteme stellen eine bessere Grundlage für effiziente Märkte dar, als dies bei den Kreditderivaten der Fall ist. Voraussetzung für die Berechnung und Analyse von Renditespreads im Bereich der Emerging Markets ist, dass diese Länder überhaupt als Emittent von Anleihen auf den internationalen Kapitalmärkten präsent sind und die Anleihen auf Sekundärmärkten gehandelt werden.

8.1 Emission internationaler Anleihen von Emerging Markets

Betrachtet man die Emissionsvolumina internationaler Anleihen von Emittenten aus den Emerging Markets zwischen 1991 bis 2000, zeigt sich ein starker Anstieg (vgl. Abbildung 35).

---

[147] Falls keine näheren Erläuterungen erfolgen, handelt es sich bei Renditeangaben immer um die jährliche Rendite.

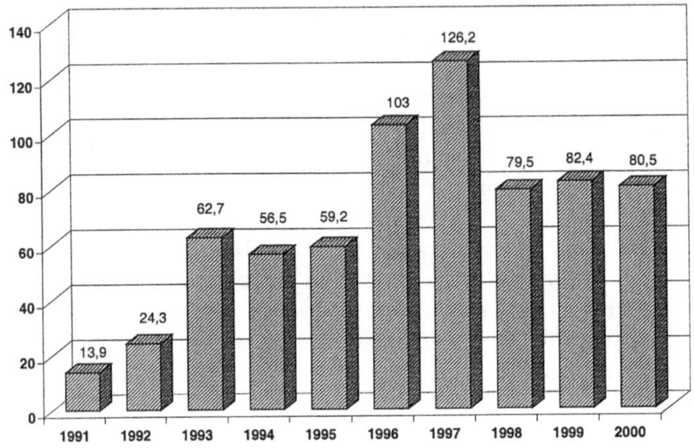

Abbildung 35: Emissionsvolumina internationaler Anleihen von Emittenten aus den Emerging Markets (in Mrd. US$)[148]

Zwar spiegeln sich die Auswirkungen der Asienkrise nach 1997 durch einen Einbruch der Emissionen in den Folgejahren wider, jedoch stabilisierte sich das Volumen bei annähernd dem Sechsfachen gegenüber 1991. Ein Grund für die Nachhaltigkeit der Entwicklung ist, dass in den letzten beiden Jahrzehnten das ökonomische Wachstum mit zahlreichen institutionellen Reformen verbunden war, die erst die Grundlage für den Handel von Anleihen schafften. Besonders in den asiatischen Märkten erfolgte eine deutliche Öffnung der Märkte, Regulierungen wie Zinsfestschreibungen entfielen, und es sammelten sich genügend Erfahrung und Fachwissen, um auch ohne Unterstützung von Seiten der entwickelten Ökonomien internationale Anleihen an den globalen Finanzmärkten aufzulegen.[149] Da eine Finanzierung über Anleihemärkte vorteilhaft sein kann – insbesondere hinsichtlich einer günstigeren Verzinsung – ist zu erwarten, dass Anleihen von privaten und staatlichen Emittenten aus den Emerging Markets ein dauerhafter Bestandteil der Kapitalmärkte bleiben und für Analysen zur Verfügung stehen werden.

Betrachtet man nach der Gesamtsicht auf die Emerging Markets die Emissionsvolumina einzelner wichtiger Repräsentanten (vgl. Abbildung 36), zeigt sich eine sehr ungleiche Verteilung.

---

[148] Quelle: IMF (10/1997, S. 26) und IMF (8/2001, S. 47)

[149] Zur Entwicklungsgeschichte der asiatischen Anleihemärkte und deren institutionellen Rahmenbedingungen vgl. OECD (1993).

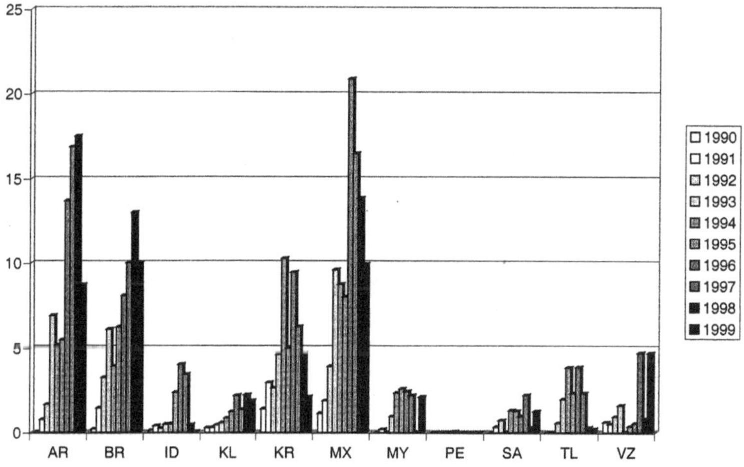

Abbildung 36: Emissionsvolumina internationaler Anleihen einzelner Emerging Markets in den Jahren 1990 bis 1999 (in Mrd. US$)[150]

Während Mexiko im Durchschnitt jährlich zehn Mrd. US$ an Anleihen ausgibt, werden für Peru keine oder nur sehr geringe Volumina registriert. Die unterschiedlichen Größen und ökonomische Stärken der Volkwirtschaften, der Entwicklungsstand entsprechender Märkte sowie Gewohnheiten und Erfahrungen der Akteure aus der Vergangenheit sind Gründe für diese Verteilung. Für den Aufbau eines Analysesystems, mit dem alle Emerging Markets abgedeckt werden, ist dies eine Beeinträchtigung. Ausgehend von der Entwicklungstendenz der Emissionsvolumina ist jedoch eine immer bessere Abdeckung der verschiedenen Länder zu erwarten. In der Zwischenzeit bleibt nur die Möglichkeit, bestimmte Ökonomien (wie bspw. Peru) mit Hilfe alternativer Methoden zu beurteilen.

Die zweite Beobachtung in Abbildung 36 sind starke Schwankungen im zeitlichen Verlauf. Jährliche Zu- und Abnahmen von mehr als 50 Prozent sind relativ häufig. Eine Erklärung lässt sich in der relativ instabilen Nachfrage von Seiten der Industrieländer nach diesen Produkten finden. Der IMF (8/2001, S. 69) kennzeichnet dies als „on-off nature" des Zugangs zu internationalen Kapitalmärkten für Emerging Markets. Phasen großer Investitionsfreudigkeit stehen Phasen mit stark dezimierter Nachfrage gegenüber. Fehlt jedoch das Kaufinteresse, sind Emissionen nur zu sehr ungünstigen Bedingungen möglich, und es wird versucht, diese zu verschieben bzw. den Finanzierungsbedarf anderweitig zu decken. Für die Berechnung von Renditespreads sind die

150 Quelle: Daten-CD: „EIU - Country Data, 12/1999"

Schwankungen bei den Neuemissionen nur teilweise ein Problem. Werden bereits in Umlauf befindliche Anleihen auf Sekundärmärkten in ausreichendem Maße gehandelt, lassen sich auch bei fehlenden Neuemissionen Marktpreise abfragen und eine Analyse ist somit möglich. Eine Schwierigkeit besteht jedoch darin, dass bei unregelmäßigen Emissionen in vielen Fällen für ein Land nur eine kleine Auswahl verschiedener Laufzeiten bzw. verschiedener Ausstattungen bei den gehandelten Anleihen vorliegt. Die Folge ist, dass sich bestimmte Fragestellungen nicht bzw. nur mit Hilfe weitreichender Annahmen beantworten lassen.

Da das Sovereign Risk den Schwerpunkt der Analyse darstellt, soll abschließend noch die Zusammensetzung der Anleiheemissionen erläutert werden. Für die Bewertung des Sovereign Risk bieten sich grundsätzlich alle staatlichen oder staatlich garantierten Anleihen an. Abbildung 37 enthält eine Darstellung der ausstehenden Anleihevolumina für die obigen Länder für das Jahr 1998.

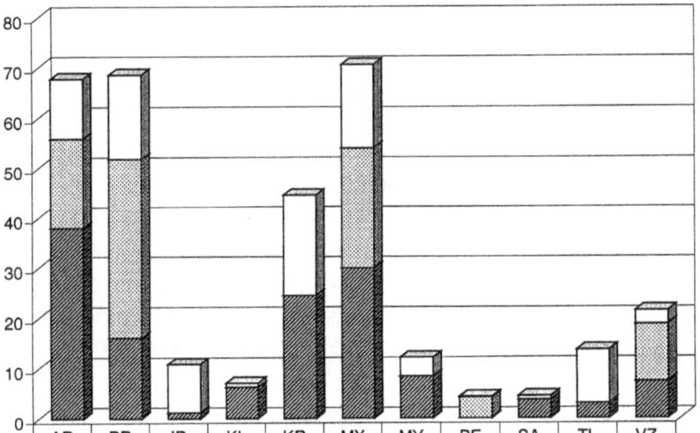

	AR	BR	ID	KL	KR	MX	MY	PE	SA	TL	VZ
PNG	11,87	16,78	9,60	0,82	20,11	16,55	3,79	0,15	0,76	10,63	2,69
Brady	17,95	35,67	0,00	0,00	0,00	24,08	0,00	4,13	0,00	0,00	11,43
PPG	37,95	16,13	1,19	6,20	24,45	29,90	8,34	0,00	3,65	3,04	7,29

Abbildung 37: *Ausstehende Anleihevolumina einzelner Emerging Markets im Jahr 1998 (in Mrd. US$) unterteilt nach PNG, Brady und PPG* [151]

Das Gesamtvolumen lässt sich nach Anleihen von privaten Emittenten, Anleihen von öffentlichen Emittenten (bzw. mit staatlicher Garantie) sowie Brady-Bonds unterteilen. Die Brady-Bonds stellen einen speziellen Typ von Staatsanleihen dar, der besonders in den lateinamerikanischen Emerging Markets von Bedeutung ist. Sie resultieren in der Regel aus Umschuldungsabkommen

[151] PNG = „private non-guaranteed", Brady = „Brady bonds" und PPG = „public and publicly guaranteed (ohne Brady-Bonds)"; Quelle: Worldbank (GDF, 2000, S. 18).

und repräsentieren auch heute noch einen erheblichen Teil des Anleihevolumens in Ländern wie Mexiko oder Brasilien.[152] Spezielles Kennzeichen dieser Wertpapiere ist, dass ein Teil ihres Nennwerts und der Zinszahlungen durch hinterlegte risikolose Staatspapiere (meist US-Bonds) abgesichert ist. Bei einer Risikoanalyse steht man vor dem Problem, dass man nur an der Rendite bzw. dem Renditespread für den ungesicherten Teil der Anleihe interessiert ist, da nur die Rückzahlung dieses Teiles von der Bonität des Emittenten abhängt.[153]

Für eine Analyse eignen sich deshalb vor allem Eurobonds von staatlichen Emittenten. Dabei wird der Begriff „Euro" als Kennzeichnung dafür verwendet, dass die Zahlungen der Anleihe in der Währung eines entwickelten Landes erfolgen.[154] Zur Zeit bedeutet dies zum überwiegenden Teil US$, Euro und im asiatischen Raum teilweise Yen. Mit Eurobonds wendet sich eine Regierung unmittelbar an die internationalen Kapitalmärkte. Die Konditionen sind unterschiedlich, aber in den meisten Fällen handelt es sich um Kuponanleihen ohne spezielle Sonderkonditionen.

Nimmt man die Emissionen von Unternehmen und Geschäftsbanken aus, die das Länderrisiko nur als eine Komponente abbilden, bleiben Eurobonds und Brady-Bonds für eine Analyse übrig. Die tatsächliche Anzahl der Anleihen, die sich für eine Analyse eignen, ist jedoch nur ein Bruchteil der gezeigten Volumina. Die amerikanische Investmentbank J.P. Morgan ermittelt seit Beginn der

---

[152] Die ersten Brady-Bonds entstanden in den achtziger Jahren, als mehrere Länder ihre internationalen Zins- und Tilgungsverpflichtungen nicht mehr erfüllen konnten. US-Geschäftsbanken waren als Gläubiger in einer Größenordnung betroffen, die die Stabilität des gesamten Bankensystems bedrohte. Um die Geschäftsbanken zu schützen, wurden die Schulden in Anleihen umgewandelt und die US-Regierung garantierte durch die Bereitstellung von US-Staatspapieren einen bestimmten Teil der in der Anleihe festgelegten Zahlungen. Der Name stammt von dem ehemaligen Staatssekretär im US-Finanzministerium Nicholas Brady, der 1988 in Mexiko an den Verhandlungen für das erste dieser Abkommen beteiligt war (vgl. Fox und King, 1998, S. 47 ff. und J.P. Morgan, 7/1995, S. 2 ff.).

[153] Als Lösung ließen sich so genannte „stripped" Renditen für Brady-Bonds ermitteln, bei denen der garantierte Anteil der Zahlungen bei der Renditeberechnung ausgeklammert wird. Problematisch daran ist, dass mittlerweile eine sehr große Vielfalt vertraglicher Gestaltungsmöglichkeiten existiert, und eine Abspaltung des risikolosen Teils ist nur bei Kenntnis der genauen Konditionen möglich. Viele Informationssysteme enthalten jedoch weder die genauen Konditionen noch die modifizierten Renditen für Brady-Bonds. Beispielsweise findet sich bei Datastream nur eine Zuordnung zu einem bestimmten Brady-Bond-Typ, jedoch ohne Auflistung der genauen Garantieanteile.

[154] Ursprünglich verwies der Begriff Eurobond lediglich auf die im europäischen Raum übliche rechtliche Gestaltung einer Anleihen, insbesondere das Fehlen von Vereinbarungen für den Insolvenzfall. Im Gegensatz dazu sind auch Vertragsgestaltung möglich, in denen bspw. Mehrheitsentscheidungen der Gläubiger im Insolvenzfall vorgesehen sind (vgl. auch Kap. 8.2 zu „collective action clauses").

neunziger Jahre Emerging Market Bond Indizes, die weltweit als die wichtigste Benchmark für diese Märkte gelten. Die Zusammensetzung und der Umfang der Datenbasis für diese Indizes lassen Rückschlüsse auf den Umfang und die Art der Marktinformationen über Anleihen aus den Emerging Markets zu. Die wichtigsten Indizes sind der Emerging Market Bond Index EMBI (eingeführt 1993), der EMBI$^+$ (eingeführt 1995) und der EMBI Global (eingeführt 1999).[155] Bei den Indizes zeigt sich eine Zunahme der enthaltenen Länder sowie der untersuchten Instrumente (neben Anleihen auch handelbare Kredite). Der älteste Index, der EMBI, wurde ausschließlich aus Brady-Bonds gebildet, da nur bei ihnen ausreichend große Handelsvolumina zustande kamen, um eine sinnvolle Preisermittlung zu gewährleisten. Der EMBI$^+$ beinhaltete 1995 erstmals auch andere Finanzinstrumente wie Eurobonds (unter 49 Instrumenten aus 14 Ländern befanden sich sechs Eurobonds). Der jüngste Index, der EMBI Global, beinhaltete 1999 bereits 128 Instrumente und 27 Länder. Etwa bei der Hälfte der untersuchten Instrumente handelt es sich um Eurobonds. Weitere Anforderungen für die Berücksichtigung einer Anleihe in einem der genannten Indizes sind eine Notierung in US$, eine Restlaufzeit von mindestens 2,5 Jahren (am Aufnahmetag) sowie eine zufriedenstellende Liquidität.

Zusammenfassend lässt sich feststellen, dass sowohl die Abdeckung der Länder als auch die Zahl der auswertbaren Marktinformationen in den letzten Jahren gestiegen ist. Die wachsende Zahl von Eurobonds zeigt, dass sich die Emission von Anleihen – ursprünglich das Resultat von Umschuldungsverhandlungen – zu einem üblichen Mittel der Staatsfinanzierung in den Emerging Markets weiterentwickelt hat. Damit erfüllen Renditespreads bereits eine erste Voraussetzung, um als Basis für eine Risikoanalyse der Emerging Markets in Betracht zu kommen.

Von den theoretisch auswertbaren Daten zu verschiedenen Finanzinstrumenten findet nur ein Teil Eingang in die Untersuchungen der folgenden Kapitel. Geographisch liegt der Schwerpunkt wieder auf den asiatischen und lateinamerikanischen Emerging Markets. In Bezug auf die verschiedenen Instrumente werden nur jene betrachtet, deren Marktpreise möglichst problemlos hinsichtlich des Kreditrisikos untersucht werden können. Dies sind vor allem Eurobonds ohne besondere Zusatzrechte und Garantien, die durch große Emissionsvolumina und eine fortlaufende Preisermittlung eine hinreichende Liquidität erkennen lassen. Aus dem Informationssystem Datastream wurden für den Zeitraum von 1995 bis 1999 Staatsanleihen für neun Emerging Markets entnommen. Dabei handelt es sich um Kuponbonds, die in US$ notiert werden. Darüber hinaus wurde die Sondersituation von Argentinien im Herbst 2001 betrachtet, da Argentinien in den vorhergehenden Monaten eine sehr große Anzahl von Anleihen auf den globalen Märkten platziert hatte. Basie-

155 Vgl. J.P. Morgan (7/1995), J.P. Morgan (8/1999) und J.P. Morgan (8/2000)

rend auf 24 Kuponanleihen, notiert in Euros, lassen sich hier eine Reihe grundsätzlicher Probleme diskutieren (vgl. Kapitel 8.5).

Für die Berechnung von Renditespreads werden neben den riskanten auch risikolose Anleihen benötigt. Sind Eurobonds in US$ notiert, werden Treasury-Notes und Treasury-Bonds der USA verwendet. Sind die Eurobonds in Euros notiert, greift man auf Anleihen großer europäischer Länder wie Deutschland, die Niederlande oder Frankreich zurück. Während die verfügbaren Daten in den Emerging Markets die Aussagekraft und die Analysemöglichkeiten einschränken, sind liquide, risikolose Anleihen zu jedem Zeitpunkt in einer großen Vielfalt vorhanden. So übersteigt schon alleine das Gesamtvolumen und die Zahl der von den USA emittierten Staatspapiere das Volumen und die Zahl aller verwertbaren Emerging Markets Anleihen, die in US$ notiert sind. Am Ende des Jahres 1999 befanden sich US-Anleihen im Wert von 1,3 Billionen US$ und Anleihen aus dem Euro-Raum im Wert von 1,7 Billionen US$ in Umlauf.[156]

8.2 Bestandteile und Einflussfaktoren von Renditespreads

Der Nutzen von Renditespreads im Rahmen einer Risikoanalyse begründet sich aus dem Zusammenhang zwischen Renditespread und Ausfallrisiko, der darin besteht, dass Käufer von riskanten Anleihen mit der höheren Rendite eine Kompensation für mögliche Ausfälle fordern. Ausfallrisiken sind jedoch nicht die einzigen Determinanten von Renditespreads. Fisher (1959) betont in seiner Untersuchung bspw. die Bedeutung von Illiquiditätsprämien als Komponenten von Renditespreads.

Die Diskussion, in welche theoretischen Bestandteile sich Renditespreads am sinnvollsten zerlegen lassen und welche Einflussgrößen relevant sind, begann Ende der fünfziger Jahre. Allerdings war die Anzahl der Veröffentlichungen zu diesem Thema lange Zeit gering und erlebte erst mit der aktuellen Hinwendung an das Kreditrisiko eine deutliche Zunahme. Der Großteil dieser Arbeiten konzentriert sich auf Unternehmensanleihen in den USA.[157] Viele der dort angestellten grundlegenden Überlegungen lassen sich auf Staatsanleihen aus den Emerging Markets übertragen. Darüber hinaus finden sich im Zuge der Expansion der Anleiheemissionen in den Emerging Markets vermehrt Unter-

---

[156] Vgl. BIS (Jahresbericht, 2000, S. 127)

[157] Beispiele für Aufsätze mit einem Schwerpunkt auf Unternehmensanleihen sind Fisher (1959), Johnson (1967), Silvers (1973), Collin-Dufresne et al. (2000) und Elton et al. (2001).

suchungen, die Fragen bezüglich der Renditespreads und ihrer Komponenten im Zusammenhang mit diesen Märkten untersuchen.[158]

In der Theorie gibt es kein einheitliches Modell für die wesentlichen Einflussfaktoren. Grundsätzlich lassen sich Renditespreads nach unterschiedlichen Gesichtspunkten zerlegen und für jeden Einflussfaktor erscheint ein Zusammenhang mit Renditespreads möglich. Die empirische Überprüfung und Quantifizierung ist jedoch schwierig. Ein Problem ist, dass manche der untersuchten Faktoren miteinander korrelieren. Je nach gewähltem Modell lassen sich gleiche Renditespreads durch unterschiedliche Faktorkombinationen erklären und als Beleg für voneinander abweichende Hypothesen werten. Betrachtet man als Beispiel die bereits genannte Illiquiditätsprämie, so treten Liquiditätsprobleme vermehrt bei jenen Unternehmensanleihen auf, denen auch ein relativ hohes Ausfallrisiko zugeschrieben wird. Silvers (1973, S. 934) erklärt dies durch den Umstand, dass große Unternehmen relativ hohe Anleihevolumina emittieren, mit der Folge höherer Liquidität. Gleichzeitig wird ihre Bonität tendenziell besser beurteilt als die Bonität kleiner Unternehmen. Dies führt zu einem Identifikationsproblem von Ausfall- und Illiquiditätsprämie.

Mit einer steigenden Zahl potentieller Bestandteile von Renditespreads und einer gleichzeitig beschränkten Datenbasis erfordert eine empirische Analyse immer weitergehende Annahmen, die sich nicht mehr zufriedenstellend überprüfen lassen. Auch im Rahmen dieser Arbeit bestimmen die vorliegenden Daten den Umfang, in dem sich theoretisch mögliche Modellierungen in der empirischen Analyse umsetzen lassen. In jedem Fall ist jedoch der theoretische Hintergrund erforderlich, um die Einschränkungen der gewählten Vorgehensweise und der getroffenen Annahmen beurteilen zu können. Im Folgenden werden die wichtigsten theoretischen Bestandteile und Einflussfaktoren von Renditespreads näher erläutert.

---

158 Wichtige Untersuchungen speziell zu den Emerging Markets sind Cline und Barnes (1997), Eichengreen und Mody (1998) sowie Kamin und von Kleist (1999). Die Beziehung von Spreads und Ratings wurde u.a. von Cantor und Packer (1996) behandelt.

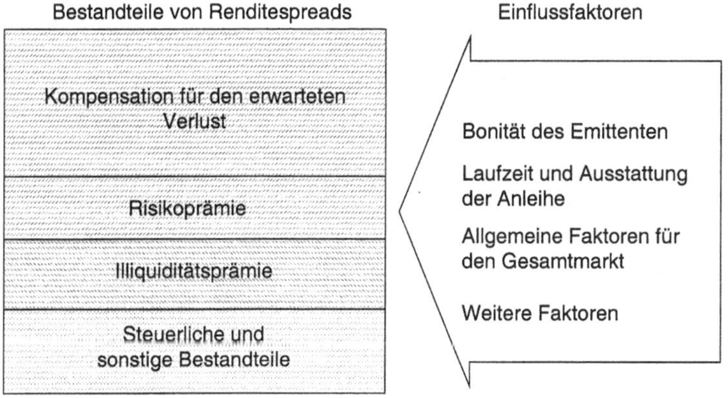

Abbildung 38: Wesentliche Bestandteile von und Einflussfaktoren auf Renditespreads

Bestandteile von Renditespreads

In Abbildung 38 wird die Zerlegung eines Renditespreads als Summe verschiedener Komponenten dargestellt. Unter den einzelnen Bestandteilen spielt die **Kompensation für den erwarteten Verlust (=Ausfallkompensation)** im Rahmen der Analyse impliziter Ausfallwahrscheinlichkeiten eine zentrale Rolle. Da mit einer gewissen Wahrscheinlichkeit die Zahlungen nicht vertragsgemäß erfolgen, fordert der Käufer einer riskanten Anleihe eine höhere Rendite, damit er im Durchschnitt gegenüber einer risikolosen Anleihe nicht schlechter gestellt ist. Die Höhe der Ausfallkompensation wird unmittelbar durch die erwarteten Verluste bestimmt und bietet sich daher für eine Auswertung an.

Neben der reinen Kompensation für das Ausfallrisiko können Investoren eine zusätzliche **Risikoprämie** für „das Tragen des Risikos" fordern. Unterstellt man risikoaverse Marktteilnehmer, dann bevorzugen diese sichere Zahlungen gegenüber riskanten Zahlungen mit gleichem Erwartungswert. Diese Präferenzen kommen in einem zusätzlichen Renditeaufschlag zum Ausdruck. Die Risikoprämie entfällt, falls die Marktteilnehmer risikoneutral sind oder durch Diversifikation ihrer Portfolios Risiken weitgehend eliminieren können. Die Annahme von Risikoneutralität bei Investoren ist jedoch fraglich[159] und die

[159] Vgl. Kapitel 7.2.1

Möglichkeiten zur Diversifikation werden durch die zur Verfügung stehenden Anlageobjekte und systematischen Risiken begrenzt. Von dem völligen Fehlen einer Risikoprämie kann daher auf bestehenden Anleihemärkten nicht ausgegangen werden. Für eine Quantifizierung der Risikoprämie und ihrer Unterscheidung von der Ausfallkompensation wäre es bereits vor der Analyse erforderlich, konkrete Vorstellungen von den Nutzenfunktionen der Investoren oder den Ausfallwahrscheinlichkeiten und Recovery Rates der Wertpapiere zu besitzen. Diese Informationen liegen jedoch in der Regel nicht vor.[160]

Eine pragmatische Lösung wäre die Höhe der Risikoprämie durch Risikoaufschläge auf anderen Märkten, z.B. dem Aktienmarkt, abzuschätzen. Die Fragestellung verlagert sich hierdurch allerdings nur, da auch für Aktien die Risikoprämien nicht einfach feststellbar sind. In anderen Arbeiten wird versucht, die Risikoprämien aus den Kosten der benötigten Risikovorsorge abzuleiten. Systematische, nicht diversifizierbare Risiken bezüglich künftiger Zahlungen führen nicht alleine zu Ertragsschwankungen, sondern können bei vermehrten Ausfällen auch das finanzielle Überleben eines Investors gefährden. Um dies zu vermeiden, müssen für Zeiten mit hohen Ausfällen Reserven gebildet werden. Die Kosten für diese Reservehaltung dienen als Schätzung für die Risikoprämie.[161] Es ist jedoch fraglich, inwieweit sich hierdurch tatsächlich das Fehlen konkreter Nutzenfunktionen ausgleichen lässt. Eine empirische Überprüfung dieser Verfahren ist auf Grund fehlender Daten nicht möglich. Angesichts dieser Situation wird die Risikoprämie in vielen Arbeiten zumeist mit Hilfe der Annahme der Risikoneutralität vernachlässigt.[162] Eine solche Vorgehensweise führt zum einen zu wesentlichen Vereinfachungen bei der Analyse, zum anderen aber zu einer Einschränkung der Aussagekraft der Ergebnisse. Falls tatsächlich eine relevante Risikoprämie vorliegt und nicht beachtet wird,

---

160 Für Unternehmensanleihen versuchen bspw. Elton et al. (2001) mit Hilfe von Daten der Ratingagenturen die angemessene Ausfallkompensation zu ermitteln. Die Risikoprämie folgt als Residualgröße zwischen Kompensation und beobachtetem Spread. Pye (1974, S. 52) zeigt, dass je nach gewählten historischen Defaultraten Renditespreads überwiegend eine Kompensation für mögliche Ausfälle oder überwiegend eine Risikoprämie darstellen können. Bei der vorliegenden Analyse des Länderrisikos sollen gerade Alternativen zu fehlenden historischen Ausfallparametern ermittelt werden. Es ist daher nicht sinnvoll, Renditespreads durch vorherige Festlegung der gesuchten Größen zu gewinnen.

161 Eine praktische Anwendung findet sich in Meybom und Reinhart (1999).

162 Beispiele sind Fons (1994, S. 27) oder Klein (1991, S. 489). Auch in manchen Lehrbüchern, z.B. Bodie et al. (1998, S. 277), wird der gesamte Renditespread als Kompensation für mögliche Ausfälle interpretiert.

besteht insbesondere die Gefahr, dass sie anderen Bestandteilen zugerechnet wird und zu einer Überschätzung der Ausfallkompensation führt.[163]

Bei Anleihen, die nur ein geringes Handelsvolumen aufweisen, stellt die bereits erwähnte **Illiquiditätsprämie** einen weiteren Bestandteil eines Renditespreads dar. Falls die Anleihemärkte nicht zwangsläufig perfekte Märkte sind, besteht das Risiko, dass eine Anleihe unter Umständen nicht zu jeder Zeit verkauft werden kann bzw. auf Grund der Marktmacht möglicher Käufer nur mit einem preislichen Abschlag. Für Fisher (1959, S. 225) zählt die Illiquiditätsprämie neben der Ausfallkompensation zu den bedeutendsten Bausteinen von Renditespreads. Die am häufigsten erwähnten Indikatoren für das Ausmaß der Illiquidität sind das Handelsvolumen und die Differenz zwischen Ask- und Bidpreisen. Ein großer Unterschied zwischen beiden Preisen kann ein Hinweis auf starke Einschränkungen bzgl. der Liquidität der betrachteten Anleihe sein. Sind diese Indikatoren nicht ermittelbar, kann versucht werden aus Kursbewegungen, dem Emissionsvolumen oder aus dem gesamten Marktwert Rückschlüsse auf das Ausmaß der Liquidität zu ziehen.

Ein für amerikanische Unternehmensanleihen bereits früh diskutierter Bestandteil von Renditespreads entsteht aus einer **steuerlichen Ungleichbehandlung** gegenüber den risikolosen US-Staatspapieren. Für Kapitalerträge aus Unternehmensanleihen sind bestimmte lokale und staatliche Abgaben zu entrichten, die für Erträge aus US-Staatspapieren entfallen. Um eine entsprechende Nachsteuerrendite zu erzielen, fordern Investoren einen zusätzlichen Renditeaufschlag.[164] Bereits für nationale Märkte gestaltet sich die Untersuchung solcher Steuereffekte durch individuelle Steuersätze der Investoren und Sonderregelungen schwierig. Auf globalen Märkten mit internationalen Investoren ist eine angemessene Erfassung von Steuereinflüssen kaum durchzuführen.

Wie bereits geschildert, sind noch weitere Bausteine eines Renditespreads vorstellbar. Falls sich der Emittent der Anleihe besondere Rechte eingeräumt hat, z.B. das Recht die Anleihe vor Ende der Laufzeit zurückzurufen („Callability"), wird dies zu einem zusätzlichen Renditeaufschlag führen. Beinhaltet eine Anleihe auch Kaufoptionen für Aktien, wird die Analyse noch komplexer und

---

[163] Die Annahme der Risikoneutralität ist auch bei modernen Verfahren zur Bepreisung von Anleihen üblich. Allerdings wird dabei zwischen „risikoneutralen" und „empirischen" Ausfallwahrscheinlichkeiten unterschieden, wobei die Methodik für die Preisbestimmung nicht darauf angewiesen ist, dass diese beiden Wahrscheinlichkeiten übereinstimmen (vgl. Kapitel 7.2.1). Ratingbasierte Bepreisungsmodelle betrachten neben dem Risiko des tatsächlichen Ausfalls auch das Risiko einer Veränderung der Ausfallwahrscheinlichkeit bzw. einem Wechsel der Ratingklasse und daraus resultierende Wertverluste. In diesem Modelltyp wird versucht, eine mögliche Risikoprämie durch eine Anpassung der Übergangsmatrizen zu erfassen (vgl. Jarrow et al., 1997, S. 489).

[164] Vgl. Elton et al. (2001, S. 248)

vielschichtiger. Im Rahmen von Staatsanleihen spielen solche Rechte jedoch keine Rolle.

Einflussfaktoren auf Renditespreads

Parallel zur Diskussion der theoretischen Bausteine von Renditespreads wurde versucht, die relevanten Einflussfaktoren zu ermitteln und empirisch zu überprüfen. Der empirische Untersuchungsrahmen besteht in der Regel aus einer Regression mit den logarithmierten Renditespreads als abhängige Variable und den vermuteten Einflussfaktoren als unabhängige Variablen.

Ein zentraler Einflussfaktor für den Renditespread ist die vermutete **Ausfallwahrscheinlichkeit** des Emittenten. Sie spiegelt sich in der Ausfallkompensation unmittelbar wider. Dieser Zusammenhang ist die eigentliche Motivation für eine Analyse von Renditespreads im Rahmen der Ermittlung von Inputfaktoren für ein Kreditrisikomodell. Nimmt man die Bonitätsbeurteilung der Ratingagenturen als Indikator für die Ausfallwahrscheinlichkeit eines Emittenten und betrachtet man den durchschnittlichen Renditespread innerhalb jeder Ratingklasse, zeigt sich typischerweise ein exponentiell ansteigender Verlauf.[165] In Abbildung 39 ist dies für US-Unternehmensanleihen auf der Basis von Bewertungen durch Moody's dargestellt. Die Grafik unterstreicht den erwarteten starken Zusammenhang zwischen Bonität und Renditespread.

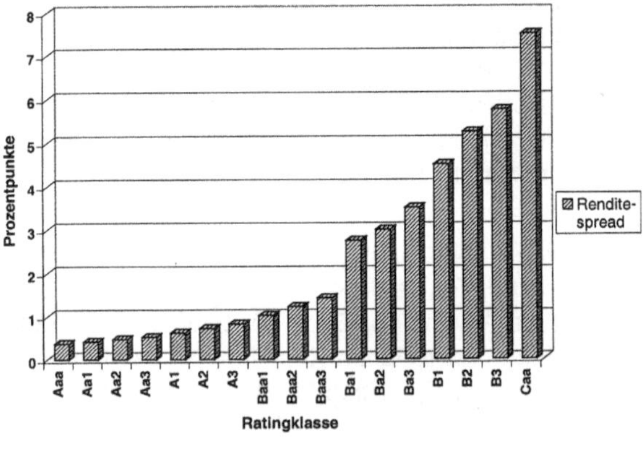

Abbildung 39: Durchschnittliche Renditespreads für industrielle Emittenten (in Basispunkten) geordnet nach den Ratingnoten von Moody's[166]

Zur Ausfallwahrscheinlichkeit kommt als zweiter Faktor bei der Bestimmung der geforderten Verlustkompensation die Höhe des Verlustbetrages im Falle

---

165 Auffällig ist auch der bereits in Kapitel 7 angesprochene Sprung von Baa zu Ba, der den Übergang von „investor grade" zu „speculative grade" bedeutet.

166 Stand: 5. November 2001; Quelle: http://www.creditmetrics.com/products/data/datasets

eines Ausfalls bzw. – in umgekehrter Blickrichtung – die **Recovery Rate** hinzu. Die Analyse dieser Größe ist speziell im Rahmen von Staatsanleihen auf Grund der Datenproblematik und der Abhängigkeit von politischen Entscheidungen sehr schwierig. Für Unternehmen bleibt die Möglichkeit aus Insolvenzstatistiken die durchschnittliche Recovery Rate bspw. innerhalb einzelner Branchen zu berechnen.

Auf der Ebene der Vertragsgestaltung und der Ausstattung einer Anleihe ist ein wichtiger Einflussfaktor die zeitliche Regelung der Zahlungen oder vereinfacht die **Laufzeit** bis zur Endfälligkeit. Für die Risikoanalyse lassen sich hieraus Informationen über die erwartete Entwicklung des Ausfallrisikos gewinnen. So bestehen häufig Unterschiede zwischen der kurz- und der langfristigen Fähigkeit eines Schuldners, seine Verpflichtungen zu erfüllen. Die zeitliche Struktur lässt sich am besten abschätzen, wenn eine möglichst große Zahl von Anleihen eines Emittenten mit unterschiedlichen Laufzeiten vorliegt. Kenntnisse über den Einfluss der Laufzeit sind nötig, falls man bspw. Risikoaussagen über einen Ein-Jahreshorizont benötigt, jedoch nur Anleihen mit wesentlich längeren Laufzeiten zur Verfügung stehen.

Die Rendite eines Wertpapiers in Abhängigkeit von der Laufzeit wird in Zinsstrukturkurven dargestellt.[167] Es wird zwischen einem normalen, d.h. ansteigenden, und einem inversen, d.h. fallenden, Verlauf der Renditen mit steigender Laufzeit unterschieden. Der jeweilige Verlauf ist abhängig von den Erwartungen der Marktteilnehmer hinsichtlich der weiteren Zinsentwicklung. Ähnlich verhält es sich auch für Renditespreads. Gewöhnlich sind für längere Laufzeiten höhere Renditespreads zu beobachten. Eine einfache Erklärung ist die zunehmende Unsicherheit über die Entwicklung möglicher Risikofaktoren, je weiter man in die Zukunft geht. Daneben gibt es aber auch Situationen, in denen Renditespreads für kürzere Laufzeiten einen höheren Aufschlag besitzen als für lange Laufzeiten. Eine solche Konstellation ist insbesondere dann zu beobachten, wenn eine finanzielle Krise als unmittelbar bevorstehend antizipiert wird. Während für längerfristige Forderungen die Erwartung besteht, dass sich die Situation bis zur Fälligkeit wieder verbessert, bedeutet dies für kurzfristig fällige Papiere, dass mit großer Wahrscheinlichkeit eine „crisis at maturity" vorliegt und somit die Zahlungen stark gefährdet sind.[168] Diese Erwartungshaltungen zeigen sich in Abbildung 40 anhand von Renditespreads einer länger- und einer kürzerfristigen mexikanischen Staatsanleihe. Während der überwiegenden Zeit liegt der Renditespread der längerfristigen über der kürzerfristigen Anleihe. Als sich aber Ende 1998 nach der Asienkrise auch für Lateinamerika eine Finanzkrise andeutet, steigen zum einen die Renditespreads und zum anderen besitzt nun die kürzer laufende Anleihe einen

---

[167] Johnson (1967, S. 317) stellt unterschiedliche Kombinationen von Zinsstrukturkurven riskanter und risikoloser Anleihen dar sowie die daraus resultierenden Renditespreads.

[168] Vgl. Silvers (1973, S. 935)

höheren Renditespread. Das „crisis at maturity"-Phänomen wird auch in Kapitel 8.5. bei der Analyse von Daten für Argentinien aus dem Jahr 2001 deutlich, als sich bereits eine Finanzkrise für das Land abzeichnete.

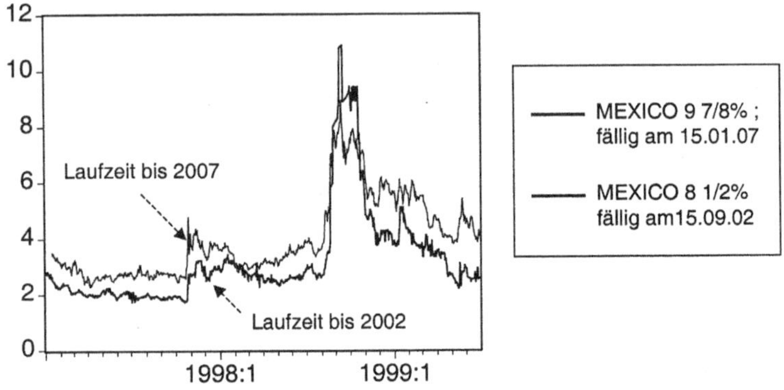

Abbildung 40: Renditespreads zweier mexikanischer Staatsanleihen (in Prozentpunkten)[169]

In der Realität ist die Abhängigkeit des Renditespreads von der Laufzeit wesentlich komplexer, da nicht nur die Erwartungen bezüglich der künftigen Zahlungsfähigkeit, sondern auch alle anderen beschriebenen Komponenten von Renditespreads eine relevante zeitliche Dimension besitzen können. Rodriguez (1988) zeigt in einem theoretischen Modell, dass sich bspw. durch die Aufnahme steuerlicher Aspekte die Strukturkurve der Renditespreads stark verändern kann. Zudem lassen sich neben monoton steigenden oder fallenden Verläufen auch Verläufe mit mehreren globalen Maxima und Minima modellieren. Umgekehrt existieren theoretische Modelle, die zeigen, dass unter der Annahme der Risikoneutralität und ohne Berücksichtigung von Steuereffekten ein laufzeitunabhängiger Renditespread zu erwarten ist.[170]

Neben der Laufzeit beeinflussen auch alle anderen **Ausstattungsmerkmale**, wie die Höhe der nominalen Verzinsung oder besondere Sicherheiten und Rechte, den Renditespread. Diese Faktoren sind jedoch schwer zu modellie-

---

169 Datenquelle: Datastream; für die Berechnung der Spreads vgl. Kapitel 8.3 und 8.6.

170 Ein bekanntes Modell für eine solche Entwicklung stammt von Bierman und Hass (1975).

ren.[171] Aus diesem Grund versucht man, die Datenbasis aus Anleihen zu bilden, deren Ausstattungen weitgehend übereinstimmen und möglichst einfach sind.

Außer bestimmten Merkmalen des Emittenten und der Anleihe können auch **allgemeine Faktoren des Gesamtmarktes** einen Einfluss auf die Höhe von Renditespreads ausüben. Im Wesentlichen handelt es sich um Faktoren aus dem Umfeld und der Struktur des Anleihemarktes. Konkret lassen sich hier Stimmungsumschwünge, neue Trends, Angebots- und Nachfrageschocks oder Herdenmechanismen nennen. Mit Hilfe dieser Phänomene wird versucht, sehr hohe, niedrige oder volatile Renditespreads zu erklären, die man auf Grund der Merkmale der Emittenten nicht vermuten würde. Beispiele aus dem Bereich der Emerging Markets sind die niedrigen Renditespreads in Asien vor der Asienkrise und der extrem starke Anstieg der Renditespreads in vielen Ländern nach Ausbruch der Krise. Eine wichtige empirische Arbeit zu diesem Thema liefern Cline und Barnes (1997), die zeigen, dass das Ausmaß der Verringerungen der Renditespreads in Südost-Asien in den Jahren 1996 und 1997 nicht alleine durch die realen ökonomischen Verbesserungen dieser Länder erklärt werden kann.[172] Auf der Suche nach den Gründen definieren sie „Supply-Side Forces", die das Angebot von internationalem Kapital beeinflussen. Sie stellen fest, dass zyklische Entwicklungen bei den risikolosen Zinsen sowie strukturelle Veränderungen, bspw. im Sparverhalten, zu Schwankungen der Bereitschaft führen, in die Emerging Markets zu investieren. Die angesprochenen geringen Renditespreads resultieren demzufolge aus einer starken, relativ unkritischen Investitionsbereitschaft der Industrieländer. In einer ähnlichen Studie untersuchen Eichengreen und Mody (1998), ob „Fundamentals" oder „Market Sentiment" für die beobachteten Veränderungen von Renditespreads verantwortlich sind. Auch bei ihnen lautet ein wesentliches Ergebnis, dass die Entwicklung der fundamentalen Charakteristika eines Landes nicht als Erklärung für den Verlauf der Renditespreads ausreicht. Bezogen auf Unternehmensanleihen finden Collin-Dufresne et al. (2000) Anhaltspunkte dafür, dass ein erheblicher Teil der Veränderungen von Renditespreads durch systematische Faktoren beeinflusst wird, die sich nicht durch

---

171 Becker et al. (2001) können bspw. für „collective action clauses" (Recht zu Mehrheitsbeschlüssen der Gläubiger bei Umschuldungen) keine eindeutigen Auswirkungen quantifizieren. Selbst der Umgang mit relativ gut beschriebenen Sicherheiten wie bei Brady Bonds ist problematisch. Kamin und von Kleist (1999, S. 4) stellen fest, dass die Renditespreads von stripped Brady Bonds über den Niveaus entsprechender Eurobonds liegen und erklären dies durch höhere Informationskosten für die Anleger.

172 Dieses Ergebnis wird durch eine vergleichbare Analyse von Kamin und von Kleist (1999) bestätigt.

makroökonomische Variablen modellieren lassen.[173] Ihre Erklärung sind segmentierte Märkte mit spezifischen Schocks auf das Angebot und die Nachfrage von Unternehmensanleihen. Weitere, häufig diskutierte Fragen in diesem Themenbereich sind die Wirkungen von Zinssätzen oder Aktienkursen auf das Niveau der Renditespreads.

Auf der Suche nach Erklärungen für die hohe Volatilität von Renditespreads betrachten manche Theorien psychologische Aspekte innerhalb des Preisfindungsprozesses. In der Analyse von Bikhchandani und Sharma (2000) wird der Wunsch nach Konformität als Motivation für Investoren genannt, einem bestehenden Trend zu folgen, auch wenn die Fundamentaldaten dies nicht rechtfertigen. Als Alternative lassen sich solche Herdenmechanismen mit Informationsasymmetrien oder dem Entlohnungskalkül von Fondsmanagern erklären. Besitzen einzelne Marktteilnehmer eine gewisse Reputation[174] für einen Informationsvorsprung, können ihre Aktionen eine vielfache Imitation zur Folge haben. Ist der Maßstab für die Entlohnung eines Fondsmanagers die Performance der anderen Fonds, kann es für den einzelnen vorteilhaft sein, die Entscheidungen des Gesamtmarktes zu kopieren. Herdenmechanismen stehen auch unmittelbar mit der Grundproblematik effizienter Preise[175] im Zusammenhang. Falls Preise als effizient gelten, ist es für Marktteilnehmer sinnvoll, sich an den Preisen zu orientieren und auf eine kostspielige Informationsbeschaffung zu verzichten. Je größer der uninformierte Teil der Marktteilnehmer jedoch ist, um so wahrscheinlicher werden zumindest kurzfristige Überreaktionen in Krisen.[176] Für die Ermittlung der tatsächlichen Parameter stellen solche Mechanismen eine unerwünschte Verzerrung dar, die Fehlinterpretationen zur Folge haben kann.

---

[173] Es ist zu beachten, dass systematische Faktoren nicht eindeutig von der Bonität bzw. dem Ausfallrisiko des Emittenten abgegrenzt werden können. Auch für die Ausfallwahrscheinlichkeit spielen systematische Faktoren eine Rolle (vgl. auch die Erläuterungen zum Kreditrisiko in Kapitel 2).

[174] Im Zusammenhang mit Herdenmechanismen wird auch der Vorwurf diskutiert, dass Ratingagenturen durch ihre prozyklischen Ratingänderungen Krisen noch wesentlich verschärfen (vgl. Ferri et al., 1999 / Kaminsky und Schmuckler, 2001a). Insofern sind Ratingagenturen „Marktteilnehmer“ mit einer hohen Reputation. Zumindest zu einem Teil ist diese prozyklische Wirkung angesichts der Aufgabenstellung einer Ratingagentur unvermeidbar. Wie Cantor und Packer (1996) zeigen, folgen Ratingänderungen nicht alleine bereits bekannten Variablen, sondern auch Elementen, die als echte Neuigkeiten gelten können, wodurch bereits die Ankündigung einer möglichen Ratingänderung einen signifikanten Einfluss auf den Renditespread aufweist. Würden Ratingagenturen Ratings im Sinne der Krisenabschwächung vergeben, würde sie dies rasch ihre Reputation kosten.

[175] Vgl. Erläuterungen zu Grossman und Stiglitz (1980) in Kapitel 6.2.

[176] Das in Cline und Barnes (1997, S. 16) beschriebene „potential overshooting“ kann auf Herdenmechanismen zurückgeführt werden.

Als **weitere Einflussfaktoren** auf Renditespreads ließen sich Determinanten der Liquidität, wie Handels- oder Emissionsvolumina, in ein Modell aufnehmen. In einigen empirischen Untersuchungen sind darüber hinaus Dummyvariablen enthalten, die regionale Besonderheiten durch landes- oder regionenspezifische Auf- bzw. Abschläge modellieren, bspw. ein „Lateinamerika-Aufschlag".[177] Durch eine großzügige Aufnahme von Dummies können zwar alle Besonderheiten der Renditespreads „erklärt" werden, aber die Gefahr besteht, dass Fehlspezifikationen nicht mehr erkennbar sind bzw. die Eignung der Regressionsgleichung für Prognosen leidet. Als letzte Einflussgröße ist noch das risikolose Zinsniveau zu nennen. In Abhängigkeit der Annahmen über den Zinsprozess lassen sich auf theoretischer Ebene verschiedene formale Abhängigkeiten aufzeigen.[178]

Behandlung der Komponenten von und der Einflussfaktoren auf Renditespreads im Rahmen dieser Arbeit

In den anschließenden Teilen der Arbeit folgt die Berücksichtigung der verschiedenen Komponenten und Einflussgrößen überwiegend pragmatischen Gesichtspunkten. Die Interpretation des Renditespread als Kompensation für den erwarteten Ausfall stellt die Basis der Auswertungen dar. Als wesentliche Annahme wird Risikoneutralität der Investoren unterstellt, die einen Verzicht auf eine Risikoprämie ermöglicht. Auf Grund der Unklarheiten auf Seiten der Theorie und auf Grund der beschränkten Datenbasis ist eine sinnvolle Quantifizierung der Risikoprämie im Rahmen dieser Arbeit nicht möglich.

Wie bereits zuvor erwähnt, ist die Annahme der Risikoneutralität in einer Reihe von Arbeiten zu Renditespreads zu finden. Trotzdem stellt sie eine Quelle von Verzerrungen dar, die bei der Interpretation der Ergebnisse berücksichtigt werden muss. Da der mögliche Beitrag einer Risikoprämie der Ausfallkompensation zugerechnet wird, wird diese tendenziell überschätzt. Für die Berechnung der Inputfaktoren ergeben sich aus den so berechneten Renditespreads zumindest Obergrenzen für die tatsächlichen Ausfallkompensationen.

---

177 Vgl. Kamin und von Kleist (1999, S. 19)

178 In Kapitel 8.4 wird für den Zusammenhang zwischen risikolosen Zins und Renditespreads eine einfache positive Abhängigkeit deutlich. Andere empirische Untersuchen zeigen jedoch oft eine negative Korrelation. Eine Begründung hierfür ist, dass in Krisenzeiten mit hohen Ausfallwahrscheinlichkeiten und hohen Spreads eine „flight to quality" einsetzt und das risikolose Zinsniveau sinkt. Die hierbei geschätzten Kovarianzen sind jedoch vor allem in komplexen Reduced Form Models als Inputparameter nötig (vgl. Hund, 1999a, S. 3). Da im Rahmen dieser Arbeit die Zinsstrukturkurven als statisch betrachtet werden, ist eine Vertiefung dieser Diskussion nicht erforderlich.

Das Problem der Illiquiditätsprämie wird abgeschwächt, indem lediglich Anleihen verwendet werden, die Kennzeichen relativ hoher Liquidität aufweisen.[179] Dies entspricht der Vorgehensweise bei der Berechnung der Emerging Market Bond Indizes, bei denen nur Anleihen berücksichtigt werden, die gewissen Liquiditätsanforderungen entsprechen. Steuerliche Aspekte werden vernachlässigt, da auf internationaler Ebene mit staatlichen und privaten Investoren eine adäquate Erfassung steuerlicher Einflüsse sehr schwierig ist.

Der Einfluss bestimmter Ausstattungsmerkmale der Anleihen wird minimiert, indem nur einfache Anleihen ohne Sonderrechte in die Auswertung eingehen. Da nur Eurobonds betrachtet werden (in US$ oder Euro), bleibt die Frage nach der Wirkung von Währungsrisiken auf den Renditespread ausgeklammert. Die Laufzeitabhängigkeit von Renditespreads wird jedoch so gut wie möglich modelliert. Die technische Umsetzung wird im nächsten Kapitel näher erläutert.

8.3 Berechnung von Renditespreads

Um zu gewährleisten, dass der Unterschied der Rendite einer riskanten Anleihe und der Rendite einer risikolosen Anleihe im Wesentlichen das Ausfallrisiko enthält, müssen die beiden Anleihen, wie im letzten Kapitel geschildert, in derselben Währung notiert sein sowie über gleiche Laufzeit und Ausstattung verfügen. Die Laufzeit der Anleihen spiegeln zunächst auch den Betrachtungshorizont für das Ausfallrisiko wider. Am klarsten lässt sich die zeitliche Dimension bei Zerobonds festlegen, bei denen alle Zahlungen – Zins und Tilgung – am Ende der Laufzeit erfolgen. Komplizierter ist die Darstellung der zeitlichen Komponente des Ausfallrisikos für Kuponanleihen, bei denen während der Laufzeit regelmäßig Zinszahlungen fällig werden. Betrachtet man die Zinszahlungen als separate Zerobonds, die wiederum einem Ausfallrisiko unterliegen, wird das Problem der zeitlichen Zuordnung deutlich. Ein weiteres Problem ergibt sich, falls nicht für jede gewünschte Laufzeit-Emittenten-Kombination Renditespreads berechnet werden können.

Ideal für eine Risikoanalyse wäre es, zu jedem Zeitpunkt die Zerobondkurven – d.h. die Renditen von Zerobonds eines Emittenten in Abhängigkeit von der Laufzeit – für den riskanten und den risikolosen Emittenten zur Verfügung zu haben. In theoretischen Arbeiten wird daher häufig die Annahme getroffen, dass die betrachteten Länder kontinuierlich Zerobonds mit Laufzeiten von Null bis 10 Jahren emittieren.[180] In diesem Fall würden sich alle Überlegungen zur

---

179 Anleihen mit geringem Emissionsvolumen werden nicht berücksichtigt. Ebenso entfallen Anleihen, bei denen über längere Phasen die Kurse konstante Werte aufweisen, da in diesen Fällen offensichtlich keine kontinuierliche Preisermittlung erfolgte und nur geringe Umsätze stattfanden.

180 Vgl. Jarrow et al. (1997, S. 484)

Schätzung der Zerobondkurven erübrigen. Für einen beliebigen Betrachtungshorizont T ergibt sich der Renditespread sp aus der Differenz der beiden Renditen:

(Gl. 10) $$sp(T) = r\_EM(T) - r\_US(T)$$

mit r_EM = Rendite des riskanten Zerobonds mit Laufzeit T
und r_US = Rendite des risikolosen Zerobonds mit Laufzeit T

Eine ständige Emission von Anleihen verschiedenster Laufzeiten liegt jedoch in der Realität nicht vor, und besonders für riskante Länder ist die Zahl der verwertbaren Anleihen zum Teil sehr gering. Hinzu kommt, dass es sich bei dem Großteil der Emissionen um Kuponbonds handelt. Eine Schätzung der Zerobondkurve aus Kuponbonds ist möglich, jedoch ist hierzu eine große Zahl von Anleihen nötig.[181] Während in den USA mit Hunderten von Staatsanleihen eine gute Datenbasis für die Schätzung einer Zerobondkurve zur Verfügung steht, ist die Situation in den meisten Emerging Markets wesentlich schwieriger. Liegt im Extremfall nur ein Kuponbond des riskanten Landes vor, erfordert die Bestimmung der Renditespreads pragmatische Vorgehensweisen. Wie in Abbildung 41 dargestellt, ließe sich zunächst ein Renditespread für Kuponanleihen ermitteln, indem der Rendite eines Emerging Market Kuponbonds *rk_EM(4)* die Rendite eines US-Kuponbonds mit passender Laufzeit *rk_US(4)* gegenübergestellt wird. Eine Lösung wäre nun die Annahme, dass der gesuchte Spread *sp_EM(1)* dem ermittelten Spread der Kuponanleihen *spk_EM(4)* entspricht.

[181] Vgl. bspw. Nelson und Siegel (1987)

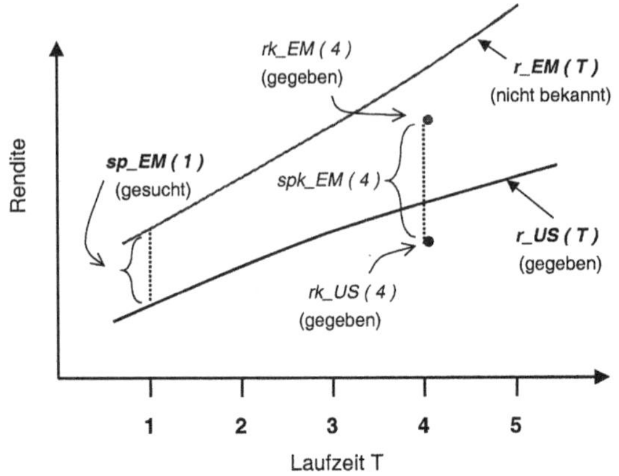

Abbildung 41: Zerobondkurven für ein Land der Emerging Markets (EM) und für die USA sowie die Rendite eines Emerging Market Kuponbonds mit Laufzeit vier Jahre

Zu Verzerrungen kommt es durch die fehlende Berücksichtigung des Unterschieds von Kupon- und Zerobonds sowie durch die Annahme laufzeitunabhängiger Renditespreads. Trotz dieser Beeinträchtigungen ist ein solches Vorgehen in manchen Fällen die einzige Möglichkeit, für einen gewünschten Planungshorizont Daten zu erzeugen.[182]

Eine anderer Ansatz bei zu geringen Datenmengen pro Land ist die Quantifizierung des Einflusses der Laufzeit auf die Rendite mittels einer Regressionsschätzung. Analog zu den im letzten Kapitel beschriebenen Regressionsschätzungen für die Analyse der Determinanten von Renditespreads werden die logarithmierten Renditespreads als abhängige Variable verwendet. Als unabhängige Faktoren können bspw. Laufzeit und Ratingnote dienen. Nach der Ermittlung der Schätzkoeffizienten lässt sich für jedes Land mit gegebener Ratingnote für eine beliebige Laufzeit ein prognostizierter Renditespread berechnen.[183] Ein Vorteil dieser Vorgehensweise ist, dass Renditespreads selbst für Länder berechnet werden können, für die keine Marktdaten von Anleihen vorliegen. Einzige Voraussetzung ist das Vorhandensein einer Ratingnote. Die fehlende Kenntnis der Zerobondkurve des relevanten Landes lässt sich durch diese Methode jedoch nicht beheben. Mit Hilfe des Regressi-

[182] Als Alternative könnte man den gewünschten Planungshorizont aufgeben und sich bei den Analysen nach den vorliegenden Laufzeiten richten. Entsprechend wären Vergleiche nur zwischen Ländern möglich, die Anleihen mit identischen Laufzeiten aufweisen (vgl. bspw. in Dresel, 2000). Dieses Vorgehen ist jedoch im Hinblick auf ein Kreditrisikomodell, in dem konkrete Inputdaten gefordert werden, nur bedingt hilfreich.

[183] Ein solches Verfahren verwenden bspw. Meybom und Reinhart (1999).

onsverfahrens wird lediglich die durchschnittliche Laufzeitabhängigkeit der Renditespreads von Anleihen verschiedener Länder berechnet. Es ist jedoch möglich, dass zu einem Zeitpunkt Länder mit gleicher Ratingnote auf Grund unterschiedlicher zeitlicher Risikostrukturen in ihrer Laufzeitabhängigkeit stark voneinander abweichen.[184] Im Grunde ist auch hier eine Schätzung nur bei Berücksichtigung der Sonderbedingungen in den einzelnen Ländern möglich, wozu jedoch wiederum eine breite Datenbasis erforderlich wäre.[185] Für Auswertungen kommt hinzu, dass die Bewertung der Ratingagenturen eine wichtige Rolle als Vergleichswert und Plausibilitätscheck für die Ergebnisse spielt. Falls die Ratingnote eines Landes bereits bei der Berechnung der Renditespreads ein zentraler Bestandteil sind, ist eine spätere Gegenüberstellung mit der ermittelten Ausfallwahrscheinlichkeit nicht mehr aussagekräftig. Eine unterschiedliche Risikorangordnung durch Ratingagenturen bzw. durch Marktteilnehmer wird durch die Generierung künstlicher Renditespreads möglicherweise überdeckt.[186] Trotzdem wird im Falle Argentiniens die Regressionsanalyse zum Einsatz kommen, allerdings ausschließlich auf Basis der vorliegenden Marktdaten.

Im Rahmen dieser Arbeit ist die Datenbasis, wie in Kapitel 8.1 beschrieben, zweigeteilt. Es liegen für November 2001 für Argentinien Marktpreise für eine große Zahl verschiedener Kuponanleihen vor. Für den Zeitraum 1994 bis 1999 liegen Marktpreise von Kuponanleihen für eine Reihe von Ländern aus den Emerging Markets vor, jedoch ist die Zahl der Anleihen pro Land sehr begrenzt. Die unterschiedliche Datensituation spiegelt sich in unterschiedlichen Vorgehensweisen bei der Berechnung der Renditespreads wider.

Renditespreads bei zahlreichen Kuponanleihen für ein Land: Argentinien 2001

Die zahlreichen argentinischen Kuponanleihen, die sich im Jahr 2001 im Handel befanden, erlauben die Schätzung einer Strukturkurve bzw. die Quantifizierung der Abhängigkeit der Renditen von der Laufzeit mittels einer Regressionsanalyse. Auf der Basis der resultierenden Schätzgleichung werden die Renditen für zehn hypothetische Anleihen mit einer Laufzeit von ein bis zehn Jahren ermittelt. Als nominale Verzinsung dieser Anleihen wird die durchschnittliche Höhe der Kuponzahlungen übernommen. Es werden jährliche Zinszahlungen am Ende des Jahres unterstellt.

---

184 Vgl. Kapitel 8.2 zur Laufzeitabhängigkeit und dem „crisis-at-maturity" Phänomen.

185 So wurden in Meybom und Reinhart (1999) neben einer Reihe erklärender Variablen für viele Länder Dummyvariablen berücksichtigt.

186 Auch der Vorteil zeitnaher Bewertungen durch Marktpreise gegenüber Ratingagenturen geht verloren, wenn erst nach der Ratinganpassung die prognostizierten Renditespreads aktualisiert werden.

Mit den so festgelegten Cash Flows (*CF*) der einzelnen Anleihen kann bei gegebener Rendite der theoretische Gegenwartswert (*B*) jeder Anleihe berechnet werden. Im nächsten Schritt werden individuelle Diskontierungszinssätze für die Jahre eins bis zehn festgelegt. Der Diskontierungszinssatz entspricht der Rendite eines entsprechenden Zerobonds (*r*). Für das erste Jahr ist der Diskontierungszinssatz gerade die Rendite des einjährigen Kuponbonds.

(Gl. 11) $$B\_AR(1) = \frac{1}{1+r\_AR(1)} * CF(1)$$

Dieser Wert wird nun für den zweijährigen Kuponbond verwendet, um die Zahlung des ersten Jahres zu diskontieren.

(Gl. 12) $$B\_AR(2) = \frac{1}{1+r\_AR(1)} * CF(1) + \frac{1}{(1+r\_AR(2))^2} * CF(2)$$

Einzige Unbekannte bleibt der Diskontierungssatz für das zweite Jahr bzw. die Rendite des zweijährigen Zerobonds. Durch Weiterführung des „Bootstrapping-Verfahrens" werden rekursiv die Renditen der drei- bis zehnjährigen Zerobonds ermittelt.[187] Durch Bildung der Differenzen zu den entsprechenden risikolosen Zerobonds können die gesuchten Renditespreads ermittelt werden.

Ein besonderer Vorteil des Vorliegens der ein- bis zehnjährigen Zerobondrenditen ist, dass sich zusätzlich die theoretischen einjährigen Forward Rates[188] ermitteln lassen. Hier kann wiederum ein rekursives Verfahren angewendet werden. Zentrale Überlegung ist, dass die Kombination von Spot Rates und Forward Rates dieselbe Rendite liefern muss, wie ein Zerobond mit einer Laufzeit, die der Gesamtlaufzeit der Kombination entspricht:

(Gl. 13) $$(1+r\_AR(2))^2 = (1+r\_AR(1)) \cdot (1+fr\_AR(2))$$

Mit einem Bootstrapping-Verfahren können der Reihe nach die gesuchten Forward Rates ermittelt werden. Die Umsetzung des Verfahrens, die Diskussion der Annahmen sowie die resultierenden Ergebnisse im Falle Argentiniens folgen in Kapitel 8.5.

---

[187] Eine Umsetzung des beschriebenen Verfahrens für Daten von Argentinien befindet sich als Maple-Programm in Anhang C2.

[188] Die einjährigen Forward Rates zeigen die Rendite einer Investition für ein Jahr an. Allerdings ist der Anlagezeitpunkt nicht heute (wie bei Spot Rates), sondern an einem bestimmten Zeitpunkt in der Zukunft. Bspw. kann die Rendite einer Investition in vier Jahren, die ein Jahr später (in fünf Jahren) fällig, ist berechnet werden (Bezeichnung: *rf* (5)).

Renditespreads bei nur wenigen Kuponanleihe für jedes Land: Emerging Markets 1994-1999

Stehen nur sehr wenige Anleihen pro Land für eine Auswertung zur Verfügung, sind eine detaillierte Schätzung und ein Vergleich der verschiedenen Zerobondstrukturkurven nicht möglich. Als Zielgröße wird deshalb für alle Länder nur ein gesuchter Parameter festgelegt, in diesem Fall die Ausfallwahrscheinlichkeit in einem Jahr. Liegen mehrere Renditespreads für ein Land vor, wurde versucht, die Laufzeitabhängigkeit der Renditespreads mit einem einfachen funktionalen Zusammenhang zu quantifizieren und den Renditespread für ein Jahr abzuleiten. Liefert eine Schätzung unplausible Ergebnisse oder liegt für ein Land nur eine einzelne Anleihe vor, wird eine Laufzeitunabhängigkeit der Renditespreads unterstellt.

Eine Besonderheit bei der Spreadberechnung ist die Verwendung der Duration der risikanten Anleihe als Auswahlkriterium für passende risikolose Anleihen. Die Duration ist ein Maß für die durchschnittliche Bindungsdauer des eingesetzten Kapitals. Neben der letzten Zahlung werden im Gegensatz zur Restlaufzeit auch die unterjährigen Zinszahlungen in diesem Wert berücksichtigt. Um zwei Anleihen zu charakterisieren, die abgesehen von den Emittenten Substitute darstellen, ist die Duration ein günstigeres Merkmal als die Endfälligkeit, da Investoren nicht nur die Zeit bis zur letzten Zahlung, sondern auch die vorherigen Zahlungen in einem zeitlichen Risikoprofil berücksichtigen.[189] Ein Vorteil ist, dass die Duration von Zerobonds genau ihrer Laufzeit entspricht. Die Renditen risikoloser Anleihen können daher unmittelbar einer Zerobondkurve entnommen werden. Folgt man der Duration als Auswahlkriterium, kann die konkrete Festlegung der einjährigen Renditespreads und der einjährigen riskanten Renditen in folgenden Schritten verlaufen:

- Berechnung der Duration der Kuponbonds zu jedem Zeitpunkt *t*;
- Suche nach dem jeweiligen risikolosen Zerobond mit einer Laufzeit gleich der Duration des Kuponbonds;
- Berechnung des Renditespreads aus der Differenz der beiden Renditen;
- Schätzung der einjährigen Renditespreads, soweit möglich unter Berücksichtigung der Laufzeitabhängigkeit.

Aus der Summe der einjährigen Renditespreads und der Rendite des einjährigen risikolosen Zerobonds folgt die Rendite des einjährigen riskanten Zerobonds. Wie sich bei der Berechnung zeigt, führt die Verwendung der Duration statt der Endfälligkeit als Auswahlkriterium nur zu geringen Unterschieden in

---

[189] Zur Renditespreadberechnung über die Duration vgl. Cunningham (1999, S. 115).

den Ergebnissen. Da die Duration jedoch intuitiv plausibler erscheint, wurde in Kapitel 8.6 die eben beschriebene Vorgehensweise gewählt.[190]

8.4 Grundlegender Zusammenhang zwischen Renditespread und Ausfallwahrscheinlichkeit bei Risikoneutralität

Renditespreads werden teilweise unmittelbar als Indikatoren für das Kreditrisiko eingesetzt, insbesondere lassen sich mit ihrer Hilfe Rangordnungen verschiedener Emittenten erstellen. In einem deskriptiven Rahmen können weitergehende Erkenntnisse durch die Bildung von Indizes aus der Zusammenfassung verschiedener Renditespreads gewonnen werden.[191] Die Übertragung von Renditespreads auf Ausfallwahrscheinlichkeiten wurde ebenfalls lange Zeit nur im Kontext alternativer Risikoindikatoren diskutiert und nicht im Hinblick auf eine konkrete Quantifizierung von Kreditrisiken.[192]

Der Zusammenhang zwischen Renditespread und Ausfallwahrscheinlichkeit kann unter der Annahme der Risikoneutralität, d.h. bei Vernachlässigung einer zusätzlichen Risikoprämie, sehr einfach dargestellt werden. Risikoneutrale Investoren sind bereit, in riskante Anlagen zu investieren, falls die erwartete Rendite nicht unterhalb der risikolosen Rendite liegt. Der Renditespread repräsentiert in diesem Fall alleine die Kompensation für die erwarteten Verluste.

Zur Vereinfachung werden nur die Fälle „Ausfall“ und „kein Ausfall“ unterschieden sowie eine Anlageperiode von einem Jahr unterstellt. Investiert wird eine Geldeinheit, die im Fall „kein Ausfall“ zuzüglich der Rendite *r_EM* am Ende der Laufzeit fällig wird. Es handelt sich somit um einen Zerobond. Bei „Ausfall“ erhält der Investor lediglich einen Anteil entsprechend der Recovery Rate (*RC*) zurück.

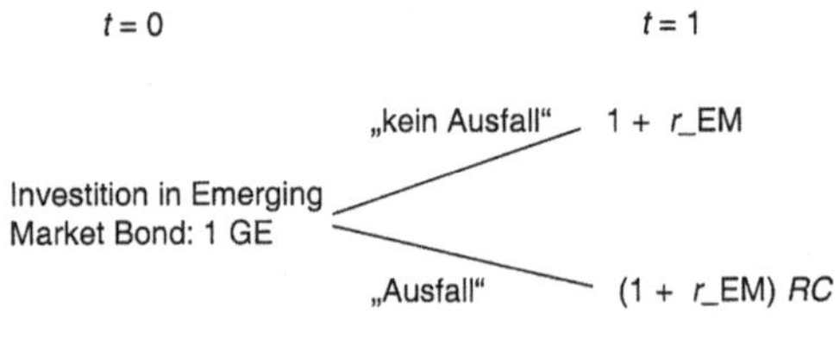

Abbildung 42: Ereignisbaum für eine Investition in einen Emerging Market Bond

---

[190] Eviews-Programme für die Berechnung von Duration und Spread befinden sich in Anhang D.

[191] Heffernan (1986) generiert verschiedene Indizes aus gewichteten Renditespreads als Indikator für die marktdurchschnittliche Risikobewertung von Ländern.

[192] Vgl. Johnson (1967)

Wird die Wahrscheinlichkeit für einen Ausfall mit π bezeichnet, ergibt sich die erwartete Auszahlung *E(CF)* nach einem Jahr aus der folgenden Gleichung:

(Gl. 14) $$E(CF) = (1-\pi)\cdot(1+r\_EM) + \pi\cdot RC\cdot(1+r\_EM)$$

Bei Risikoneutralität sollten die erwarteten Auszahlungen für die riskante Anleihe denen der risikolosen Anleihe entsprechen:

(Gl. 15) $$1+r\_US = (1-\pi)(1+r\_EM) + \pi\cdot RC\cdot(1+r\_EM)$$

Diese Gleichung lässt sich nach der Ausfallwahrscheinlichkeit auflösen:

(Gl. 16) $$\pi = \frac{(1+r\_US)-(1+r\_EM)}{(1+r\_EM)\cdot(RC-1)} = \frac{sp\_EM}{(1+r\_US+sp\_EM)\cdot(1-RC)}$$

mit $sp\_EM = r\_EM - r\_US$

Geht man im Falle eines Ausfalls von einem Totalausfall aus (*RC* = 0), vereinfacht sich die Formel weiter. Der Renditespread lässt sich dann darstellen als:

(Gl. 17) $$sp\_EM = \frac{\pi}{1-\pi}\cdot(1+r\_US)$$

Die beschriebenen Zusammenhänge legen den denkbar einfachsten Fall zu Grunde. Trotzdem liefert er selbst in modernen Kreditbewertungssystemen wichtige Informationsbausteine.[193] Im Folgenden werden für Argentinien Auswertungen für verschiedene Laufzeiten und Forward Rates vorgenommen.

8.5 Auswertungen für Argentinien im November 2001

Wie in Kapitel 4.1 beschrieben, ist Argentinien das aktuelle Beispiel für eine Finanzkrise. Von 1991 bis 2001 war die Landeswährung mittels eines Curren-

[193] Der Zusammenhang ist bspw. wichtig für die Generierung der Intensitäten (vgl. Kap. 3.2). Allerdings wird in der Regel die logarithmierte Rendite verwendet.

cy Boards an den Dollar gebunden.[194] Die resultierende Inflationssenkung brachte der argentinischen Wirtschaft zunächst Vorteile, führte jedoch mittelfristig zu starken Einbußen der Wettbewerbsfähigkeit. Seit drei Jahren befindet sich Argentinien in einer Rezession und die offizielle Arbeitslosenquote ist auf über 15 Prozent gestiegen. Im Rahmen der Hilfsmaßnahmen fand die größte Refinanzierung von Schulden in der Geschichte der Emerging Markets statt. Fast 30 Mrd. US$ an überwiegend kurzfristigen Verbindlichkeiten wurden in Bonds getauscht, die eine Laufzeit bis nach 2005 besitzen. Unter anderem wurden 7,7 Mrd. US$, die bis 2002 fällig waren, auf einen späteren Zeitpunkt verschoben. Die folgende Abbildung verdeutlicht die erhebliche Reduktion des kurzfristig anfallenden Schuldendienstes durch den Tausch (Swap) der Laufzeiten. Entsprechend erhöhte Schuldendienstleistungen entstehen nach dem Jahr 2005.

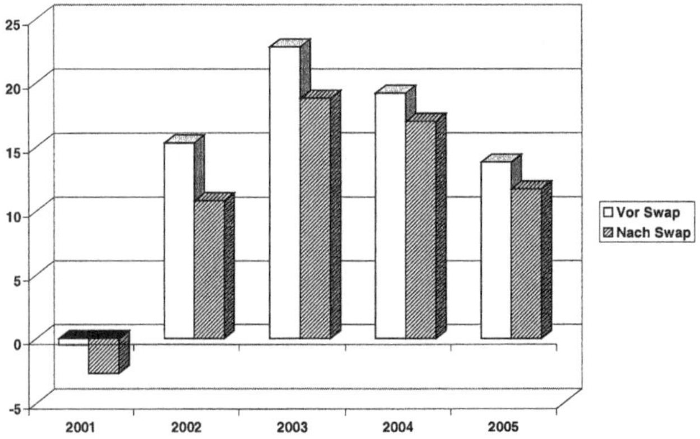

Abbildung 43: Anfallende Schuldendienstleistungen Argentiniens bis 2005 vor und nach dem Swap (in Mrd. US$)[195]

---

[194] Die folgenden Auswertungen und Aussagen wurden Anfang November 2001 erstellt. Es zeigte sich, dass Argentinien im Dezember 2001 tatsächlich die Bedienung der Eurobonds weitgehend einstellen musste, da ein erhofftes Darlehen des IMF nicht freigegeben wurde. Die Bindung an den Dollar musste ebenfalls fallen gelassen werden. Viele, besonders private Investoren kauften in der Hoffnung auf eine hohe Rendite noch relativ spät argentinische Anleihen. Mittlerweile existieren auch erste Interessenvereinigungen geschädigter Investoren, die planen, Argentinien auf Zahlung zu verklagen (vgl. Süddeutsche Zeitung vom 28. Januar 2002, S. 24). Diese Aspekte der Argentinienkrise sind für die Diskussion von Länderrisiken sehr interessant, ereigneten sich jedoch zu spät, um im Rahmen dieser Arbeit vollständig berücksichtigt werden zu können.

[195] Quelle: Economist, 9. Juni 2001, S. 64

Die Verschiebung des Schuldendienstes und die Entscheidung, vor allem Eurobonds an den internationalen Märkten zu emittieren, führten dazu, dass eine Vielzahl argentinischer Bonds an den Börsen gehandelt werden. Mit Hilfe dieser Daten lassen sich einige grundsätzliche Verfahren und Probleme bezüglich der zeitlichen Struktur des Risikos diskutieren, die mit einer kleineren Datenbasis nicht erfasst werden könnten.[196] In Abbildung 44 sind Laufzeiten und Renditen der argentinischen Kuponbonds (*rk_AR*) und der entsprechenden risikolosen Kuponbonds (*rk_DE*) dargestellt. Da im Falle Argentiniens viele Anleihen in Euro notiert wurden, werden die risikolosen Renditen von Deutschland übernommen.

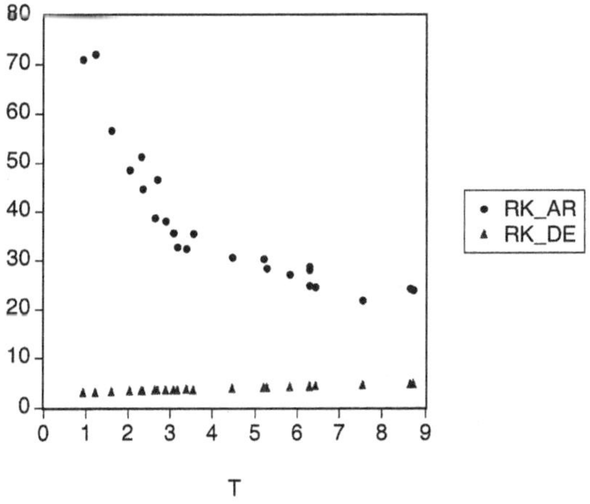

Abbildung 44: Renditen argentinischer und risikoloser Anleihen in Abhängigkeit von der Laufzeit am 12. November 2001

Mit den vorliegenden Daten können unmittelbar Renditespreads (*spk_AR*) auf der Basis der jeweiligen Kuponanleihen berechnet werden:

(Gl. 18) $spk\_AR(T) = rk\_AR(T) - rk\_DE(T)$

[196] Die Kursinformationen stammen von Capitalstage (www.capitalstage.com) vom 12. November 2001. Die besondere Situation für Argentinien wird daran deutlich, dass für Argentinien 24 in Euro notierte Anleihen vorlagen, während für die gesamten asiatischen Emerging Markets nur zwei Fremdwährungsanleihen in der Datenbank enthalten sind. Zu den argentinischen Anleihen können über die Datenbank auch die Renditen entsprechender risikoloser Anleihen ermittelt werden.

Für die Modellierung der Laufzeitabhängigkeit wird eine Regression auf die logarithmierten Spreads durchgeführt:

(Gl. 19) $\ln(spk\_AR(T)) = konst. + \ln(T) + \varepsilon$

Die Koeffizientenschätzung ergibt folgende Ergebnisse:[197]

(Gl. 20) $spk\_AR(T) = \exp(4{,}251585 - 0{,}628669 \cdot \ln(T))$

Die originalen und gefitteten Werte sind in Abbildung 45 dargestellt. Es ist zu beachten, dass teilweise deutliche Unterschiede zwischen den Renditen von Anleihen mit gleicher Laufzeit bestehen. Dies ist ein Hinweis auf mögliche Unterschiede in der Ausstattung und den Handelsvolumina der einzelnen Anleihen. Eine nähere Untersuchung ist jedoch mit den vorliegenden Daten nicht möglich.

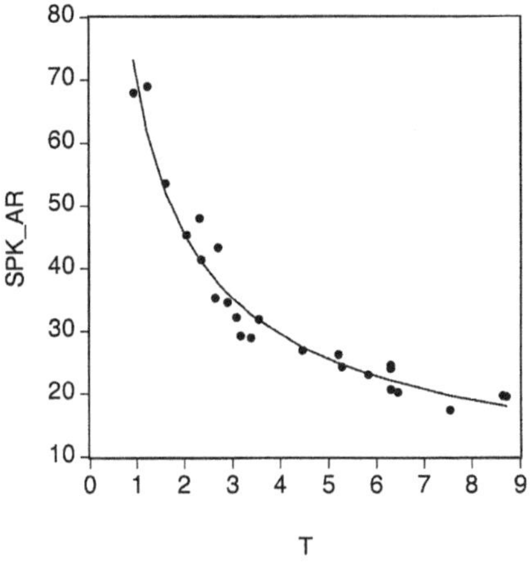

Abbildung 45: Renditespreads argentinischer Anleihen in Euro vom 12. November 2001

Die insgesamt sehr hohen Renditespreads deuten auf die pessimistischen Erwartungen hinsichtlich der künftigen Zahlungsfähigkeit Argentiniens hin. Der fallende Verlauf kann durch das „crisis-at-maturity" Phänomen erklärt werden. Zum gleichen Zeitpunkt findet man für das benachbarte Mexiko einen ansteigenden Verlauf der Renditespreads für längere Laufzeiten (vgl. Abbildung 46). Dies zeigt, wie schwer die gemeinsame Modellierung der Zeitabhängigkeit für

197 Der Output der Schätzung befindet sich in Anhang C1.

eine Gruppe von Ländern ist. Würde man bspw. versuchen, mit Hilfe mexikanischer Anleihen für Argentinien Rückschlüsse von zehn- auf einjährige Renditespreads zu ziehen, würde dies zu einer völligen Unterschätzung der tatsächlichen Werte führen.

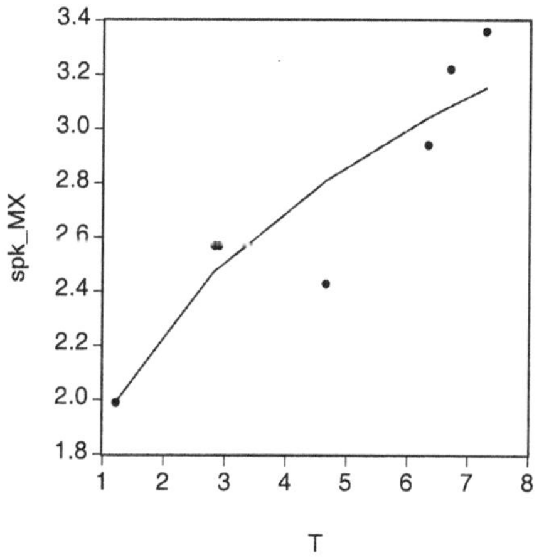

Abbildung 46: Renditespreads mexikanischer Anleihen in Euro vom 12. November 2001[198]

Berechnung und Auswertung von Zerobondrenditen

Für die weitere Analyse der argentinischen Risikostruktur werden Renditespreads für Zerobonds geschätzt. Mit Hilfe einer Regression lassen sich für beliebige Laufzeiten theoretische Renditen berechnen. Um die Analyse und die Berechnungen einfach zu halten, werden zehn Renditen für Laufzeiten von einem Jahr bis zu zehn Jahren geschätzt. Als nominale Verzinsung dieser Anleihen wurde die durchschnittliche Kuponhöhe von 8,75 Prozent übernommen. Mit diesen Daten lassen sich die Renditen für Zerobonds mit der entsprechenden Laufzeit ermitteln:[199]

---

[198] Quelle: Capitalstage, Eigene Berechnungen

[199] Für Erläuterungen zur Berechnung der Zerobondrenditen siehe Kapitel 8.3 und das Maple Programm in Anhang C2.

T	1	2	3	4	5	6	7	8	9	10
r_AR(T)	0,730	0,474	0,368	0,306	0,265	0,236	0,213	0,195	0,180	0,167
r_DE(T) [200]	0,028	0,033	0,036	0,038	0,040	0,041	0,043	0,044	0,045	0,046
sp_AR(T)	0,702	0,442	0,332	0,269	0,226	0,194	0,170	0,150	0,134	0,121

Tabelle 7: *Spot-Rates und Forward-Rates sowie die jeweiligen Renditespreads für Argentinien*

Ein Vergleich der Renditespreads der Kuponbonds (*spk*) und der Renditespreads der Zerobonds (*sp*) ist in Abbildung 47 dargestellt. Die Renditespreads der Kuponbonds übersteigen die Renditespreads der Zerobonds, da jeder Kuponbond als Kombination von Zerobonds mit gleicher bzw. kürzerer Laufzeit dargestellt werden kann. Auf Grund des fallenden Verlaufs der Renditespreadkurve kommen in den höheren Renditespreads der Kuponbonds auch die höheren Renditespreads für Zerobonds mit kürzeren Laufzeiten zum Ausdruck.

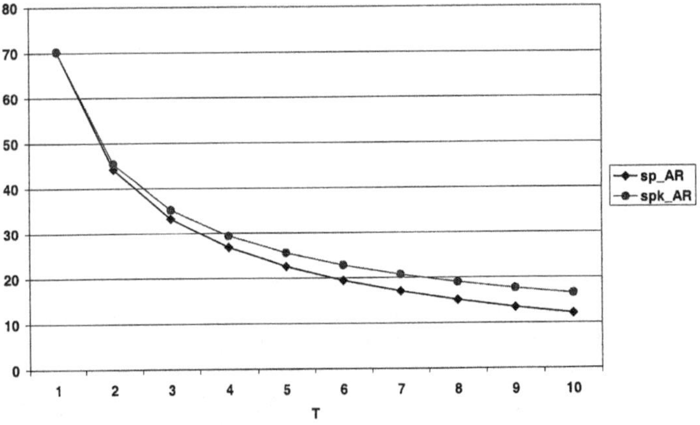

Abbildung 47: *Vergleich der Renditespreads für Argentinien aus Kuponanleihen (spk_AR) und aus Zerobonds (sp_AR) (in Prozent)*

200 Die Ermittlung der Renditen der risikolosen Zerobonds erfolgte analog zu den riskanten Zerobonds. Als nominale Verzinsung wurde die durchschnittliche Kuponhöhe von 3,8 Prozent festgelegt.

Nach der Ermittlung geeigneter Renditespreads kann durch den in Kapitel 8.4 diskutierten Zusammenhang bei Risikoneutralität eine einfache Verbindung zwischen Renditespread, Ausfallwahrscheinlichkeit und Recovery Rate hergestellt werden. Die Formel in Gleichung 16, in der eine Laufzeit von einem Jahr betrachtet wird, muss lediglich für eine Laufzeit von *T* Jahren allgemeiner gefasst werden.

(Gl. 21) $$\pi\_AR(T) = \frac{(1+r\_DE(T)+sp\_AR(T))^T - (1+r\_DE(T))^T}{(1+r\_DE(T)+sp\_AR(T))^T \cdot (1-RC)}$$

In dieser Gleichung werden die beiden Fälle unterschieden, dass der Investor am Fälligkeitstermin in *T* Jahren die vereinbarten Zahlungen entweder vollständig oder bei einem Ausfall nur einer anteilig entsprechend der Recovery Rate erhält. Im Folgenden wird eine relativ pessimistische Recovery Rate von fünf Prozent festgelegt. Auch in Kapitel 7.4 wurde bei der Auswertung von Kreditderivaten eine Recovery Rate von fünf Prozent unterstellt, so dass es möglich ist, die Resultate einander gegenüberzustellen. Die Berechnung der Ausfallwahrscheinlichkeiten für verschiedene Laufzeiten führt zu folgenden Ergebnissen:

T	1	2	3	4	5	6	7	8	9	10
π_AR(T)	0,427	0,536	0,596	0,633	0,658	0,675	0,687	0,694	0,698	0,700

Tabelle 8: Implizite Ausfallwahrscheinlichkeiten für argentinische Zerobonds mit Laufzeit T

Auffällig sind die hohen Ausfallwahrscheinlichkeiten für kurze Laufzeiten. Die Marktteilnehmer rechnen mit einer Wahrscheinlichkeit von über 40 Prozent mit Zahlungsschwierigkeiten für Anleihen, die bereits in einem Jahr fällig sind.[201] Eine weitergehende Interpretation der Ausfallwahrscheinlichkeiten erfordert Annahmen über die Beziehung der betrachteten Ausfallereignisse. Zwei mögliche Sichtweisen sind die völlige Unabhängigkeit der Ausfallereignisse in verschiedenen Perioden und als entgegengesetzte Position, dass der Ausfall der Zahlungen eines Zerobonds automatisch auch den Ausfall aller Zerobonds mit einem späteren Fälligkeitstermin zur Folge hat. Für Unternehmen ist die zweite Situation in der Regel gegeben, da im Fall einer Insolvenz alle Forderungen betroffen sind. Auf der Ebene von Staatsanleihen ließe sich die zweite Situation dadurch begründen, dass die Zahlungsunfähigkeit immer über mehrere Perioden andauert. Finden bei Zahlungsunfähigkeit Verhandlungen mit allen Gläubigern statt, ist eine Verteilung der Verluste auf alle Betroffenen ein

[201] Es ist zu beachten, dass bei der Festlegung einer höheren Recovery Rate die berechneten Ausfallwahrscheinlichkeiten noch höher liegen würden. Zum Einfluss der gewählten Recovery Rate auf die implizite Ausfallwahrscheinlichkeit vgl. Kapitel 7.4.2.

plausibles Ergebnis.[202] Folgt man einer solchen Argumentation, lassen sich die berechneten Wahrscheinlichkeiten in Tabelle 8 als kumulierte Ausfallwahrscheinlichkeiten interpretieren. In Kapitel 7.4 wurden für Argentinien bereits kumulierte Ausfallwahrscheinlichkeiten auf der Basis der Preise von Kreditderivaten vom Juni 2000 berechnet. Abbildung 48 stellt die Ergebnisse der Auswertungen für 2000 und 2001 gegenüber.

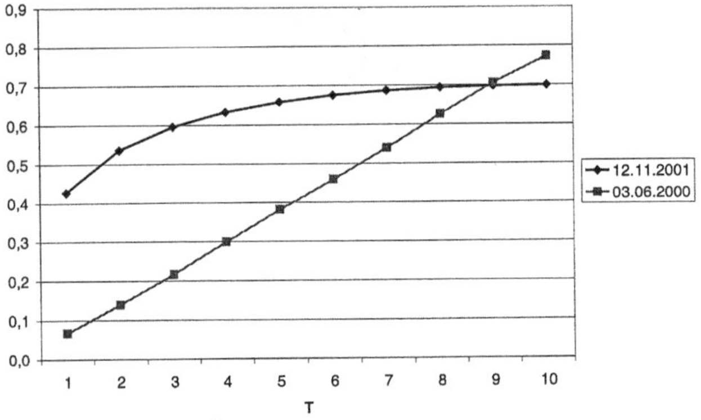

Abbildung 48: Verlauf der kumulierten Ausfallwahrscheinlichkeiten für Argentinien am 3. Juni 2000 (aus CDS) und am 12. November 2001 (aus Renditespreads)

Bei der Beurteilung der langfristigen Zahlungsfähigkeit ist der Unterschied relativ gering. Zu beiden Zeitpunkten lassen sich für Laufzeiten von mehr als acht Jahren implizite Ausfallwahrscheinlichkeiten von über 60 Prozent feststellen. Der Unterschied liegt bei den kürzeren Laufzeiten. Während im Jahr 2000 lediglich eine hohe, allgemeine Gefahr für die Zahlungsfähigkeit Argentiniens gesehen wurde, kommt im November 2001 die Krise in den impliziten Ausfallwahrscheinlichkeiten bereits klar zum Ausdruck.

Noch anschaulicher wird die unterschiedliche Risikobeurteilung durch die Ermittlung der Hazardraten (*hr*).[203] Die Berechnung kann entweder über die kumulierten Ausfallwahrscheinlichkeiten oder die Spreads der Forward Rates (*fsp*) erfolgen. Forward Rates (*fr*) lassen sich aus den Renditen der Zerobonds

---

[202] Eine Umsetzung einer solchen Situation könnte durch Brady-Bonds geschehen. Falls man davon ausgeht, dass sich eine Zahlungsunfähigkeit auf mehrere Perioden erstreckt, erhalten die Gläubiger der emittierten Brady-Bonds lediglich den durch risikolose Anleihen besicherten Anteil. Dieser entspräche der Recovery Rate.

[203] *hr(T)* bezeichnet die Wahrscheinlichkeit eines Ausfalls zum Zeitpunkt *T*, falls zuvor noch kein Ausfall erfolgte.

in Tabelle 7 ableiten.[204] Der Zusammenhang zur Ausfallwahrscheinlichkeit bei Risikoneutralität ergibt sich analog zu den vorhergehenden Überlegungen:

(Gl. 22) $$hr\_AR(T) = \frac{fsp\_AR(T)}{(1 + rf\_DE(T) + fsp\_AR(T)) \cdot (1 - RC)}$$

Die Ergebnisse für die Daten von Argentinien sind in Tabelle 9 dargestellt:

T	1	2	3	4	5	6	7	8	9	10
fr_AR(T)	0,730	0,256	0,177	0,138	0,114	0,097	0,084	0,074	0,067	0,061
fr_DE(T)	0,028	0,037	0,042	0,045	0,047	0,049	0,051	0,053	0,055	0,056
fsp_AR(T)	0,702	0,219	0,136	0,004	0,067	0,047	0,033	0,021	0,012	0,004
hr_AR(T)	0,427	0,184	0,121	0,087	0,063	0,045	0,032	0,021	0,012	0,004

Tabelle 9: Forward Rates, Renditespreads und Hazardraten für Argentinien am 12. November 2001

Ein Vergleich mit den Hazardraten aus den Berechnungen für Juni 2000 führt zu folgendem Bild:

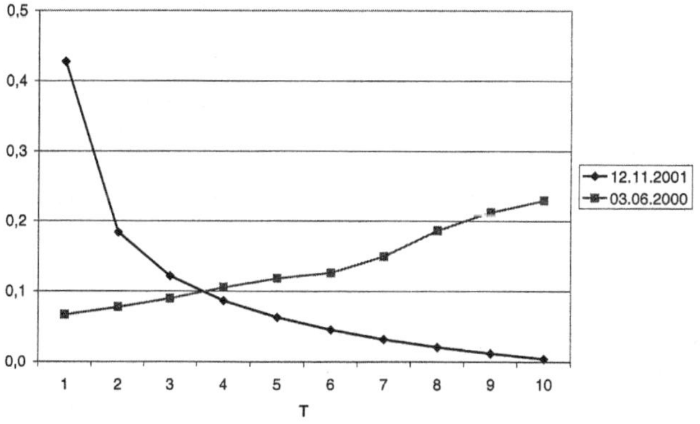

Abbildung 49: Verlauf der Hazardraten für Argentinien im Juni 2000 (aus CDS) und im November 2001 (aus Renditespreads)

Die drastische Verschiebung der Risikostruktur wird an dem unterschiedlichen Verlauf der Hazardraten deutlich. Im Juni 2000 liegen die Hazardraten für die ersten drei Jahre jeweils unter zehn Prozent und steigen für das neunte und

[204] Zur Interpretation der Forward Rates: Bei einer Rendite *fr_AR (T)* sind die Marktteilnehmer bereit, in *T*-1 Jahren einen einjährigen argentinischen Zerobond zu kaufen, falls bis dahin der Emittent nicht zahlungsunfähig wurde.

zehnte Jahr auf über 20 Prozent. Im November 2001 wird ein Ausfall für Laufzeiten von einem Jahr als sehr wahrscheinlich betrachtet. Unter der Bedingung, dass kein Ausfall erfolgt, reduziert sich das Risiko für die späteren Jahre sehr stark. Die Auswertungen der Juni-Daten zeigen bereits die allgemeine Berücksichtigung eines Risikopotentials bei Argentinien an. Die dramatische Verschlechterung der Lage kam jedoch überraschend.

Auch Ratingagenturen erkannten im Juni 2000 ein Risikopotential bei Argentinien, was sich in einer Einstufung als Speculative Grade mit der Note BB von Standard & Poor's widerspiegelt. Seitdem kam es jedoch zu einer ganzen Reihe von Ratinganpassungen: im November 2000 auf BB-, im März 2001 auf B+, im Mai 2001 auf B, im Juli 2001 auf B-, im Oktober 2001 auf CCC+ und Anfang November lag das Rating bei CC.[205] Die Überraschung, die in den veränderten Marktpreisen zum Ausdruck kommt, zeigt sich somit auch bei den Einschätzungen der Ratingagenturen.

Wirkung von Zahlungsunfähigkeit auf erst später fällige Forderungen

Bei den Hazardraten für November 2001 sind die geringen Werte für die langfristigen Ausfallrisiken auffällig. Im zehnten Jahr ergibt sich eine bedingte Ausfallwahrscheinlichkeit von unter einem Prozent. Selbst bei einer langfristig positiven Entwicklung, erscheint ein solcher Wert auf Grund der vielen Unsicherheiten in dieser Region als nicht plausibel. Wie in den Kapiteln 8.2 und 8.3 bereits deutlich wurde, lassen sich alle erzielten Ergebnisse mit dem Hinweis auf weitreichende Annahmen, wie die Vernachlässigung von Risiko- und Illiquiditätsprämien und die Vorgabe fester Recovery Rates, relativieren. Im Zusammenhang mit der starken Abnahme der Hazardraten soll eine weitere kritische Annahme näher beleuchtet werden, die speziell für die Ableitung der zeitlichen Risikostruktur von großer Bedeutung ist. Dies ist die Annahme, dass das Auftreten einer Zahlungsunfähigkeit auch automatisch den Ausfall aller bestehenden Forderungen zu Folge hat, selbst wenn diese erst später fällig sind. Die Folge dieser Annahme wird für Argentinien in Abbildung 50 verdeutlicht. Im Mittelpunkt stehen die unbedingten Wahrscheinlichkeiten für Ausfälle in Periode *T*, die unmittelbar auf Ausfallereignisse zurückgeführt werden können, die sich in Periode *T-k* ereigneten (*pt (T; T-k)*). Die kumulierten Ausfallwahrscheinlichkeiten lassen sich gemäß dieser speziellen Wahrscheinlichkeiten in einzelne Segmente zerlegen. Auf diese Weise wird sichtbar, wie die Wirkungen von Ausfallereignissen auf die künftige Zahlungsfähigkeit beurteilt wird.

205 Die Ratingnoten wurden am 12. November 2001 von der damals aktuellsten „Sovereign Rating History" unter http:\\www.standardandpoors.com abgerufen. Die weiteren Anpassungen des Ratings im November und Dezember 2001 wurden nicht mehr berücksichtigt.

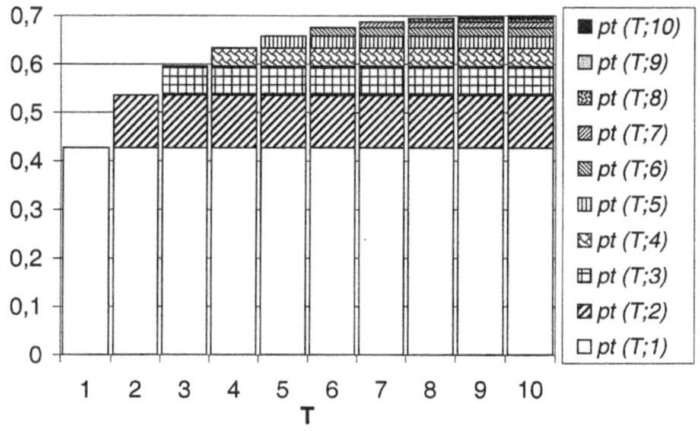

Abbildung 50: Komplette Weitergabe vorheriger Defaults auf die Zahlungsfähigkeit in T

Als Folge der getroffenen Annahmen ergibt sich eine vollständige Weitergabe eines Ausfalls in die folgende Periode. Dies bedeutet zum Beispiel, dass von den errechneten 66 Prozent Ausfallwahrscheinlichkeit für eine Anleihe mit Fälligkeit in fünf Jahren 43 Prozent auf einen Ausfall in der ersten Periode zurückzuführen sind. Für längere Laufzeiten wird ein immer größerer Teil der Ausfallwahrscheinlichkeit vorherigen Ausfällen zugeschrieben.

Dieses Konzept stellt jedoch eine extreme Position bezüglich der Wirkung früherer Ausfälle da. Eine andere Extremposition wäre eine Wirkung von Null zu unterstellen und von einer Unabhängigkeit der Zahlungsfähigkeit bei unterschiedlichen Fälligkeitsterminen auszugehen. In der Realität dürften die Erwartungen der Investoren zwischen den beiden Extrempositionen liegen. Wird ein Emittent zahlungsunfähig, ist die Gefahr gegeben, dass auch künftig fällige Forderungen betroffen sind. Allerdings wächst mit zunehmendem zeitlichen Abstand der Fälligkeit einer Forderung die Chance, dass man aus Umschuldungsverhandlungen ausgeklammert bleibt und sich die finanzielle Situation des Emittenten bis zur Fälligkeit so weit verbessert, dass die vereinbarten Zahlungen termingerecht geleistet werden. In Abbildung 51 ist eine mögliche Zusammensetzung der kumulierten Ausfallwahrscheinlichkeiten für eine solche Annahme dargestellt.

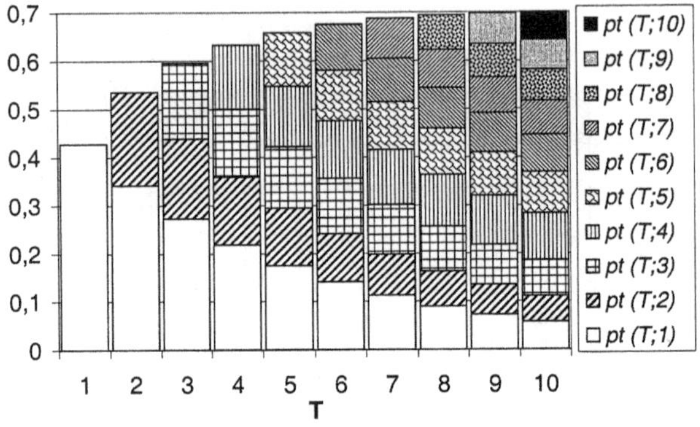

Abbildung 51: Abnehmende Bedeutung von Defaults vor dem Jahr T auf die Zahlungsfähigkeit im Jahr T

Das Ausfallereignis im Jahr *T-k* erhöht nur zu einem Teil die Ausfallwahrscheinlichkeit für fällige Zahlungen im Jahr *T*. Würden die entsprechenden Hazardraten für längere Laufzeiten berechnet, lägen sie beträchtlich höher als unter den vorigen Annahmen und wären intuitiv plausibler. Wichtig sind diese Überlegungen für die gesamte Diskussion der Auswertungsmethoden von Renditespreads zur Aufdeckung impliziter Ausfallwahrscheinlichkeiten und ihrer zeitlichen Struktur. Die technische Durchführbarkeit der Berechnungen von gesuchten Parametern (wie Hazardraten) kann durch weitreichende Annahmen sichergestellt werden. Die Qualität der Ergebnisse ist jedoch häufig unbefriedigend.

So sind für eine sinnvolle Ermittlung der Hazardraten weit mehr Informationen nötig als die Renditen der Zerobonds. Wichtig wäre bspw. eine konkrete Vorstellung des möglichen Ablaufs und der Resultate von Umschuldungsverhandlungen, um das Ausmaß einer Einbeziehung künftiger Forderungen zu beurteilen. Das Problem der unklaren intertemporalen Auswirkungen von Zahlungsausfällen erscheint bei der Auswertung von Kreditderivaten geringer, da vertraglich die Kriterien und die Folgen eines Ausfalls exakt definiert werden. Der Einfluss von Entscheidungen der Betroffenen oder der Ablauf politischer Prozesse bleibt zunächst ausgeklammert. Dies wird jedoch zum Teil nur durch das sehr einfache Auswertungsmodell ermöglicht. Legt man ein komplexeres Modell zu Grunde, dass bspw. die Recovery Rate als dynamischen Prozess modelliert, können auch hier die angesprochenen Fragen bzgl. der zeitlichen Struktur wieder relevant werden.

Abschließend soll noch auf das Problem theoretischer Finanzprodukte eingegangen werden. Bei den Auswertungen wurden in mehren Teilen Parameter für Finanzprodukte, wie Renditen von Zerobonds oder Forward Kontrakten, festgelegt, die für den untersuchten Emittenten an den Märkten nicht gehandelt werden. Dies ist eine übliche Vorgehensweise, um Daten den Erfordernissen einfacher Auswertungsmethoden anzupassen.[206] Grundsätzlich stellt dies eine weitere mögliche Fehlerquelle dar.

Insgesamt zeigen die Auswertungen für Argentinien erneut, wie stark die Umsetzung theoretischer Modelle durch das Problem fehlender Daten auch auf Seiten der Renditespreads begrenzt wird. Aussagen lassen sich lediglich auf der Basis relativer Vergleiche und Entwicklungen treffen, wie bspw. die Verschiebung des Risikoprofils Argentiniens zwischen 2000 und 2001. Bisher bezogen sich die Betrachtungen für Argentinien lediglich auf einen Zeitpunkt. Im Folgenden wird der Verlauf der Renditespreads über einen längeren Zeitraum für mehrere Länder ausgewertet, wobei Fragen bezüglich der Reaktionsgeschwindigkeit bei Krisen oder der Risikorangordnung der Länder untersucht werden können.

8.6 Auswertungen für Emerging Markets von 1994 bis 1999

Im Mittelpunkt der anschließenden Ausführungen stehen Renditespreads für einen Zeithorizont von einem Jahr und die daraus resultierenden einjährigen impliziten Ausfallwahrscheinlichkeiten. Die erforderlichen Annahmen für die Schätzung der einjährigen Renditespreads und die genaue Vorgehensweise wurden am Ende von Kapitel 8.3 erläutert. Die Preisinformationen wurden der Datenbank Datastream im August 1999 entnommen. Da dort nur Preishistorien zu noch laufenden Anleihen zur Verfügung stehen, reichen die Daten für die einzelnen Länder unterschiedlich weit in die Vergangenheit zurück. So liegen für Mexiko und Argentinien Daten bereits ab 1994, für Venezuela erst ab 1997 vor.[207]

In Abbildung 52 wird die Entwicklung der geschätzten Renditespreads für Lateinamerika dargestellt. Betrachtet werden Argentinien (AR), Mexiko (MX), Kolumbien (KL) und Venezuela (VZ).

---

206 In Kapitel 8.7 wird dies bspw. für die Anwendung der Optionspreistheorie näher erläutert.

207 Eine Auflistung der einzelnen Anleihen, die für eine Analyse zur Verfügung standen, befindet sich in Anhang D3.

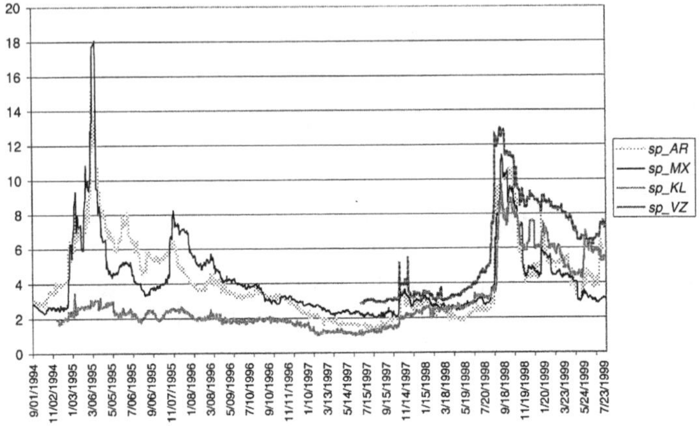

Abbildung 52: Entwicklung der Renditespreads für lateinamerikanische Emerging Markets (in Prozentpunkten)

Deutlich sichtbar ist die Mexikokrise 1994 und die darauffolgende Ausweitung der Renditespreads von Mexiko und Argentinien auf das bis zu Sechsfache des vorhergehenden Niveaus.

Ein ähnlich hoher Anstieg ist 1998 zu verzeichnen. Innerhalb weniger Wochen bzw. Tage kommt es bei den Anleihen zu einer Erhöhung der Renditespreads auf bis zu 13 Prozentpunkte. Der konkrete Auslöser dieser Entwicklung war die Ankündigung Russlands, am 17. August 1998 einen Zahlungsaufschub für seinen Schuldendienst in Anspruch nehmen zu müssen. Der Ausfall Russlands führte bei vielen Investoren zu einer neuen Sicht auf die lateinamerikanischen Länder. Auch dort wurde nun eine ähnliche Entwicklung als möglich erachtet. Nach den negativen Erfahrungen der Asienkrise 1997 sowie den aktuellen Ereignissen in Russland musste das weit verbreitete „too big to fail“ - Kalkül neu überdacht werden.[208]

Bei der Entwicklung der Renditespreads ist der starke Gleichlauf für die verschiedenen Länder in Krisenzeiten auffällig. Auf Grund der vielfältigen ökonomischen Verflechtungen der lateinamerikanischen Volkswirtschaften ist der Zusammenhang ihrer Bonitäten durchaus plausibel. Der Umstand, dass in ruhigen Zeiten dieser Zusammenhang schwächer ist, wird in Kapitel 9 näher betrachtet. Auffällig ist auch die rasche Abnahme der Renditespreads, die sich der extremen Ausweitung zu Beginn einer Krise anschließt. Das Niveau der

---

[208] Im Gegensatz zur Russlandkrise spiegeln sich die Zahlungsschwierigkeit Brasiliens im März 1999 in den Renditespreads seiner lateinamerikanischen Nachbarn überraschenderweise nur geringfügig wider. Von Seiten der Investoren wurde dies offensichtlich als ein lokales Problem eingestuft.

Renditespreads bleibt jedoch über den Werten vor der Krise. Dies zeigt sich sowohl bei den Anstiegen von 1994 als auch bei denen von 1998. Eine mögliche Erklärung wären „over-shooting"-Mechanismen, die bspw. durch Panikreaktionen zu überhöhten Renditespreads führen. Bei Beruhigung der Investoren bilden sich die Renditespreads rasch wieder zurück. Diese Diskussion wird beim Vergleich der impliziten Ausfallwahrscheinlichkeiten und der Bewertungen von Ratingagenturen erneut aufgegriffen.

Das Bild der Renditespreads asiatischer Emerging Markets in Abbildung 53 ist durch die Turbulenzen der Asienkrise von 1997/1998 geprägt. Betrachtet werden die Länder Indonesien (ID), Malaysia (MY), Thailand (TL) und die Philippinen (PH). Die Tatsache, dass man offensichtlich bis kurz vor der Krise nicht mit einer derartigen Entwicklung rechnete, zeigt der Verlauf der Renditespreads im Jahr 1997. Bis zum dritten Quartal bewegten sich die Renditespreads auf einem sehr niedrigen Niveau, obwohl bereits im Juli beginnend mit dem Thailändischen Bath eine Abwertung der Währungen der vier betrachteten Länder erfolgte. Erst als Ende Oktober die Börsen in Hongkong und den anderen Ländern einbrachen, kam es zu einer starken Erhöhung der Renditespreads.

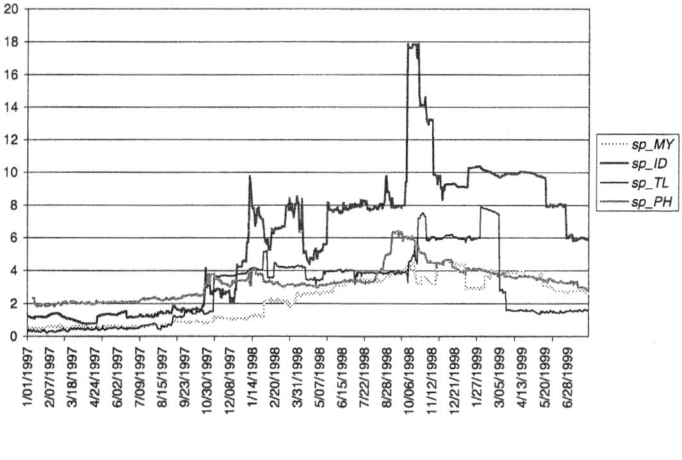

Abbildung 53: Entwicklung der Renditespreads für asiatische Emerging Markets (in Prozentpunkten)

Abbildung 53 zeigt einen – um ein paar Monate verzögerten – Anstieg der Renditespreads bei malaysischen Anleihen. Dies könnte die Folge der frühzeitigen Ankündigung Malaysias sein, mit Hilfe einer strikten Haushaltsdisziplin die Krise zu bekämpfen.

Durch verschiedene Hilfspakete von IMF, Weltbank und westlichen Ländern konnte die Lage in Südost-Asien zwar in den kommenden Monaten beruhigt werden, die Renditespreads blieben jedoch auf einem hohen Niveau. Eine

Sonderentwicklung zeigt sich in Indonesien. Neben der Wirtschaftskrise wurde dieses Land durch starke soziale und politische Unruhen erschüttert, die im Mai 1998 Präsident Suharto zum Rücktritt zwangen. Hier finden sich die stärkste Zunahme und größte Volatilität der Renditespreads durch ständig wechselnde Einschätzungen der politischen Situation. Der Ausfall Russlands im August 1998 schlägt sich in den meisten asiatischen Renditespreads weniger deutlich nieder als in den lateinamerikanischen. Gemeinsam mit der anhaltenden Nervosität der Anleger trug dieses Ereignis dennoch zu einem weiteren Anstieg der Renditespreads Ende 1998 bei.

Ein weiteres Ereignis in Asien, das für Unruhe bei den Investoren sorgte, stellt die überraschende Einführung von Kapitalkontrollen in Malaysia am 1. September 1998 dar. Dies verursachte Ängste vor ähnlichen Maßnahmen bei anderen Emerging Markets. Die Renditespreads der malaysischen Staatsanleihen wurden hiervon jedoch kaum beeinflusst, da trotz der Kapitalkontrollen eine Bedienung der Auslandsschulden zugesichert wurde. Dies illustriert erneut die Problematik der Verwendung des Sovereign Risks als Ceiling für das Transferrisiko (vgl. Kapitel 5.1).[209]

Vergleich der impliziten Ausfallwahrscheinlichkeiten mit Länderratings

Im Folgenden werden die aus den Renditespreads resultierenden impliziten Ausfallwahrscheinlichkeiten näher betrachtet. Die Formel für die Berechnung der Ausfallwahrscheinlichkeiten beruht wiederum auf der Annahme, dass Risikoneutralität herrscht (vgl. Kapitel 8.4, Gleichung 16). Als Recovery Rate werden wie zuvor fünf Prozent angenommen. Neben lateinamerikanischen und asiatischen Anleihen wurden Anleihen von Südafrika (SA) ausgewertet. Die Entwicklungen der geschätzten Ausfallwahrscheinlichkeiten der betrachteten neun Länder sind in den Abbildungen 54, 55 und 56 dargestellt. Im Folgenden wird die Entwicklung der impliziten Ausfallwahrscheinlichkeiten den Bewertungen der Ratingagentur Standard & Poor's gegenübergestellt.[210] Auch wenn die absoluten Werte verzerrt sind, sollten relative Verbesserungen und Verschlechterungen in beiden Bewertungen deutlich werden. Um die grafische Darstellung zu erleichtern, wurden den ordinalen Ratingnoten von Standard & Poor's numerische Werte zugeordnet (vgl. Anhang A1).

---

209 In eine Krise stellen Kapitalkontrollen für eine Regierung eine Möglichkeit dar, den Abzug von Investitionen zu verhindern und die eigene Zahlungsfähigkeit zu gewährleisten. Durch das damit verbundene Transferrisiko laufen selbst Gläubiger liquider Unternehmen nun Gefahr, die fälligen Zahlungen nicht termingerecht zu erhalten. Besonders problematisch am Fall Malaysias ist, dass das Land bei Einführung der Kapitalkontrollen ein Rating als Investor Grade hatte. Für die Bewertung der Staatsschulden konnte dies durchaus zutreffend sein. Die Übernahme dieser Einschätzung für das Transferrisiko hätte jedoch zu einer falschen Sicherheit geführt.

210 Die „Sovereign Rating History" von Standard & Poor's ist erhältlich auf http://www.standardandpoors.com.

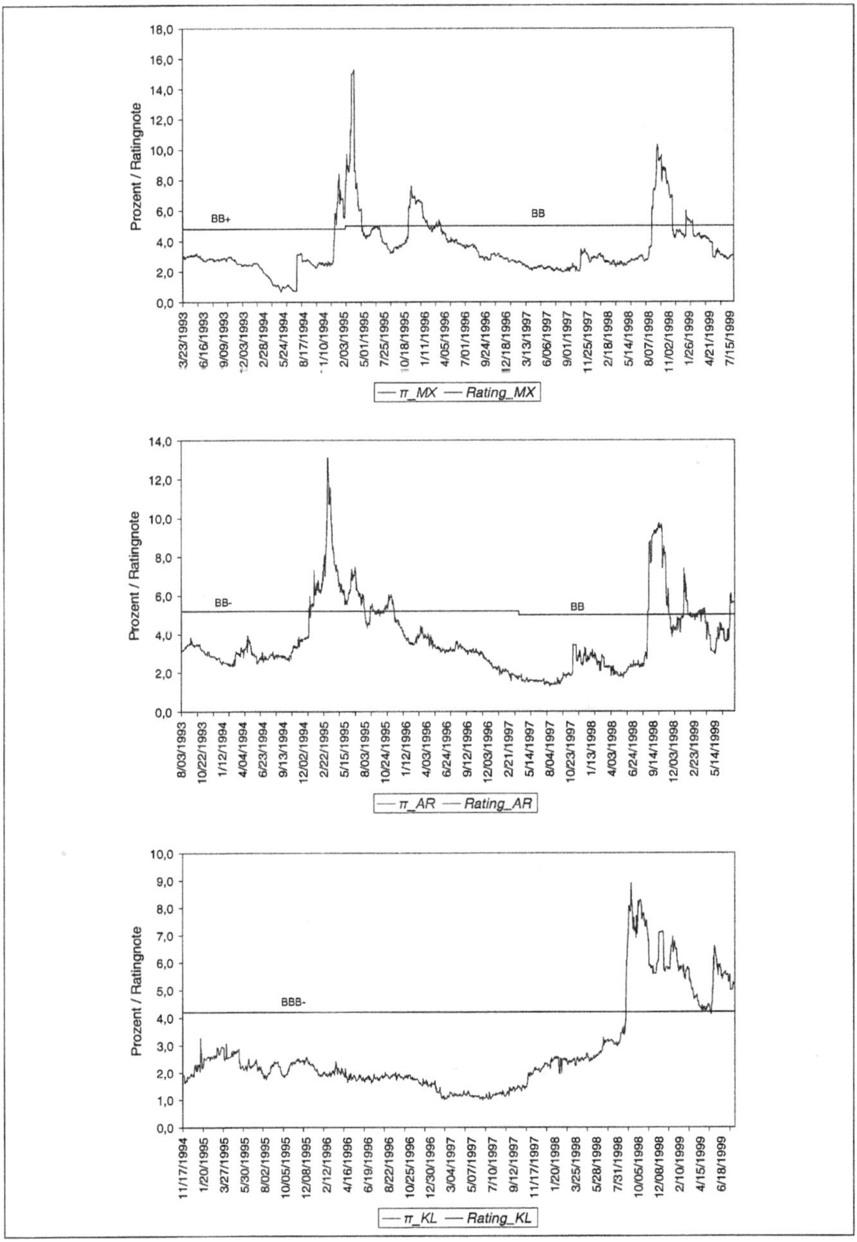

Abbildung 54: Implizite Ausfallwahrscheinlichkeiten (in Prozent) und Ratingnoten von Standard & Poor's für Mexiko, Argentinien und Kolumbien

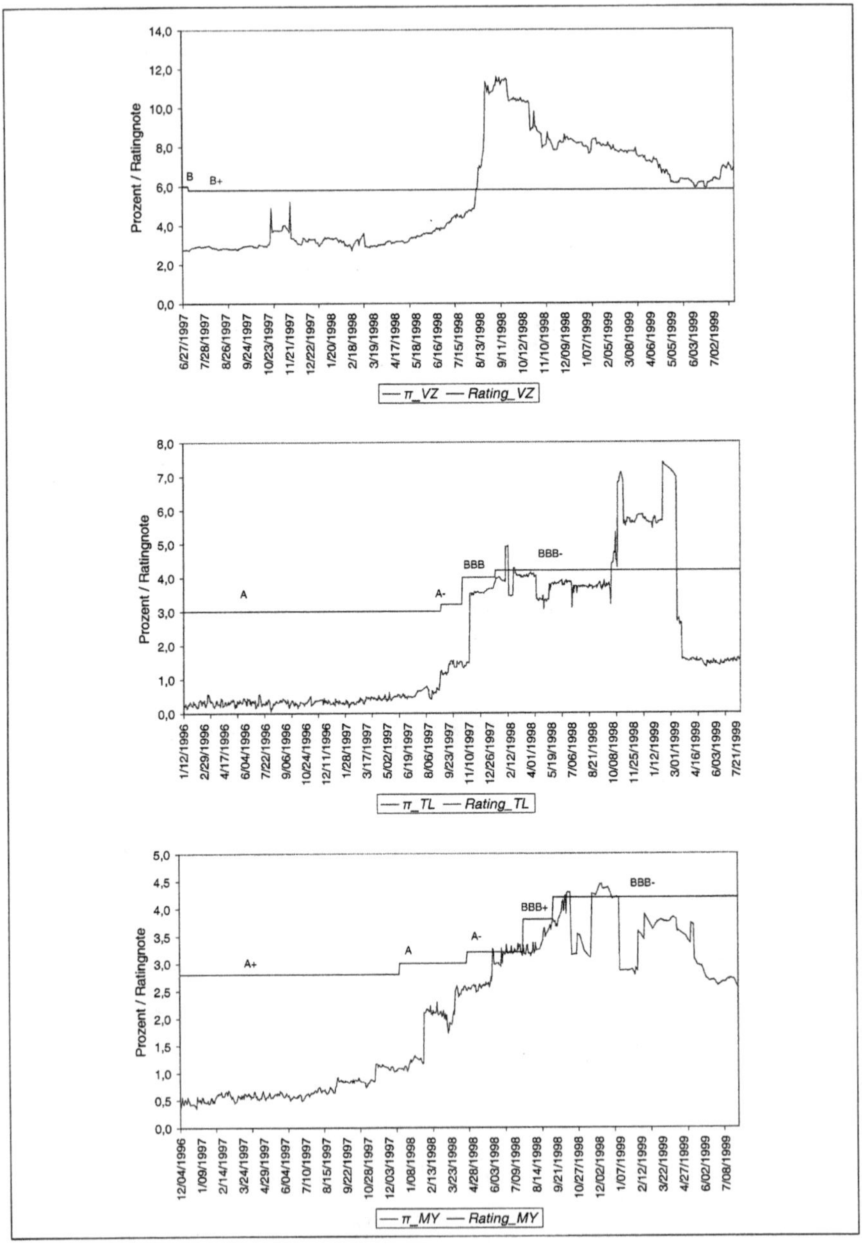

Abbildung 55: Implizite Ausfallwahrscheinlichkeiten (in Prozent) und Ratingnoten von Standard & Poor's für Venezuela, Thailand und Malaysia

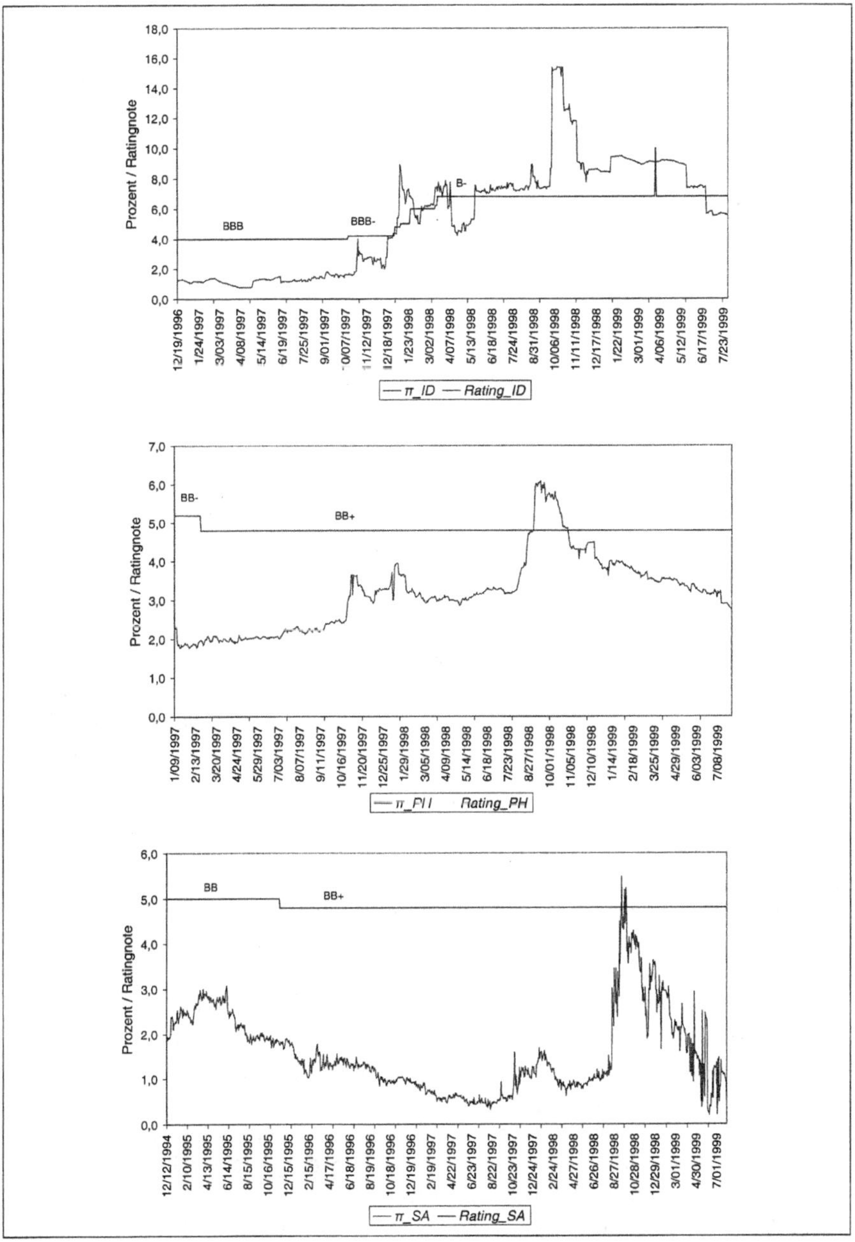

Abbildung 56: Implizite Ausfallwahrscheinlichkeiten (in Prozent) und Ratingnoten von S & P für Indonesien, die Philippinen und Südafrika

Betrachtet man zunächst die lateinamerikanischen Staaten, fällt als erstes die hohe Stabilität der Ratingnoten im Vergleich zu den Schwankungen der Ausfallwahrscheinlichkeiten auf. Während die impliziten Ausfallwahrscheinlichkeiten für Mexiko Ende 1994 explodierten, wurde nur eine geringfügige Anpassung der Ratingnote von BB+ auf BB vorgenommen. Die Reaktion der Ratingagentur erfolgte zudem zu einem Zeitpunkt, als die Probleme in Mexiko schon seit Wochen in steigenden Renditespreads zum Ausdruck kamen. Ebenfalls sehr träge erscheint die Bewertungspraxis der Ratingagentur verglichen mit den impliziten Ausfallwahrscheinlichkeiten im Fall Argentiniens.

Es ist ein nachvollziehbares Ziel von Ratingagenturen, sich um längerfristige Stabilität zu bemühen und kurzfristige Bonitätsschwankungen zu nivellieren. Auf Grund des Einflusses ihrer Ratingbeurteilung auf die Märkte würden ständig wechselnde Risikoeinschätzungen zu Kritik von Seiten der Marktteilnehmer und der bewerteten Unternehmen führen. Die Suche nach längerfristiger Stabilität ist zulässig, falls sich zeigt, dass die Bewertung der Märkte wieder zu der Bewertung der Ratingagentur zurückfindet. Bei den Finanztiteln lateinamerikanischer Länder ist dies jedoch nur bedingt der Fall. Deutet man bspw. für Argentinien die hohen Ausschläge und den Anstieg der Renditespreads 1999 als kurzfristige Nervosität des Marktes, so ist dies durch die aktuelle Krise nicht gerechtfertigt. Noch 1997 wurde Argentiniens Ratingnote von BB- auf BB verbessert. Erst im Zeitraum von März 2001 bis Oktober 2001 wurde die Ratingnote fünf Mal nach unten angepasst und verschlechterte sich dabei von BB auf CC. Für Venezuela und Kolumbien erfolgten jeweils Senkungen der Ratingnoten am Ende des Jahres 1999. Die impliziten Ausfallwahrscheinlichkeiten verliefen hingegen bereits seit Ende 1998 auf einem deutlich höheren Niveau.

Für die asiatischen Emerging Markets stiegen die geschätzten Ausfallwahrscheinlichkeiten ab Oktober 1997 als Ausdruck der Asienkrise. Ein zusätzlicher Anstieg erfolgte Ende 1998. Für Thailand und Malaysia lagen die Ausfallwahrscheinlichkeiten vor der Krise unter einem Prozent, für Indonesien und die Philippinen bei unter zwei Prozent. Im Verlauf der Jahre 1997 und 1998 wies Malaysia den geringsten Anstieg auf bis zu vier Prozent auf. Die höchste Ausfallwahrscheinlichkeit verzeichnete Indonesien Ende August 1998 mit über 15 Prozent.

Betrachtet man den Verlauf der Bonitätseinschätzung von Standard & Poor's, erfolgte bei den asiatischen Ländern, anders als bei den lateinamerikanischen, relativ rasch eine Reihe von Anpassungen der Ratingnoten. Malaysia verschlechterte sich simultan mit der Entwicklung der Ausfallwahrscheinlichkeit von A+ im Dezember 1997 und auf BBB- im September 1998. Die Stabilisierung der Situation in Malaysia ab Mitte 1999 zeigt sich in einer Reduktion der Ausfallwahrscheinlichkeit und einer Verbesserung der Ratingnote im November 1999. Thailand verschlechterte sich von A auf BBB-, blieb jedoch wie Malaysia über den gesamten Betrachtungszeitraum bei einer Einstufung als

Investment Grade. Indonesiens Abwertung verlief verstärkt durch die politischen Unruhen am deutlichsten von BBB auf B-. Die Philippinen mussten als einziges der betrachteten asiatischen Länder keine Herabstufung der Ratingnote hinnehmen, sondern wurden zu Beginn des Jahres 1997 von BB- auf BB+ heraufgestuft. Auffällig ist, dass die überwiegende Zahl der Ratingverschlechterungen in der Anfangsphase der Asienkrise erfolgten. Die Erhöhung der impliziten Ausfallwahrscheinlichkeiten Ende 1998 waren hingegen nicht von einer nennenswerten Verschlechterung der Ratingnoten begleitet.

Mit Südafrika wurde schließlich noch ein afrikanisches Land in die Analyse aufgenommen. Gefördert durch das friedliche Ende der Apartheid gewann Südafrika im Verlauf der neunziger Jahre zunehmend Vertrauen auf den internationalen Kapitalmärkten. Dies wird durch das Sinken der impliziten Ausfallwahrscheinlichkeit von über zwei auf unter einem Prozent von 1994 bis 1997 sowie die Verbesserung der Ratingnoten 1995 von BB auf BB+ deutlich (vgl. Abbildung 56). Im Zuge der Turbulenzen durch den Ausfall Russlands stiegen die Renditespreads auf über vier Prozent. Das Rating von Standard & Poor's blieb während dieser Zeit jedoch stabil.

Bevor die Aussagekraft der impliziten Ausfallwahrscheinlichkeiten diskutiert wird, werden in Abbildung 57 die impliziten Ausfallwahrscheinlichkeiten noch in Abhängigkeit der entsprechenden Risikoscores der Zeitschrift Euromoney dargestellt, die jeweils im März und September veröffentlicht werden.[211] Um die zeitliche Verzögerung zwischen der Datenanalyse und der Veröffentlichung der Ergebnisse zu berücksichtigen, sind dem Rating von Euromoney jeweils die impliziten Ausfallwahrscheinlichkeiten gegenübergestellt, wie sie sich 14 Tage vor dem Veröffentlichungstermin darstellten.

Bei der Beurteilung von Euromoney bedeuten geringere Werte ein höheres Risiko. Verwendet man den Risikoscore als erklärende Variable in einer Regression auf die Ausfallwahrscheinlichkeit, sollte sich tendenziell ein negativer Zusammenhang einstellen. Im Idealfall würden die berechneten impliziten Ausfallwahrscheinlichkeiten entlang einer monoton fallenden Funktion des Ratingscores liegen. Auf Grund der weitreichenden Annahmen kann jedoch ein streng monotoner Verlauf nicht erwartet werden. Zur besseren Abschätzung der Abweichung von einem funktionalen Zusammenhang wurde zu jedem untersuchten Zeitpunkt eine nichtlineare Regression durchgeführt und die Regressionsfunktion in die Abbildung integriert.

---

[211] Im September 1997 und März 1998 liegen von Euromoney keine Länderratings vor. Die Analyse der vorliegenden Daten ist trotzdem interessant, da die Einschätzungen unmittelbar vor und nach der Asienkrise betrachtet werden können. In den Diagrammen, die die Risikoscores von März 1994 bis März 1997 enthalten, lässt sich das allmähliche Anwachsen der Datenbasis gut verfolgen. Alle neun Länder sind erst ab September 1998 enthalten.

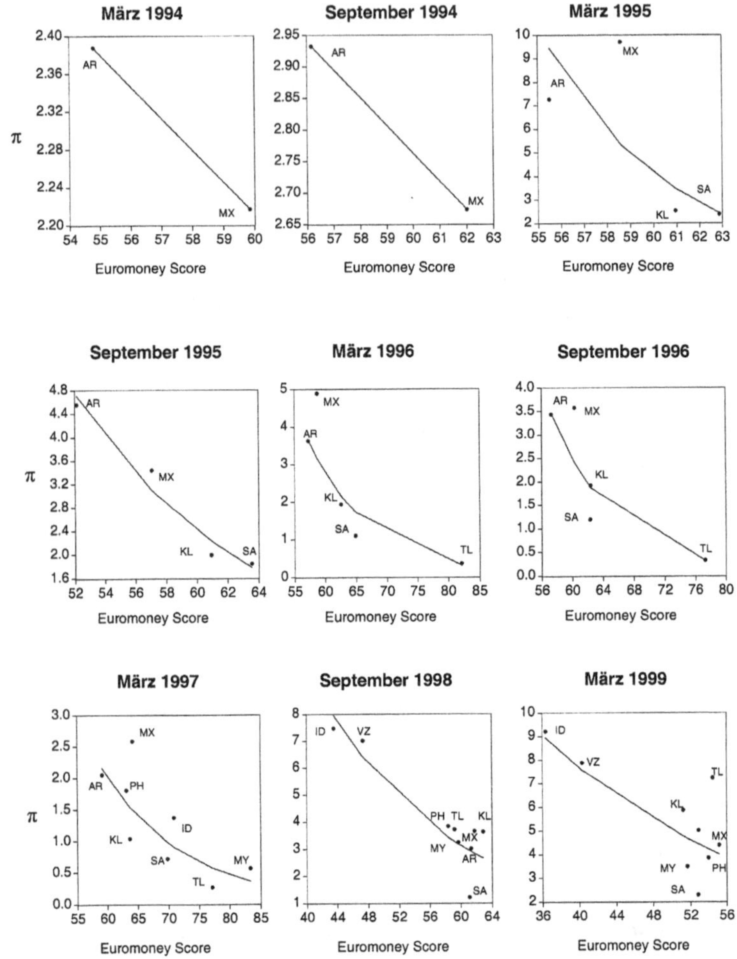

Abbildung 57: Implizite Ausfallwahrscheinlichkeiten π (in Prozentpunkten) in Abhängigkeit der Risikobeurteilung von Euromoney für Länder der Emerging Markets

Der erwartete fallende Verlauf zeigt sich in den Diagrammen relativ eindeutig. Zwar sind für einzelne Länder klare Abweichungen von der Regressionsfunktion vorhanden, jedoch bleiben diese in den meisten Fällen in einer Größenordnung von unter einem Prozent. Große Ausreißer sind Mexiko im März 1995 und Thailand im März 1999. In beiden Fällen reagierten die Märkte auf Turbulenzen stärker als die Experten von Euromoney. Dies entspricht den Beobachtungen bei den Auswertungen der Ratingnoten von Standard & Poor's.

Auch dort verhielten sich die impliziten Ausfallwahrscheinlichkeiten sensibler als die Experteneinschätzungen. Eine weitere Parallele zu Standard & Poor's ist die verfehlte Risikoeinschätzung vor der Asienkrise. Stark betroffene Länder, wie Indonesien, weisen im März 1997 noch einen sehr hohen Ratingscore auf. Die geringen impliziten Ausfallwahrscheinlichkeiten belegen jedoch auch die Fehleinschätzung von Seiten der Märkte.

Um den Zusammenhang zwischen Risikoscore von Euromoney und Ausfallwahrscheinlichkeit im gesamten Betrachtungszeitraum darzustellen, werden in der Abbildung 58 die Werte aus den neun Diagrammen von Abbildung 57 zusammengefasst. Besteht eine stabile Beziehung zwischen Ratingscore und Ausfallwahrscheinlichkeit, sollte diese in der zusammengefassten Stichprobe erhalten bleiben.

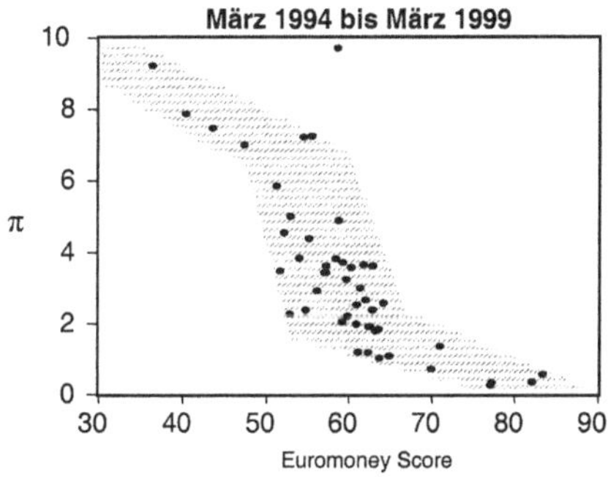

Abbildung 58: Zusammenfassung der impliziten Ausfallwahrscheinlichkeiten π (in Prozentpunkten) in Abhängigkeit der Risikobeurteilung von Euromoney für Länder der Emerging Markets

Auch in dieser Darstellung bleibt der fallende Verlauf deutlich sichtbar. Darüber hinaus zeigt sich ein unklarer Bereich zwischen 55 und 65 Scorepunkten, der einem überdurchschnittlich großen Bereich von Ausfallwahrscheinlichkeiten entspricht. Länder mit gleichem Risikoscore weisen stark abweichende Ausfallwahrscheinlichkeiten auf. Eine mögliche Erklärung hierfür ist der Übergang von Speculative auf Investment Grade.[212]

Abschließend eignen sich die vorliegenden Auswertungen von Euromoney, den Unterschied in der Reaktionsgeschwindigkeit zwischen externen Ratings und den impliziten Ausfallwahrscheinlichkeiten zu illustrieren. Vergleicht man die im September 1998 veröffentlichten Einschätzungen mit Ausfallwahrscheinlichkeiten vom 16. August 1998, liegen die Ergebnisse relativ nahe

---

212 Bei der Auswertung von Kreditderivaten zeigte sich die gleiche Beobachtung (vgl. Kapitel 7.4.3).

beisammen (vgl. Abbildung 59, September 1998 (A)). Vergleicht man jedoch denselben Ratingscore mit den impliziten Ausfallwahrscheinlichkeiten vom 1. September 1998, weisen Länder mit ähnlichem Ratingscore Ausfallwahrscheinlichkeiten von drei bis neun Prozent auf (vgl. Abbildung 59, September 1998 (B)).

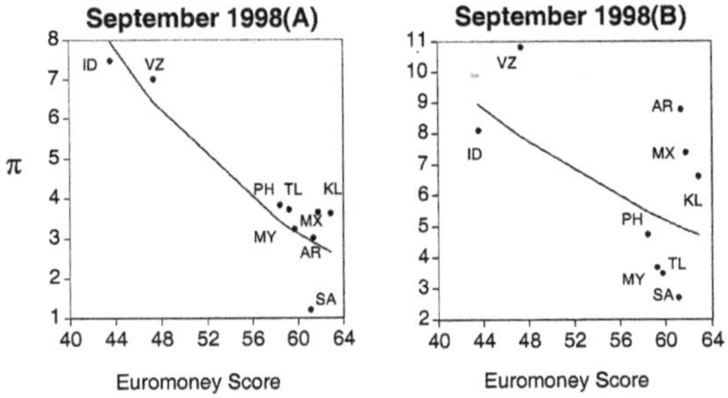

Abbildung 59: Implizite Ausfallwahrscheinlichkeiten π (in Prozent) vom 16. August 1998 (A) und 1. September 1998 (B) in Abhängigkeit des Ratingscores von Euromoney vom September 1998

Das Beispiel zeigt, dass Länderanalysen schon innerhalb weniger Tage veraltet sein können. Hinsichtlich ihrer Aktualität besitzt eine Analyse wie die von Euromoney gegenüber Auswertungen alleine auf der Basis von Marktpreisdaten klare Nachteile.

Schlussfolgerungen

Grundsätzlich lässt sich eine Schätzung für die impliziten Ausfallwahrscheinlichkeiten aus Renditespreads durch sehr einfache Methoden erstellen, die sich tendenziell mit den Bewertungen der Experten von Ratingagenturen oder Zeitschriften deckt. Die Marktpreise enthalten darüber hinaus Informationen, die auf Grund ihrer Aktualität den Länderrisikoanalysen auf der Basis makroökonomischer oder politischer Informationen noch nicht zur Verfügung standen bzw. noch nicht angemessen bewertet werden konnten. Speziell bei Ausbruch von Krisen reagieren Renditespreads innerhalb kürzester Zeit. Ob sich diese Reaktionen für eine Risikoanalyse eignen, hängt davon ab, inwieweit man einen Anstieg als Ausdruck eines veränderten Ausfallrisikos oder als Folge anderer Einflussgrößen, wie bspw. Panik- oder Herdenmechanismen, betrachtet.

Ratingagenturen versuchen kurzfristige Schwankungen in ihrer Beurteilung zu vermeiden und eine langfristig stabile Risikoeinschätzung zu liefern. Zeichnet sich eine Krise ab, auf die die Märkte bereits reagieren, dann warten Ratingagenturen im Zweifelsfall erst ab, ob sich die Probleme als langfristig erweisen. Ein solches Verhalten würde die stabilen Ratingnoten Lateinamerikas während der Mexikokrise erklären, bei gleichzeitig stark volatilen impliziten Ausfallwahrscheinlichkeiten. Das gleiche Bild ergibt sich bei den gravierenden Anstiegen der impliziten Ausfallwahrscheinlichkeiten in der Folge der Russlandkrise bei vielen lateinamerikanischen und aisatischen Ländern. Da sich in beiden Fällen die erhöhten impliziten Ausfallwahrscheinlichkeiten rasch wieder zurückbildeten, könnte dies die konstante Risikoeinschätzung der Ratingagenturen rechtfertigen.

Das Vorhandensein von Herdenmechanismen und anderen Einflüssen auf die Marktpreise außerhalb des Ausfallrisikos ist offensichtlich. Einen starken Anstieg und raschen Abfall der impliziten Ausfallwahrscheinlichkeiten stets als Überreaktion der Märkte zu interpretieren, ist jedoch problematisch. Bei Ausbruch einer Krise besteht in der Regel große Unsicherheit bezüglich der weiteren Entwicklung. Zum Beispiel war zu Beginn der Mexikokrise 1994 unklar, in welchem Ausmaß die USA und der IMF Hilfe gewähren würden. In einer solchen Situation kann der beste Schätzer für die Wahrscheinlichkeit eines Ausfalls tatsächlich sehr hoch liegen. Sobald – wie im Fall Mexikos – konkrete Hilfsmaßnahmen beschlossen werden, können sich die impliziten Ausfallwahrscheinlichkeiten rasch wieder zurückbilden. Im Verlauf der Marktpreise kommt diese Unsicherheit zum Ausdruck. Mit „im Zweifel zunächst abwarten" und „im Zweifel verkaufen" können die unterschiedlichen Verhaltensweisen von Ratingagenturen und Marktteilnehmern charakterisiert werden. Die raschen Ratinganpassungen während der Asienkrise stellen zu diesen Aussagen keinen Widerspruch dar, da nach ihrem Ausbruch sehr schnell klar wurde, dass bei den sehr positiven Einstufungen vor der Krise wesentliche Gefahrenquellen nicht ausreichend berücksichtigt wurden. Auf Grund der Entscheidungsvorgänge in einem institutionellen Rahmen bedeutet aber jede Überarbeitung des Analyserahmens einen Zeitverlust gegenüber der Reaktion der Märkte. So verkündeten einige Ratingagenturen erst Monate nach der Asienkrise, ihre Ratingmethodik überarbeitet zu haben.

Es bleibt festzuhalten, dass Marktpreisinformationen, insbesonders durch ihre Aktualität, gegenüber externen Ratings wertvolle Informationen liefern können. Zwar unterliegen Marktteilnehmer genauso wie Experten einer Ratingagentur Fehleinschätzungen und werden von Krisen überrascht. Ein effizienter Markt sollte seine Fehler jedoch schneller korrigieren. Auf Grund der Schwierigkeiten bei der Auswertung von Renditepreads, speziell die schwierige Identifikation von kreditrisikofremden Komponenten, bleiben Analysen alleine auf Basis der Marktpreise problematisch. Für eine Verbesserung der Aussagekraft der Analyseergebnisse könnte es sich daher lohnen, nach einem geeigneten Rahmen zu suchen, in dem eine Verknüpfung mit bspw. makroökonomischen Informationen möglich ist, um mögliche Überreaktionen der Märkte zu relativieren, ohne auf den Vorteil zeitnaher Informationen verzichten zu müssen.

8.7 Ermittlung von Ausfallwahrscheinlichkeiten auf Basis eines Optionsmodells

Modelliert man die Mechanismen, die einer Insolvenz zu Grunde liegen, kann das „Optionsmodell“ eine weitere Basis für eine Auswertung von Renditespreads bieten. Wichtige Ansätze zur Quantifizierung des Kreditrisikos auf Unternehmensebene mit Hilfe des Optionsmodells sind die „Structural Models“.[213] Sie beruhen auf der grundlegenden Vorstellung, dass es für die Anteilseigner eines Unternehmens günstiger ist, bei Fälligkeit der Verbindlichkeiten Insolvenz zu beantragen, statt den geschuldeten Betrag zurückzuzahlen, wenn dieser den Marktwert des Unternehmens übersteigt. Für die Gläubiger käme dies einem teilweisen Ausfall ihrer Kredite gleich. Das damit einhergehende Ausfallrisiko hängt zentral von der Entwicklung des Marktwertes des Unternehmens und seiner Volatilität ab.[214]

Ausgehend von diesen Überlegungen behandelt Merton (1974) den Einsatz der Optionspreistheorie, um fehlende Parameter, wie bspw. die Volatilität, implizit zu ermitteln. Merton zeigt, dass die Bereitstellung des risikobehafteten Fremdkapitals der Position des Stillhalters einer Verkaufsoption („Short-Put-Position“) auf den Unternehmenswert entspricht. Auf Grund der Put-Call-Parität können Optionen auf verschiedene Weisen eingeführt werden. Sind die Parameter des Unternehmenswertes bekannt, lässt sich der theoretische Wert des Fremdkapitals mit Hilfe der Black-Scholes Formel errechnen. Eine alternative Möglichkeit ist die Interpretation des Wertes des Eigenkapitals als Kaufoption auf den Wert des Unternehmens. Diese Sicht birgt den Vorteil, dass sich über die Aktienmärkte Höhe und Volatilität des Wertes des Eigenkapitals leichter verfolgen lassen. Durch den optionspreistheoretischen Zusammenhang kann die benötigte Volatilität des Unternehmenswertes aus der Volatilität des Eigenkapitalwertes abgeleitet werden.[215] Diese Möglichkeit nutzt bspw. das Kreditrisikomodell von KMV.

Die Anwendung einer vergleichbaren Vorgehensweise kann für die Ableitung impliziter Ausfallwahrscheinlichkeiten von Ländern vorteilhaft sein. Besonders vielversprechend erscheint, dass durch ein Modell, welches die Ursachen des Ausfalls mitberücksichtigt, eine Verbindung zwischen volkswirtschaftlichen Daten und den Marktpreisinformationen hergestellt werden kann. Des Weiteren ist für diese Form der Berechnung der Ausfallwahrscheinlichkeiten die Festlegung von Recovery Rates keine Voraussetzung. Durch eine Beachtung des Ausfallprozesses kann isoliert die Wahrscheinlichkeit für das Ausfallereignis „die Zahlungsfähigkeit eines Land unterschreitet die anfallenden Forderungen“ betrachtet werden. Die Prognose der Folgen eines solchen Ereignisses,

213 Vgl. hierzu die Ausführungen zu „Structural Models“ in Kapitel 3.2.

214 Vgl. Varnholt (1997, S. 98)

215 Vgl. Crosbie (1998, S. 8 ff.)

bspw. mögliche Hilfsmaßnahmen durch internationale Institutionen, können zunächst ausgeklammert werden.

Die bisherige Vorgehensweise basierte auf der Annahme der Risikoneutralität und einem einfachen Entscheidungsbaum, wobei am Ende der Laufzeit nur die Möglichkeiten Ausfall und Nicht-Ausfall bestanden. Eine Recovery Rate wurde ad hoc vorgegeben. Das Modell in diesem Abschnitt beruht auf der Interpretation des Renditespreads als Preis einer Verkaufsoption.

Die folgende Auswertung fußt auf Überlegungen von Klein (1991) zur Anwendung der Optionspreistheorie zur Bewertung von Länderrisiken. Kleins zentraler Gedanke ist die Einführung einer Verkaufsoption auf die Auslandsschulden eines Landes. Die Herleitung des mathematischen Hintergrunds orientiert sich an den Ausführungen in Wilmott et al. (1998, S. 18 ff.), Singer (1999, S. 21 ff.) und Sandmann (1999, S. 239 ff.) zu stochastischen Prozessen und der Optionspreistheorie. Als Datenbasis stehen Schätzungen einjähriger Renditespreads für verschiedene Emerging Markets von 1994 bis 1999 zur Verfügung (vgl. Kapitel 8.6).

8.7.1 Interpretation von Renditespreads als Put-Optionen

Der Ausgangspunkt für Klein (1991, S. 488) ist die Überlegung, dass für die Investoren die künftige Zahlungsfähigkeit eines Landes eine Zufallsgröße darstellt. Wäre sie heute schon bekannt, gäbe es keine Kreditausfälle, da jedes Land nur entsprechend seiner Leistungsfähigkeit Kredite zur Verfügung gestellt bekäme. Für die weiteren Ausführungen gelten folgende Bezeichnungen:

B_EM:	Preis des riskanten Zerobonds zum Zeitpunkt 0
B_US:	Preis des risikolosen Zerobonds zum Zeitpunkt 0
r_EM:	Rendite des riskanten Zerobonds bei vollständiger Leistung
r_US:	Rendite des risikolosen Zerobonds bei vollständiger Leistung
SF_T:	Anfallender Schuldendienst zum Zeitpunkt T
L_T:	Maximal möglicher Schuldendienst zum Zeitpunkt T
ST_T:	Tatsächlicher Schuldendienst zum Zeitpunkt T
Q_0, Q_T:	Wert einer Verkaufsoption zum Zeitpunkt 0 bzw. T

Für die empirische Auswertung wird ein Planungshorizont von einem Jahr unterstellt ($T = 1$). Es wird angenommen, dass der Schuldendienst in Form von Zerobonds mit einem Nominalwert von einer Geldeinheit verbrieft ist. Ferner wird davon ausgegangen, dass bei Ausfall die Verluste bzw. die Kosten des Schuldenerlasses proportional auf alle Gläubiger verteilt werden. Falls ausreichende Mittel zur Verfügung stehen, wird der geforderte Schuldendienst geleistet. Falls nicht, entspricht der tatsächliche Schuldendienst der Zahlungsfähigkeit. Dies kommt in der folgenden Gleichung zum Ausdruck.

(Gl. 23) $ST_T = \text{Min}\ \{ SF_T, L_T \}$

Für den tatsächlichen Schuldendienst pro geforderter Geldeinheit bedeutet dies:

(Gl. 24) $$\frac{ST_T}{SF_T} = \min\left\{1; \frac{L_T}{SF_T}\right\}$$

Gemäß der getroffenen Ausfalldefinition erfasst die Ausfallwahrscheinlichkeit π die Wahrscheinlichkeit, dass die Zahlungsfähigkeit unter dem erforderlichen Schuldendienst liegt.

(Gl. 25) $$\pi_T = P(L_T < SF_T)$$

Einführung einer hypothetischen Verkaufsoption

Für die weiteren Berechnungen wird eine europäische Verkaufsoption eingeführt, die dem Besitzer das Recht gibt, zum Fälligkeitszeitpunkt einen Schuldtitel zu einem Nennwert von einer Geldeinheit zu verkaufen.[216]

Falls am Fälligkeitstag $L_T > SF_T$ gilt, ist die Option wertlos: $Q_T = 0$

Falls am Fälligkeitstag $L_T < SF_T$ gilt, ist der Wert der Option:

(Gl. 26) $$Q_T = \frac{SF_T - L_T}{SF_T}$$

Die Auszahlungsfunktion der Option entspricht somit:

(Gl. 27) $$\max\left\{\frac{SF_T - L_T}{SF_T}, 0\right\}$$

Eine Verkaufsoption für den gesamten fälligen Schuldendienst (*QG*) hätte zum Zeitpunkt *T* den Wert:

(Gl. 28) $$QG_T = SF_T \cdot Q_T$$

[216] Im Gegensatz zu europäischen Optionen, die nur am Fälligkeitstag eingelöst werden können, besteht bei amerikanischen Optionen die Möglichkeit, an jedem Handelstag bis zum Fälligkeitszeitpunkt die Option auszuüben.

Den Zusammenhang zwischen Zahlungsfähigkeit und Optionspreis am Fälligkeitstag verdeutlich Abbildung 60:

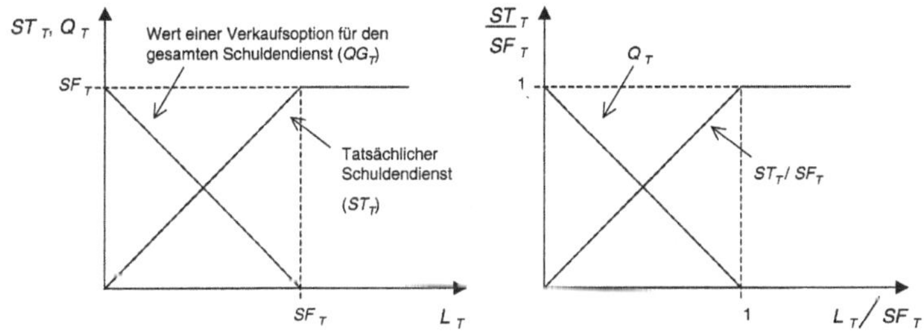

Abbildung 60: Wert einer Put-Option für den gesamten Schuldendienst eines Landes bzw. Wert einer Put-Option für eine Geldeinheit des Schuldendienstes[217]

Arbitragekalkül

Bei Existenz einer Verkaufsoption existieren zwei Wege, um zum Zeitpunkt *T* eine sichere Auszahlung zu bekommen:

- Kauf eines risikolosen Bonds zum Preis von B_US_0 mit einer Auszahlung in T von einer Geldeinheit;
- Kauf eines riskanten Bonds zum Preis B_EM_0 und einer Verkaufsoption zum Preis von Q_0 für den entsprechenden Emittenten; Auszahlung in *T* ist ebenfalls eine Geldeinheit

Bei Arbitragefreiheit muss daher gelten:

(Gl. 29) $B\_US_0 = B\_MY_0 + Q_0$ bzw. $Q_0 = B\_US_0 - B\_MY_0$

Für die betrachtete Verkaufsoption liegen zwar keine Marktpreise vor, jedoch lässt sich aus obiger Beziehung ihr theoretischer Preis als Differenz der Zerobondpreise ermitteln. Eine intuitive Interpretation dieses Zusammenhangs wäre, dass der Halter eines riskanten Bonds durch Zuzahlung der Kursdifferenz seinen riskanten Bond in einen risikolosen Bond umtauschen könnte. Da aus den vorliegenden Daten die geschätzten Renditen einjähriger Zerobonds bereits ermittelt wurden (vgl. Kapitel 8.3), lassen sich auch ihre Barwerte und somit der Optionspreis berechnen. Klein (1991, S. 490) zeigt, dass durch geeignete Umformungen der Optionspreis auch unmittelbar als Funktion der

217 Vgl. Klein (1991, S. 495)

Renditespreads dargestellt werden kann. Für die weiteren Berechnungen wird jedoch der Zusammenhang aus Gleichung 29 als Ausgangspunkt genommen.

Modellierung der Zahlungsfähigkeit als stochastischer Prozess

Die Einführung der Verkaufsoption erfolgt mit dem Ziel, zur Ermittlung der Ausfallwahrscheinlichkeiten die in den Anleiherenditen enthaltenen Informationen mit Hilfe der Black-Scholes Formel heranzuziehen. In ihrer ursprünglichen Form ist die Black-Scholes-Formel auf den Aktienmarkt ausgelegt. Die Grundlage für ihre Anwendbarkeit stellt eine Annahme über den stochastischen Prozess der Aktienkursentwicklung dar. Dabei wird unterstellt, dass die Entwicklung der Aktienkursrenditen einer „Geometrischen Brownschen Bewegung" folgt. In der vorliegenden Situation übernimmt die Zahlungsfähigkeit des Landes die Rolle des Aktienkurses. Deshalb wird ein entsprechender stochastischer Prozess für die Entwicklung der Zahlungsfähigkeit L angenommen. Formal bedeutet dies:

(Gl. 30) $$\frac{dL_t}{L_t} = \sigma \cdot dW_t + \mu \cdot dt$$

mit $dW_t \sim N(0;dt)$

Wobei σ^2 die Volatilität und μ den Erwartungswert der Veränderungsrate der Zahlungsfähigkeit bezeichnen. Die Lösung der stochastischen Differentialgleichung in Gleichung 30 lautet:[218]

(Gl. 31) $$L_T = L_0 \cdot \exp\left(\left(\mu - \frac{\sigma^2}{2}\right) \cdot T + \sigma \cdot W_T\right)$$

Sind die Parameter des Prozesses (L_0, σ^2 und μ) bekannt und berücksichtigt man, dass W_T normalverteilt ist mit Erwartungswert von 0 und Varianz von T, lässt sich nun unmittelbar die gesuchte Wahrscheinlichkeit für das Ereignis, dass zum Zeitpunkt T die Zahlungsfähigkeit für die Schuldenforderungen nicht ausreicht ($L_T < SF_T$), ableiten:

(Gl. 32) $$P(L_T < SF_T) = P(\ln(L_T) < \ln(SF_T)) =$$

$$= P\left(\ln(L_0) + (\mu - 0{,}5 \cdot \sigma^2) \cdot T + \sigma \cdot W_T \quad < \quad \ln(SF_T)\right)$$

[218] Vgl. Sandmann (1999, S. 253)

Und nach der Standardisierung des Arguments der Wahrscheinlichkeitsfunktion ergibt sich:

(Gl. 33) $$P(L_T < SF_T) = \Phi\left(\frac{\ln(SF_T / L_0) - (\mu - 0{,}5 \cdot \sigma^2) \cdot T}{\sqrt{T} \cdot \sigma}\right)$$

Das Problem liegt nun in der Ermittlung der Parameter der Zahlungsfähigkeit (L_0, σ^2 und μ). Die Zahlungsfähigkeit eines Landes ist nicht unmittelbar beobachtbar. Eine Approximation kann unter Umständen durch die Auswertung von Größen aus der Zahlungsbilanz oder der volkswirtschaftlichen Gesamtrechnung erfolgen. Die Schätzung der Volatilität σ und des Erwartungswertes μ der Veränderungsraten ist auf Grund der teilweise nur jährlich erscheinenden statistischen Größen nicht möglich. Hier liegt die Motivation, mit Hilfe der Optionspreistheorie bzw. der Black-Scholes Formel Informationen von den Anleihemärkten in die Analyse einzubeziehen.

Berechnung des Erwartungswertes μ bei bekannter Volatilität σ und bekanntem Erwartungswert der Zahlungsfähigkeit zum Zeitpunkt T ($E(L_T)$)

Zunächst soll der Zusammenhang zwischen μ und $E(L_T)$ betrachtet werden, der aus Gleichung 31 resultiert. Aus dieser Gleichung geht hervor, dass L_T lognormalverteilt ist. Allgemein gelten für den Erwartungswert und die Varianz einer lognormalverteilten Zufallsvariable $Y = e^Z \quad mit \quad Z \sim N(\mu_Z; \sigma_Z^2)$:[219]

(Gl. 34) $$E(Y) = \exp\left(\mu_Z + \frac{\sigma_Z^2}{2}\right) \text{ und } Var(Y) = \exp(2 \cdot \mu_Z + \sigma_Z^2) \cdot (\exp(\sigma_Z^2) - 1)$$

Überträgt man dies auf die Lösung der stochastischen Differentialgleichung in Gleichung 31 würde dies bedeuten:

(Gl. 35) $$Y = \frac{L_T}{L_0}$$

sowie $$Z = \left(\mu - \frac{\sigma^2}{2}\right) \cdot T + \sigma \cdot W_T$$

mit $$\mu_Z = \left(\mu - \frac{\sigma^2}{2}\right) \cdot T \text{ und } \sigma_Z^2 = \sigma^2 \cdot T$$

219 Vgl. Sandmann (1999, S. 254)

Für den Erwartungswert von L_T gilt somit:

(Gl. 36) $$E(L_T) = L_0 \cdot \exp\left((\mu - \frac{\sigma^2}{2} + \frac{\sigma^2}{2}) \cdot T \right) = L_0 \cdot \exp(\mu \cdot T)$$

bzw. $$\mu = \frac{1}{T} \cdot \ln\left(\frac{E(L_T)}{L_0} \right)$$

Der Erwartungswert μ lässt sich somit aus dem Erwartungswert der künftigen Zahlungsfähigkeit $E(L_T)$ ableiten. Eine Möglichkeit $E(L_T)$ festzulegen, wäre die aktuelle Zahlungsfähigkeit als Schätzung für die künftige zu verwenden. Alternativ könnten bspw. Prognosen der künftigen Export- und Importentwicklung des Landes berücksichtigt werden. Existiert eine Vorstellung von $E(L_T)$ sind zur Berechnung der Ausfallwahrscheinlichkeiten noch Schätzungen für σ und L_0 erforderlich. Für ihre Ermittlung kann nun die Black-Scholes Formel herangezogen werden.

Adaption der Black-Scholes Formel zur Ermittlung der gesuchten Parameter

Verglichen mit der Originalformel[220] ist lediglich der Aktienkurs durch die Zahlungsfähigkeit ausgetauscht worden und der Basispreis der Option ist nun der fällige Schuldendienst in T:

(Gl. 37) $$Q_0 = e^{-r \cdot T} N(d_2) - \frac{L_0}{SF_T} N(d_1)$$

mit

$$d_1 = -\frac{\ln(L_0 / SF_T) + (r + \sigma^2 / 2) \cdot T}{\sigma\sqrt{T}}, \quad d_2 = -\frac{\ln(L_0 / SF_T) + (r - \sigma^2 / 2) \cdot T}{\sigma\sqrt{T}}$$

Zu beachten ist, dass der Erwartungswert μ in der Black-Scholes Formel nicht enthalten ist und daher – wie zuvor beschrieben – gesondert berechnet werden muss.[221] Als risikoloser Zinssatz in der Black-Scholes Formel wird die logarithmierte risikolose Rendite r verwendet:

$$(1 + r\_US)^T = \exp(r \cdot T) \quad \Rightarrow \quad r = \ln(1 + r\_US)$$

---

220 Vgl. Sandmann (1999, S. 260)

221 Es ist ein Charakteristikum der Bewertungsformel bei gegebenen Aktienkursen und Volatilitäten auf der Basis der Arbitragefreiheit die theoretischen Optionspreise zu ermitteln. Die Erwartungen bzgl. der weiteren Kursentwicklung spielen dabei keine Rolle (vgl. Spremann, 1991, S. 578 ff.).

Gegeben der Optionspreis Q_0 aus Gleichung 29 bleiben in der Black-Scholes Formel immer noch zwei unbekannte Variablen σ und L_0. Ohne zusätzliche Informationen ist eine Bestimmung nicht möglich. Im Folgenden werden zwei mögliche Lösungsansätze näher untersucht. In Kapitel 8.7.2 wird versucht, auf der Basis makroökonomischer Daten die aktuelle Zahlungsfähigkeit explizit zu modellieren. Liegt eine Schätzung für L_0 vor, kann die Volatilität aus der Black-Scholes Formel ermittelt werden und eine Berechnung der Ausfallwahrscheinlichkeiten ist möglich. Im zweiten Ansatz (Kapitel 8.7.3) wird die theoretische Beziehung zwischen der gesuchten Volatilität der Veränderung der Zahlungsfähigkeit und der Volatilität der Veränderung des Optionspreises herangezogen. Auf diese Weise stehen zwei Gleichungen für eine simultane Schätzung der Parameter σ und L_0 zur Verfügung.

8.7.2 Explizite Modellierung der Zahlungsfähigkeit

Wie eingangs geschildert, ist bei der Übertragung eines Optionsmodells auf Unternehmensebene der Marktwert des Unternehmens zu modellieren. Hilfe für eine derartige Schätzung können bei börsennotierten Unternehmen die Aktienkurse bieten. Auf der Ebene von Ländern wäre analog der aktuelle Wert der Volkswirtschaft zu beurteilen.

Die Bedienung der Auslandsschulden kann nur durch bestehende Reserven bzw. künftige Netto-Zuflüsse aus dem Ausland erfolgen. Eine wichtige Rolle spielt deshalb die Entwicklung der Exporte und Importe. Lässt sich daraus der künftige Cash-Flow eines Landes bestimmen, könnte der Wert der Volkswirtschaft analog zur Unternehmensbewertung als Barwert des zukünftigen Cash Flows angesetzt werden. Falls der Wert der Volkswirtschaft die gesamte Höhe der Schulden unterschreitet, wäre ein Land überschuldet.[222] Hierzu wären jedoch eingehende Analysen der verschiedenen Segmente der Volkswirtschaft nötig sowie längerfristige Prognosen bezüglich ihrer weiteren Entwicklung.

Zur Vereinfachung wird in der folgenden Analyse nicht das gesamte Potential künftiger Zuflüsse betrachtet, sondern lediglich die Zahlungsfähigkeit im Hinblick auf den Schuldendienst innerhalb des nächsten Jahres. Als Proxy der Zahlungsfähigkeit wird der Bestand an Fremdwährungsreserven verwendet. Da zur Begleichung von Auslandsschulden ausreichende Reserven vorhanden sein müssen, kann der Ausfall eines Landes auch wie folgt definiert werden: „Ein Ausfall tritt ein, wenn für die Leistung des Schuldendienstes nicht genügend Devisen zur Verfügung stehen.“ Dahinter steht die Annahme, dass die Schmerzgrenze für Investoren erreicht ist, wenn die Fremdwährungsreserven unter dem anfallenden Schuldendienst liegen, d.h. die Leistung des Schuldendienstes von der Bereitschaft der ausländischen Investoren abhängt, weiteres

[222] Vgl. Varnholt (1997, S. 112)

Kapital zur Verfügung zu stellen. Die Wahrscheinlichkeit für ein solches „Ausfallereignis“ steht im Mittelpunkt der folgenden Analyse.[223]

Für den betrachteten Zeitraum liegen die tatsächlichen Fremdwährungsreserven schon weitgehend in den Veröffentlichungen vom IMF und der Weltbank vor. Um in der folgenden Untersuchung die Ergebnisse nicht durch Prognosefehler zu verfälschen, werden diese realisierten Werte verwendet. Sie stünden zwar bei einer Prognose künftiger Ausfallwahrscheinlichkeiten nicht zur Verfügung, im Rahmen einer grundsätzlichen Diskussion der Eignung dieser Vorgehensweise liefern sie jedoch eine Benchmark.

Im Folgenden wird ein Betrachtungszeitraum von einem Jahr angenommen. Somit werden für die Ermittlung der impliziten Ausfallwahrscheinlichkeiten der anfallende Schuldendienst bis zum Ende des Jahres (SF_T), der Bestand an Fremdwährungsreserven (L_0) sowie die Prognose der Veränderung der Reserven bis zum Ende des Jahres (dL) benötigt. Für jedes Land werden die impliziten Ausfallwahrscheinlichkeiten zu Beginn des Jahres 1997 (vor der Asienkrise) und zu Beginn des Jahres 1999 (nach der Asienkrise) ermittelt. In den Tabellen 10, 11 und 12 sind die ermittelten notwendigen Daten für den Beobachtungszeitraum dargestellt.

---

223 Fremdwährungsreserven umfassen in diesem Zusammenhang Devisen, Gold sowie zugesicherte abrufbare Mittel beim IMF (Special Drawing Rights). Intuitiv könnte man die Überlegung in folgender Weise ausdrücken: Guthaben und zugesicherte Kreditlinie sollten in einem Jahr immer über den anfallenden Schuldendienst liegen. Eine alternative Vorgehensweise findet sich bei Karmann und Plate (2000, S. 46). Die Zahlungsfähigkeit in T ergibt sich hier aus den bestehenden Fremdwährungsreserven zuzüglich der prognostizierten Exporterträge abzüglich der Importaufwendungen.

SF_T	1997	1999
AR	13304,3	17493,5
MX	32755,5	21551,5
KL	2658,9	3165,5
VZ	7803,3	4702,8
MY	3700,6	3406,0
ID	10989,2	12504,3
TL	4656,9	7902,4
PH	3602,3	4011,0
SA	5404,6	3250,7

Tabelle 10: *Anfallender Schuldendienst in Mio. US$ bis zum Ende des jeweiligen Jahres*[224]

L_0	1997	1999
AR	18323,9	24770,1
MX	19445,5	31810,2
KL	9857,2	8669,2
VZ	12365,0	12400,5
MY	27130,0	25675,4
ID	18407,3	22866,4
TL	37855,7	28947,7
PH	10264,2	9492,9
SA	25621,6	20203,8

Tabelle 11: *Verfügbare Reserven zu Beginn des Jahres in Mrd. US$*[225]

224 Quelle: Worldbank (GDF, 2000): Summe aus „Principal repayments“ und „Interest payments“ für „External Debt“ multipliziert mit dem Anteil der „Public and publicly guaranteed“ Schulden an der Gesamtverschuldung. Der Schuldendienst für das Ende des Jahres 1999 wurde aus der Entwicklung der Gesamtschulden abgeschätzt.

225 Quelle: IMF (IFS, 11/2001): Summe aus „Foreign exchange“, „Special drawing rights“, „Reserve Position in the Fund“ (IMF) und den Goldreserven. Zu beachten: Der Anfangswert für das Jahr *T* entspricht in der Statistik dem Wert des Jahres *T*-1, da der IMF die Jahresendwerte ermittelt.

dL	1997	1999
AR	4012,9	1498,4
MX	9361,0	-20,1
KL	-37,4	-645,5
VZ	2553,6	346,0
MY	-6231,5	4970,0
ID	-1673,9	3727,3
TL	-11558,9	5234,7
PH	-2762,3	4034,5
SA	-5586,6	862,8

Tabelle 12: *Erwartete Veränderung der Reserven (in Mrd. US$) bis zum Ende des jeweiligen Jahres* [226]

Die Stichtage für die Renditen der Anleihen, die zur Berechnung des Optionspreises benötigt werden, sind der 31. März 1997 und der 31. März 1999. Die Berechnung der impliziten Ausfallwahrscheinlichkeiten wird im Folgenden beispielhaft für Kolumbien 1999 skizziert:[227]

Die einzelnen Schritte zur Berechnung sind:

(1) Gegeben Q_0, SF_T und L_0 kann die implizite Volatilität σ aus der Black-Scholes Formel (siehe Gleichung 37) berechnet werden. Die Lösung erfolgt innerhalb von Maple mittels eines iterativen Verfahrens. Die Volatilität für Kolumbien 1999 beträgt 0,756.

(2) Aus der Summe von L_0 und $E(dL)$ folgt $E(L_T) = 8023{,}7$ Mrd. US$. Mittels der Gleichung 36 lässt sich hieraus der Erwartungswert $\mu = -0{,}074$ berechnen.

(3) Nun kann das Argument der Standardnormalverteilung[228] (aus Gleichung 33) geschätzt werden und die Ausfallwahrscheinlichkeit entsprechend berechnet werden. Die Wahrscheinlichkeit, dass die Zahlungsfähigkeit Ko-

226 Quelle: IMF (IFS, 11/2001) und eigene Berechnungen

227 Das Maple-Programm mit den genauen Berechnungsformeln befindet sich in Anhang E1.

228 Der negative Wert des Arguments der Standardnormalverteilung könnte in diesem Zusammenhang auch als Distance to Default (DD) bezeichnet werden. Die DD ist speziell für das Monitoring von Kreditrisiken von Bedeutung. Bei KMV erfolgt die Berechnung der Ausfallwahrscheinlichkeit über die DD, jedoch nicht unmittelbar aus der Wahrscheinlichkeitsfunktion, sondern aus einer Verknüpfung der DD mit den historischen Ausfallhäufigkeiten (vgl. Crosbie, 1998, S. 12 ff.).

lumbiens am Ende des Jahres 1999 den Schuldendienst unterschreitet, liegt bei 19,7 Prozent.

In der folgenden Abbildung sind die Ergebnisse für alle betrachteten Emerging Markets für beide Zeitpunkte zusammengefasst. Als Vergleichswerte wurden die Risikoscores der Zeitschrift Euromoney von März 1997 und 1999 gegenübergestellt.

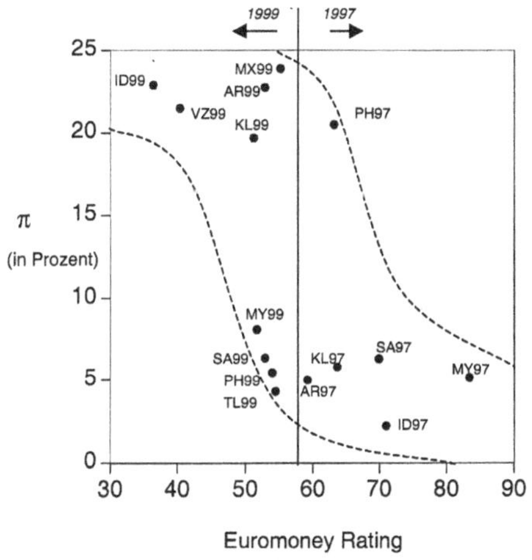

Abbildung 61: *Vergleich der geschätzten Ausfallwahrscheinlichkeiten mit Hilfe der Optionspreistheorie mit den Ratingscores von Euromoney*

Die impliziten Ausfallwahrscheinlichkeiten der einzelnen Länder liegen 1999 tendenziell höher als 1997. Dies deckt sich mit der Veränderung der Ratingscores. Vergleicht man die Werte innerhalb eines Jahres, ist diese Beziehung jedoch kaum erkennbar. Für Mexiko ließ sich für das Jahr 1997 kein Wert ermitteln. Der Schuldendienst lag in diesem Fall so deutlich über den erwarteten Reserven, dass ein Ausfallereignis als sicher gelten muss. Bei der Beurteilung Mexikos kann die gezeigte große Bereitschaft der USA, Mexiko im Falle einer Krise zu helfen, einen Sonderfaktor darstellen, der in der obigen Analyse nicht berücksichtigt werden kann.

Stellt man die impliziten Ausfallwahrscheinlichkeiten, die sich mit Hilfe der Optionspreistheorie ergaben, jenen aus dem Modell in Kapitel 8.6 gegenüber, zeigen sich Veränderungen sowohl bei den absoluten Werten als auch bei der Risikorangfolge. Unterstellt man, dass beide Modelle sinnvolle Werte generieren, wären Abweichungen auf die zusätzliche Beachtung der makroökonomischen Größen im Optionsmodell zurückzuführen. In Abbildung 61 ergibt sich bspw. für Mexiko im Jahr 1999 bei Anwendung des Optionsmodells eine mehr als fünffache höhere Ausfallwahrscheinlichkeit als in Kapitel 8.6. Vergleicht man die Ausfallwahrscheinlichkeiten für die Philippinen im Jahr 1997 mit dem

Jahr 1999, so verzeichnet das Optionsmodell einen Rückgang, das Modell in Kapitel 8.6 hingegen einen Anstieg.

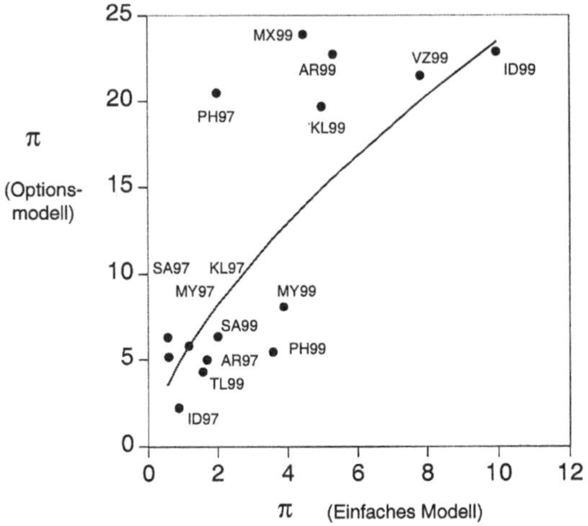

Abbildung 62: *Vergleich der geschätzten Ausfallwahrscheinlichkeiten mit Hilfe des grundlegendenden Zusammenhangs (Einfaches Modell; Kapitel 8.6) und der Optionspreistheorie (Angaben in Prozent).*

Interessant an dieser Stelle ist ein Blick auf die Ergebnisse von Karmann und Plate (2000), die, ebenfalls den Überlegungen von Klein (1991) folgend, durch Modellierung der Zahlungsfähigkeit implizite Ausfallwahrscheinlichkeiten für Argentinien und Ecuador berechnen. Ausgehend von stark abweichenden Renditespreads von fünf und 13 Prozent erhalten sie als Ausfallwahrscheinlichkeit für Argentinien 56 und für Ecuador 61 Prozent. Ihr Resümee lautet, dass durch das Optionsmodell gezeigt werden kann, dass stark abweichende Renditespreads nicht zwangsläufig auf entsprechend unterschiedlichen Ausfallwahrscheinlichkeiten beruhen. Zwar ist diese letzte Aussage plausibel, jedoch fehlen auch Karmann und Plate die Möglichkeiten zu einer Überprüfung der grundsätzlichen Eignung des Optionsmodells.

8.7.3 Explizite Schätzung der Varianz

Im Folgenden soll noch eine zweite Möglichkeit untersucht werden, die impliziten Ausfallwahrscheinlichkeiten mit Hilfe der Optionspreistheorie zu berechnen. Im vorigen Kapitel wurde die Volatilität der Veränderungsrate der Zahlungsfähigkeit implizit – bei gegebener aktueller Zahlungsfähigkeit L_0 – ermittelt. Theoretisch kann man auch umgekehrt vorgehen. Gibt man die Volatilität exogen vor, kann man auf die aktuelle Zahlungsfähigkeit schließen. Diesen

Weg schlägt bspw. Klein (1991, S. 497) vor. Er nimmt als Beispiel eine Volatilität von zehn Prozent an. Durch eine solche Ad-hoc-Festlegung der Volatilität kann die schwierige Bestimmung der Zahlungsfähigkeit aus Makrodaten umgangen werden. Allerdings ist die willkürliche Festlegung der Volatilität als wichtige Größe für die Berechnung der Ausfallwahrscheinlichkeit problematisch und kann das Dilemma der Parameterbestimmung nicht lösen.

Eine empirische Methode zur Schätzung der Varianz des Underlying im Kontext privater Unternehmen findet sich bei KMV (vgl. Crosbie, 1998). Dort ist das Underlying das Vermögen einer Firma. Um die Varianz festzulegen, nutzt KMV einen Zusammenhang zwischen der Varianz des Underlying und der Varianz der Optionspreise. Übertragen auf den vorliegenden Fall des Länderrisikos entspricht dies dem Zusammenhang zwischen der Veränderungsrate der Zahlungsfähigkeit (als Underlying) und der Varianz der Veränderung der Optionspreise, die über die geschätzte Rendite eines entsprechenden Zerobonds berechnet wurden. Theoretisch können mit Hilfe dieses Zusammenhangs die gesuchte Varianz der Veränderung der Zahlungsfähigkeit ermittelt werden.

Die Eliminierung des zufälligen Teils des stochastischen Prozesses geschieht durch die Erstellung risikoloser Portfolios. Die Zahl der Optionen, die zu diesem Zweck pro Einheit des Underlying gehalten werden müssen, entsprechen der Hedge-Ratio Δ. Diese ergibt sich aus Itos Lemma (vgl. Wilmott et al., 1998, S. 80). Die entsprechende Formel im Kontext von Länderrisiken bezieht sich im Folgenden auf den Wert einer Option (*QG*) auf den gesamten Schuldendienst.

(Gl. 38) $$\frac{d(QG)}{dL} = \Delta \qquad mit \quad \Delta = N(d_1) - 1$$

Für die Varianz bedeutet dies:

(Gl. 39) $$Var(dL) = \frac{1}{\Delta^2} \cdot Var(d(QG))$$

Dies ist gleichbedeutend mit:

(Gl. 40) $$L^2 \cdot Var\left(\frac{dL}{L}\right) = \frac{QG^2}{\Delta^2} \cdot Var\left(\frac{dQG}{QG}\right)$$

Bezeichnet man die Volatilität der relativen jährlichen Veränderung des Putpreises als $\sigma_P{}^2$, so ergibt sich für das gesuchte σ der Black-Scholes Formel:

(Gl. 41) $$\sigma^2 = \frac{QG^2}{L^2 \cdot \Delta^2}\sigma_P^2$$

Neben der obigen Gleichung besteht in Form der Black-Scholes Formel eine weitere Beziehung zwischen den gesuchten Parametern σ und L_0. Durch diese beiden Gleichungen lassen sich die beiden Parameter simultan berechnen. Als Beispiel wird wieder die Situation in Kolumbien Anfang des Jahres 1999 betrachtet. Um die technische Vorgehensweise der Parameterberechnung zu illustrieren, wird zunächst nicht die aus den Renditespreads ermittelte Volatilität verwendet, sondern eine Volatilität, die aus den Ergebnissen von Kapitel 8.7.2 abgeleitet wird. Dies ist bei einer Standardabweichung σ_P von 1,831 der Fall. In der Abbildung 63 stellen die beiden Kurven die σ - L_0 - Kombinationen dar, bei denen die beiden Gleichgewichtsforderungen jeweils erfüllt sind. Im Schnittpunkt der beiden Kurven liegt das simultane Gleichgewicht. Entsprechend der gewählten Werte liegt es bei σ *und* L_0, die in Kapitel 8.7.2 für Kolumbien geschätzt wurden.[229]

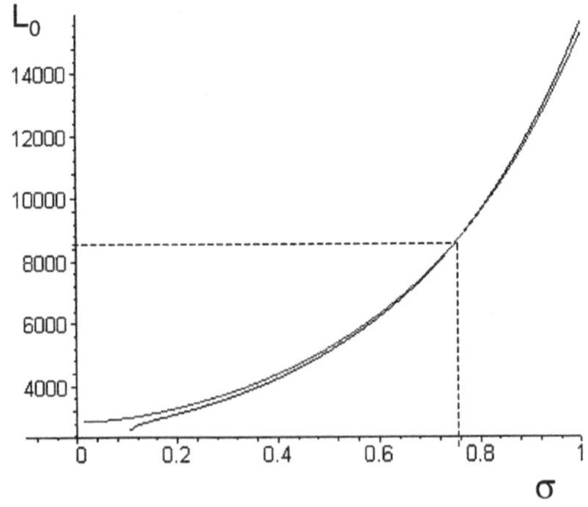

Abbildung 63: Gleichgewichtslinien für idealtypisch vorgegebenes σ_P

229 Das Maple-Programm mit einzelnen Zwischenergebnissen befindet sich in Anhang E2.

Im Folgenden wird nun versucht, das simultane Gleichgewicht für tatsächlich vorliegende Daten zu bestimmen. Für Kolumbien wurde aus der täglichen Volatilität der Veränderung der Optionspreise (aus den vergangenen 250 Werktagen) auf die jährliche Volatilität hochgerechnet. Es ergaben sich dabei Werte, die deutlich höher lagen als das zuvor betrachtete σ_P. Es wird eine Varianz in Höhe von 6 für die Berechnungen eingesetzt. Die Gleichgewichtslinien sind in Abbildung 64 dargestellt.[230]

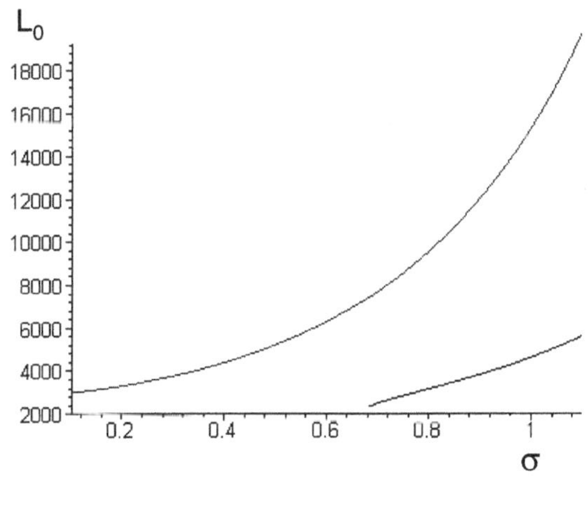

Abbildung 64: Gleichgewichtslinien für reale Daten für Kolumbien 1999

Es zeigt sich, dass in diesem Fall die Suche nach einer simultanen Lösung problematisch ist. In einem nachvollziehbaren Bereich besitzen die beiden Gleichgewichtslinien keinen gemeinsamen Schnittpunkt. Außerhalb dieses Bereichs ist die Funktion aus dem Gleichgewicht der Volatilitätsgleichung nicht überall differenzierbar und selbst iterative Verfahren stoßen bei der Berechnung an ihre Grenzen. Es besteht die Chance, dass bei alternativen Berechnungsarten Volatilitäten resultieren, die eine einfache Lösung der genannten Gleichgewichtsbedingungen zulassen. Es ist jedoch nicht sinnvoll, wichtige Parameter im Hinblick auf die technische Durchführbarkeit der Lösungsalgorithmen zu bestimmen.

8.7.4 Auswertungsmöglichkeiten mit alternativen Modellen

Für die Anwendung von Optionsmodellen im Bereich der Analyse von Länderrisiken existieren weitere Möglichkeiten. Im Wesentlichen wird dabei immer eine Variable als stochastischer Prozess modelliert, die als ein Default-Trigger

[230] Das Maple-Programm mit einzelnen Zwischenergebnissen befindet sich in Anhang E3.

den Ausfall auslöst, falls ihr Wert unter eine bestimmte Schwelle fällt. Im vorigen Kapitel waren die Fremdwährungsreserven der Default-Trigger und der anfallende Schuldendienst die Schwelle.

Eine alternative Vorgehensweise beschreibt Lehrbass (2000) in seinem Beitrag zur Behandlung von Länderrisiken bei der Bewertung von in DM notierten Eurobonds. Als stochastische Prozesse modelliert er Aktienindizes der betrachteten Länder, die dann als Default-Trigger fungieren. Ein Ausfall erfolgt, wenn ein Aktienindex unter eine stochastische Schranke fällt, die über einen mehrmonatigen Kalibrierungszeitraum geschätzt wird. Gleichzeitig wird das Risiko für Veränderungen des risikolosen Zinssatzes ebenfalls durch einen stochastischen Prozess erfasst.[231] Beide Elemente werden dann in einem Modell, basierend auf Longstaff und Schwartz (1995), zusammengefasst, in dem Zinsänderungsrisiko und Kreditrisiko simultan berücksichtigt werden können. Im Grunde stellt Lehrbass eine Verbindung zwischen Aktienindex, risikolosen Zins und Preis des ausfallbedrohten Zerobonds her. Durch eine Long Position beim Aktienindex und einem risikolosen Zerobond ist es möglich, ein Portfolio zu erhalten, das den Auszahlungen des betrachteten DM-Eurobonds entspricht.

Die Überlegungen von Lehrbass dienen in erster Linie der Bepreisung des Eurobonds bzw. eines Portfolios von Eurobonds. Bei Vorliegen realer Marktpreise kann versucht werden, rekursiv die impliziten Ausfallwahrscheinlichkeiten zu ermitteln. Rein technisch ergeben sich dabei mehr Möglichkeiten für eine Analyse der Ausfallwahrscheinlichkeiten und es können mehr Erkenntnisse aus der ökonomischen Theorie in der Modellierung berücksichtigt werden. Die Qualität der Schätzung impliziter Ausfallwahrscheinlichkeiten ist jedoch auch hier von der Gültigkeit der Annahmen abhängig. Dies betrifft zum einen das Bepreisungsmodell und zum anderen die erforderlichen Annahmen für den Rückschluss auf die Ausfallwahrscheinlichkeiten, wie bspw. die Risikoneutralität. Ebenfalls weiter bestehen bleiben grundlegende Probleme wie fehlende Daten oder die Schätzung der Rendite einjähriger Zerobonds aus Kuponanleihen.

Inwieweit komplexe und in der technischen Gestaltung ausgereiftere Modelle einfachen Herangehensweisen überlegen sind, bleibt in diesem Kontext fraglich. Die aufwendige Ausgestaltung verbaut häufig die Sicht auf bestehende Probleme und der Ad-hoc-Charakter vieler Parameter geht in den komplexen Strukturen verloren. Bei der Gesamtbeurteilung vieler aktueller Modelle entsteht teilweise der Eindruck, es werden Paläste auf Sand gebaut, bei deren Glanz man allzu leicht den wackeligen Untergrund vergisst.

---

[231] Das grundlegende Modell hierzu stammt von Vasicek (1977).

8.8 Fazit

Die Aufbereitung von Renditespreads für die Ermittlung impliziter Ausfallwahrscheinlichkeiten ist speziell für den Bereich der Emerging Markets problematisch. Trotz bestehender Schwächen wurde in Kapitel 8.5 und 8.6 gezeigt, dass bereits mit einem sehr einfachen Modell unter der Annahme der Risikoneutralität Schätzungen der impliziten Ausfallwahrscheinlichkeiten gemacht werden können. Auf Grund der Ad-hoc-Festlegung der Recovery Rate und der weitreichenden Annahmen bei der Berechnung der Ausfallkompensation sind die absoluten Zahlen jedoch wenig aussagekräftig.[232]

Im Rahmen eines Optionsmodells wurde eine simultane Auswertung von Renditespreads und makroökonomischen Daten versucht. Methoden, die sich bspw. im Kontext börsennotierter Unternehmen bewährt haben, auf andere Gebiete wie Länderrisiken zu übertragen, erscheint eine auf den ersten Blick sinnvolle Strategie. Die in Kapitel 8.7 dargestellten Probleme zeigen jedoch die Grenzen einer solchen Vorgehensweise.

Trotz der offenen Fragen bezüglich geeigneter Auswertungsverfahren, wurde deutlich, dass Renditespreads bzw. daraus berechnete implizite Ausfallwahrscheinlichkeit besonders als Warnsignal eine wichtige zusätzliche Information darstellen können. Auf Grund der zeitnahen Preisermittlung können innerhalb von Minuten Hinweise auf bevorstehende Probleme ersichtlich werden. Im Hinblick auf die Suche nach geeigneten Inputfaktoren für Kreditportfoliomodelle können zumindest auf Ebene der Ausfallwahrscheinlichkeiten keine schnellen Erfolge erzielt werden. Ein weiteres Wachstum der Anleihemärkte sowie eine Verbesserung der Informationslage bezüglich makroökonomischer Daten würde einige der aufgezeigten Probleme verringern.

[232] Vgl. Schlussfolgerungen in Kapitel 8.6

9 Ermittlung von Zusammenhangsmaßen im Portfolio

Nach der Ausfallwahrscheinlichkeit sollen im Folgenden einige Aspekte bezüglich des zweiten wichtigen Parameters innerhalb eines Portfolios, einem geeigneten Zusammenhangsmaß, diskutiert werden. Auch hier werden zunächst die Chancen und Grenzen einer einfachen Ermittlung auf Basis von Marktpreisinformationen beleuchtet. Eine Zielgröße, die sich in einem Portfoliomodell einfach integrieren lässt, ist die Korrelation der Ausfälle zweier Länder bzw. die Korrelation der Ausfallwahrscheinlichkeiten. Wie in Kapitel 5.2.3 beschrieben, ist jedoch von theoretischer Seite zumindest teilweise von Scheinkorrelationen auszugehen, die sich bei Veränderung der Rahmenbedingungen als instabil erweisen können. Im folgenden Abschnitt soll anhand der vorliegenden Daten unter anderem diese Problematik diskutiert werden.

9.1 Marktpreise als Zusammenhangsindikator

Ein einfaches Zusammenhangsmaß der Ausfallrisiken verschiedener Länder sind die Korrelationen der Renditespreads, wobei die in Kapitel 8.2 angesprochenen Probleme bezüglich der verschiedenen Komponenten von Renditespreads relevant bleiben. Es wäre zu untersuchen, ob ein Gleichlauf durch simultane Veränderungen des Ausfallrisikos oder lediglich auf Grund von Veränderungen der Präferenzen des Marktes entsteht.[233] Da wie zuvor die vorliegenden Daten keine tiefergehende Analyse dieser Aspekte zulässt, wird im Folgenden wiederum die Interpretation der Renditespreads als Ausfallkompensation in den Mittelpunkt gestellt. Wie sich bei den Analysen des vorigen Kapitels zeigt, lassen sich trotz dieser vereinfachenden Annahme plausible Ergebnisse erzielen.

Für die folgenden Betrachtungen sollen erneut die geschätzten einjährigen Renditespreads von neun Emerging Markets (analog zu Kapitel 8.5) herangezogen werden. Mit Griechenland (GR) und Italien (IT) wurden zusätzlich zwei westliche Länder in die Analyse aufgenommen, die nicht zu den Emerging Markets gehören, aber im Analysezeitraum auch nicht als völlig risikolos galten.

Wie Abbildung 52 und Abbildung 53 zeigten, ist bei der Entwicklung der Renditespreads der verschiedenen Länder phasenweise ein starker Gleichlauf zu erkennen. Da offensichtlich in der Entwicklung der Renditespreads ein Trend

233 Alle Analysen in diesem Bereich stehen vor dem Problem, dass allein aus den Kursverläufen eine Differenzierung nicht vorgenommen werden kann. So schließen bspw. Martins et al. (2001) in ihrer Untersuchung auf Grund starker Gleichläufe der Preise auf den Finanzmärkten auf eine überwiegend durch das Markt- und nicht das Kreditrisiko hervorgerufene Entwicklung. Dies ist jedoch eine kritische Folgerung, da sich auch die Einschätzungen der Ausfallrisiken simultan ändern können.

enthalten und somit der Erwartungswert über die Zeit nicht konstant ist, sind die absoluten Werte der Renditespreads für die Berechnung von Korrelationskoeffizienten wenig aussagekräftig. Stattdessen werden im Folgenden die Veränderungen der Renditespreads betrachtet.

Zunächst werden die Korrelationskoeffizienten der monatlichen Veränderungen für den Zeitraum vor und nach der Asienkrise betrachtet. Durch den Übergang zu Monatswerten soll der längerfristige Zusammenhang der Renditespreadveränderungen der betrachteten Länder deutlich werden. In den täglichen Veränderungen kann ein Zusammenhang durch einen gewissen Timelag der Verläufe oder auf Grund kreditrisikofremder Einflüsse überdeckt werden, der für die gemeinsame Entwicklung des Ausfallrisikos interessant ist.

Als einfaches Zusammenhangsmaß wird der Korrelationskoeffizient von Bravais-Pearson verwendet:

(Gl. 42) $$KK = \frac{Kovarianz(\, d(sp\_Land1);\; d(sp\_Land2)\,)}{Varianz(d(sp\_Land1)) \cdot Varianz(d(sp\_Land2))}$$

Die ermittelten Korrelationskoeffizienten für den Zeitraum vor der Asienkrise sind für die verschiedenen Länderpaare in der folgenden Tabelle dargestellt:

bis 6/97	**AR**	**MX**	**KL**	**ID**	**MY**	**PH**	**TL**	**SA**	**IT**	**GR**
AR	1,00									
MX	0,87	1,00								
KL	0,57	0,57	1,00							
ID	**0,53**	**0,89**	**-0,42**	1,00						
MY	**-0,12**	**0,28**	**-0,86**	0,37	1,00					
PH	**-0,02**	**-0,23**	**0,75**	-0,09	-0,84	1,00				
TL	**0,07**	**0,25**	**0,37**	-0,31	-0,65	0,88	1,00			
SA	0,41	0,32	0,56	0,45	0,02	0,08	0,25	1,00		
IT	0,54	0,44	0,38	-0,46	-0,78	0,84	0,48	0,22	1,00	
GR	-0,17	0,07	-0,02	0,75	0,04	-0,02	-0,14	-0,43	0,01	1,00

Tabelle 13: Korrelationskoeffizienten der Veränderungen der monatlichen Durchschnittswerte vor der Asienkrise (bis 6/1997)[234]

Hervorgehoben werden dabei die Korrelationen innerhalb Asiens bzw. Lateinamerikas (grau unterlegt) sowie die Korrelationen zwischen einem asiatischen

[234] Die Berechnung der paarweisen Korrelationskoeffizienten richtet sich nach dem Zeitpunkt, ab dem die betrachteten Länder genügend Werte aufweisen. Bei Venezuela waren die Zeitreihen für eine Berechnung zu kurz.

und einem lateinamerikanischen Land (fett). Für einen Investor wäre es plausibel, das Risiko seines Engagements in den Emerging Markets durch eine regionale Diversifikation zu verringern. Die Diversifikationsmöglichkeiten steigen in dem Maß, in dem die Entwicklungen in den einzelnen Regionen unterschiedlich verlaufen und eine nur schwach positive oder sogar negative Korrelation aufweisen.

Den Ergebnissen ist zu entnehmen, dass zwischen den drei lateinamerikanischen Staaten nur positive Korrelationen bestehen. Dies entspricht den Erwartungen angesichts der räumlichen Nähe und der wirtschaftlichen Verflechtungen. Bei den asiatischen Staaten ist das Bild uneinheitlich, aber auch hier liegen zwischen Thailand und den Philippinen sowie zwischen Malaysia und Indonesien positive Korrelationskoeffizienten vor. Für Überkreuzkombinationen der beiden Länderpaare (Thailand und Malaysia, die Philippinen und Indonesien, Thailand und Indonesien, Malaysia und die Philippinen) ist die Korrelation jedoch negativ. Im Vergleich zwischen Asien und Lateinamerika existieren ebenfalls negative und positive Zusammenhänge. Negative Korrelationen, wie bspw. zwischen Malaysia und Kolumbien sowie zwischen den Philippinen und Mexiko, können als Zeichen bestehender Diversifikationsmöglichkeiten gewertet werden.

Eine Verwendung dieser Zusammenhänge ist nur dann möglich, wenn sie eine gewisse Stabilität über die Zeit aufweisen. In Tabelle 14 sind deshalb die Ergebnisse für die Zeit nach der Asienkrise zusammengestellt und es zeigen sich deutliche Veränderungen:

ab 7/97	AR	MX	KL	VZ	ID	MY	PH	TL	SA	IT	GR
AR	1,00										
MX	0,95	1,00									
KL	0,85	0,85	1,00								
VZ	0,82	0,87	0,72	1,00							
ID	**0,27**	**0,21**	**0,15**	**-0,02**	1,00						
MY	**0,07**	**0,11**	**0,21**	**0,22**	-0,03	1,00					
PH	**0,86**	**0,92**	**0,85**	**0,85**	0,20	0,26	1,00				
TL	**-0,01**	**0,02**	**0,12**	**-0,02**	0,24	-0,04	0,09	1,00			
SA	0,86	0,89	0,79	0,76	0,36	0,15	0,84	0,16	1,00		
IT	0,62	0,59	0,57	0,42	0,52	0,19	0,59	0,14	0,72	1,00	
GR	0,40	0,39	0,36	0,27	0,48	0,21	0,42	0,41	0,67	0,67	1,00

Tabelle 14: Korrelationskoeffizienten der Veränderungen der monatlichen Durchschnittswerte nach Ausbruch der Asienkrise (8/1997-7/1999)

Der Zusammenhang innerhalb der Region Lateinamerika ist stärker als zuvor. Innerhalb der Region Asien wechselten viele Korrelationskoeffizienten das Vorzeichen. Zwischen Lateinamerika und Asien zeigt sich ein ähnliches Bild. Die zuvor genannten Länderpaare mit negativen Korrelationskoeffizienten weisen nun einen positiven Zusammenhang auf. Insgesamt hat sich der Gleichlauf der Renditespreads deutlich erhöht.

Ein weiteres Ergebnis der Auswertung von Renditespreads zeigt sich bei den Korrelationen der Emerging Markets mit den westlichen Ländern Griechenland und Italien. Eine unmittelbare Gefahr eines Übergreifens der Asienkrise bestand für diese Länder nicht. Blickt man erneut auf die Ergebnisse in Tabelle 13 und Tabelle 14 zeigt sich, dass vor der Krise eine negative Korrelation mit einigen Emerging Markets bestand (bspw. Indonesien und Malaysia). Nach Ausbruch der Krise liegen jedoch nur noch positive Werte vor. Als Erklärung für diese Auswirkungen lässt sich auch innerhalb der relativ stabilen westlichen Staaten eine „flight to quality" anführen. Selbst Länder mit geringen Risikomerkmalen verloren gegenüber sicheren Investitionen, wie bspw. US-Treasury Bonds, an Attraktivität. In der Folge stiegen gemeinsam mit den Renditespreads der unmittelbar betroffenen Emerging Markets auch die Renditespreads von Italien und Griechenland.[235]

Insgesamt bedeuten die Ergebnisse für einen Investor, dass sich einerseits erhoffte Diversifikationsmöglichkeiten nicht realisieren ließen und andererseits erwartete Gleichläufe über die Zeit als nicht stabil erwiesen. Um die fehlende Stabilität und den tendenziellen Anstieg der Korrelationen zu verdeutlichen, werden im Folgenden die Entwicklungen der Korrelationskoeffizienten zwischen Mexiko und Argentinien, den Philippinen und Malaysia, den Phillippen und Indonesien sowie Argentinien und den Philippinen näher beleuchtet. Die Berechnung der Korrelationskoeffizienten erfolgt jeweils auf der Basis der wöchentlichen Veränderungen der letzten fünf Monate. Es wurden wöchentliche Werte verwendet, um gegenüber der vorigen Berechnung auf Basis der Monatswerte ein kleineres Zeitfenster wählen zu können. Als Zeitfenster wurden jeweils die fünf zurückliegenden Monate gewählt.

---

235 Die „flight to quality" beinhaltet zu einem großen Teil psychologische Aspekte wie die Suche nach einem „sicheren Hafen" in Zeiten der Krise. Eine nähere Diskussion der „flight to quality" im Zusammenhang mit den Krisen in Emerging Markets findet man bspw. bei Eichengreen et al. (2000).

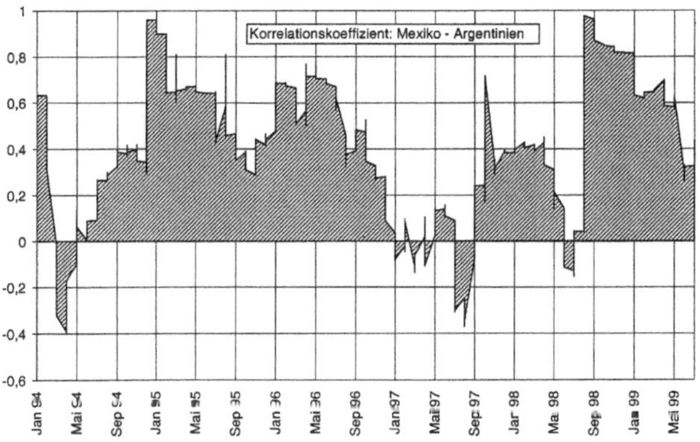

Abbildung 65: Korrelationskoeffizient zwischen Mexiko und Argentinien

Bei der Korrelation zwischen Mexiko und Argentinien zeichnen sich die Mexikokrise, die Asienkrise sowie die Unruhen in Folge des Moratoriums Russlands deutlich ab. Die stärkste Korrelation ist am Höhepunkt der Mexikokrise Ende 1994 sowie nach dem Russland-Moratorium im August 1998 feststellbar. Auffällig sind auch die starken Schwankungen der ermittelten Werte.

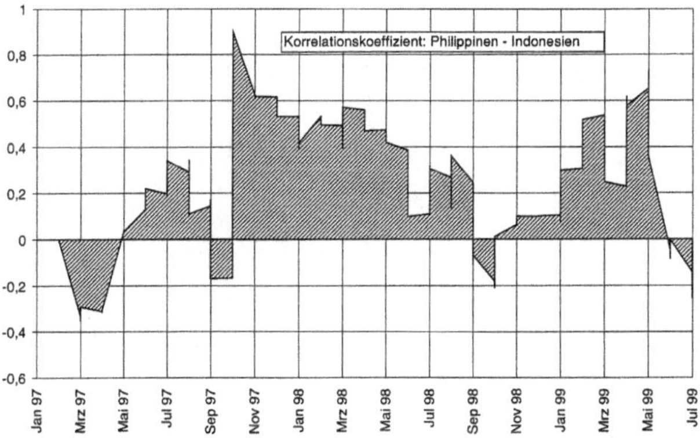

Abbildung 66: Korrelationskoeffizient zwischen den Philippinen und Indonesien

Betrachtet man im asiatischen Raum den Zusammenhang zwischen den Philippinen und Indonesien zeigt sich ein ähnliches Bild (vgl. Abbildung 66). Während bis Oktober 1997 ein schwach positiver oder sogar negativer Zusammenhang feststellbar war, befand sich die Korrelation während der gesamten Asienkrise im stark positiven Bereich.

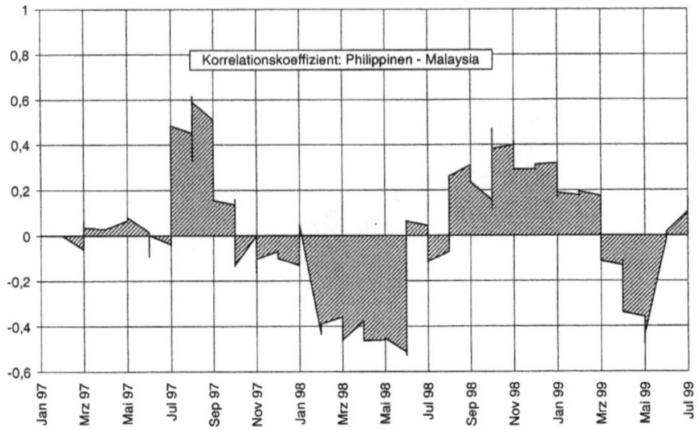

Abbildung 67: Korrelationskoeffizient zwischen den Philippinen und Malaysia

Die Korrelation zwischen den Philippinen und Malaysia verläuft nahezu spiegelverkehrt (vgl. Abbildung 67). In diesem Fall ist vor der Krise eine positive Korrelation, während der Asienkrise eine negative Korrelation und nach ihrem Abklingen wiederum eine positive Korrelation festzustellen.

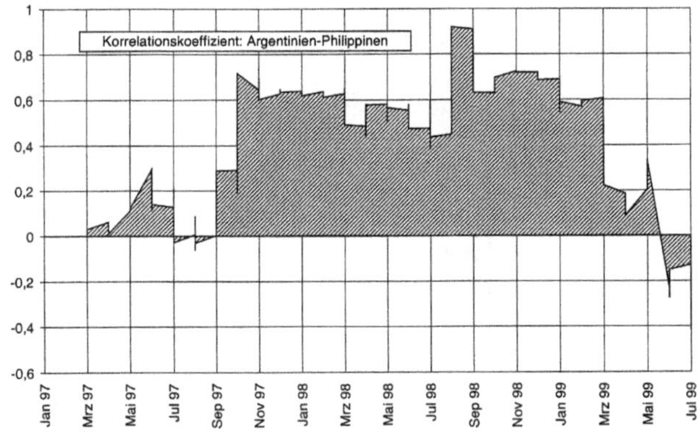

Abbildung 68: Korrelationskoeffizient zwischen Argentinien und Philippinen

Blickt man abschließend noch auf die Korrelation zwischen Argentinien und den Philippinen (vgl. Abbildung 68), zeigen sich ab Ausbruch der Asienkrise und über den gesamten Verlauf hohe positive Werte.

Die bisherigen Beobachtungen legen es nahe, bei den Zusammenhängen der Länder eine grundsätzliche Unterscheidung in Zeiträume mit gewöhnlicher Wirtschaftsentwicklung sowie mit krisenhafter Wirtschaftsentwicklung vorzunehmen. Während der gewöhnlichen Wirtschaftsentwicklung sollten sich Zusammenhänge auf Grund der allgemeinen Stimmungslage der Investoren sowie wirtschaftlicher Faktoren ergeben. Während einer Krise rückt die Frage, welche Länder von einer Ansteckung bzw. einer parallelen Entwicklung gefährdet sind, in den Mittelpunkt. Alle Länder, die als gefährdet eingestuft werden, durchlaufen in dieser Phase eine ähnliche Entwicklung, wer als nicht gefährdet betrachtet wird, koppelt sich von der Krisenentwicklung ab. Mit diesen Überlegungen ließen sich sowohl positive als auch negative Zusammenhänge erklären, die erst bei Ausbruch einer Krise auftreten. Welche Gruppen von Ländern die Investoren in den Gefährdungskreis einordnen, wird sich nach der genauen Art der Krise richten. Die Krise in Russland führte bspw. zu einer Neubewertung anderer großer Ökonomien wie Argentinien oder Mexiko.

Den beobachtbaren „correlation breakdown" bei einschneidenden Ereignissen auf den Märkten bestätigen auch Loretan und English (2000, S. 214). Sie stellen jedoch die statistische Eigenschaft der Berechnungsformeln des Korrelationskoeffizienten für ihre Erklärung in den Vordergrund. Sie zeigen, dass bei Ziehung einer Stichprobe während einer Zeit hoher Volatilität eine vorhandene Korrelation überschätzt wird, da die Extremwerte ein stärkeres Gewicht in den Berechnungen besitzen. Die veränderten Korrelationen wären somit nicht ein Ausdruck veränderter fundamentaler Zusammenhänge zwischen den Ländern, sondern lediglich die Folge von high- und low-volatility Phasen. Dieser Effekt spielt auch im Rahmen der Emerging Markets eine Rolle. Ein schlagartiger Wechsel von positiven auf negative Korrelationen lässt sich damit jedoch nicht erklären.

Die Ergebnisse machen deutlich, dass eine einfache Ableitung von Zusammenhangsmaßen aus Marktpreisinformationen – analog zu der Berechnung impliziter Ausfallwahrscheinlichkeiten – nicht möglich ist. Die starken Veränderungen der beobachteten Korrelationen, speziell während einer Krise, verhindern brauchbare Ergebnisse, da ja gerade der Krisenfall für eine Risikoanalyse von Interesse ist. Für einen Planungshorizont von bspw. einem Jahr lassen sich mit der Entwicklung der Marktpreise keine sinnvollen Werte generieren. Um die Veränderung der Korrelationsmatrizen in einem Modell erfassen zu können, bedarf es der Kenntnis möglicher Muster dieser Matrizen und der Wahrscheinlichkeit ihres Auftretens. Die vorgegebene Datenlage verhindert eine Quantifizierung der Parameter.

9.2 Bildung ökonomisch begründeter Zusammenhangsmaße

Als Alternative zu den Marktpreisinformationen können bei der Analyse der Zusammenhänge innerhalb eines Kreditportfolios makroökonomische Daten verwendet werden. Je nachdem, welcher Bereich in den Mittelpunkt der Auswertungen gestellt wird, sind verschiedene Vorgehensweisen denkbar. Eine unmittelbare Verflechtung zweier Ökonomien spiegelt sich in ihren Handelsbeziehungen wider. Ein möglicher Indikator für die Bedeutung eines anderen

Landes kann das Verhältnis der Exporte an dieses Land zu den Gesamtexporten sein. Komplexere Kennzahlen, wie ein Wettbewerbsindex (vgl. Fratzscher, 1998, S. 679) berücksichtigen neben dem bilateralen Handeln auch gemeinsame Drittmärkte zweier Länder.[236]

Gleichläufige wirtschaftliche Entwicklungen zweier Länder können außerdem auf Ähnlichkeiten bezüglich deren Charakteristika beruhen. Als Charakteristika für einen Vergleich eignen sich relative Kennzahlen, die relevante ökonomische Bereiche beschreiben, wie zum Beispiel das reale Wachstum, das Verhältnis von Zahlungsbilanzsaldo zum BIP oder das Verhältnis von Devisenreserven zu den Importen. Es ist plausibel, dass Länder mit ähnlicher ökonomischer Struktur von Veränderungen der globalen Rahmenbedingungen gleich stark betroffen sind. Die Krisen der neunziger Jahre zeigten darüber hinaus, dass Investoren die von Krisen ausgelösten Neueinschätzungen betroffener Länder auf andere Länder mit gleichen Charakteristika übertrugen, auch wenn wirtschaftlich keine klaren Zusammenhänge bestanden. Für eine einfache Untersuchung solcher Ähnlichkeiten können Methoden der Clusteranalyse zur Anwendung kommen. Eine Übersicht verschiedener Ähnlichkeits- und Distanzmaße findet sich bspw. bei Kaufmann und Pape (1996, S. 440 ff.) oder bei Everitt (1974, S. 53 ff.). Betrachtet man eine Gruppe von Ländern, lässt sich paarweise ein Gower-Ähnlichkeitskoeffizient für die angesprochenen ökonomischen Kennzahlen berechnen.

Ein zunehmend wichtiger Punkt, der bereits in den Korrelationsmaßen der Renditespreads zum Ausdruck kam, sind Zusammenhänge und Ansteckungsgefahren im Bereich der Finanzmärkte. Neben Renditespreads können bei einer solchen Analyse auch Aktienindizes, Wechselkurse oder Geldmarktzinssätze berücksichtigt werden.[237] Eine Methode zur Abbildung der dynamischen Abhängigkeiten auf diesen Märkten bietet die Vektorautoregression (VAR). So verwenden Baig und Goldfajn (1998, S. 16) die VAR-Methodik, um Interdependenzen zwischen den Aktien- und Devisenmärkten asiatischer Emerging Markets zu erklären.

Statt des Vergleichs einzelner wirtschaftlicher Indikatoren oder der Analyse von Handelsbeziehungen bzw. Finanzmärkten können auch unmittelbar die beobachteten Wirtschaftszyklen der einzelnen Länder ausgewertet werden. Über die Ausbreitung konjunktureller Schocks sollen Rückschlüsse auf die Interdependenzen der verschiedenen Länder gezogen werden. Für eine empirische Analyse dieser Zusammenhänge bietet sich erneut die VAR-Methodik an.

---

236 Für eine Untersuchung der Ansteckungskanäle in den Krisen der neunziger Jahre und die Rolle der Handelsbeziehungen vgl. Kaminsky und Reinhart (2000) sowie Van Rijckeghem und Weder (2001).

237 Zur Frage nach der Wirksamkeit von Kapitalkontrollen um die Ansteckungsgefahren über die Märkte zu verringern vgl. Kaminsky und Schmukler (2001b).

Mit Hilfe der beschriebenen Verfahren können jedoch nicht unmittelbar die gewünschten Parameter in einer Korrelationsmatrix quantifiziert werden. So liefern bspw. die Analyse der Wettbewerbsindizes oder der Ähnlichkeitsmaße keine Größen, die sich als Korrelationskoeffizient interpretieren ließen, sondern begründen zunächst lediglich eine ordinale Rangfolge der Abhängigkeiten. Ein zusätzliches Problem ergibt sich, da in den ökonomischen Analysen auch einseitige bzw. zeitlich verzögerte Abhängigkeiten auftreten. Im Rahmen eines einfachen Kreditportfoliomodells existiert demgegenüber häufig eine Beschränkung auf simultane, symmetrische Abhängigkeiten (vgl. Kapitel 5).

Im Rahmen einer Arbeit am Lehrstuhl für Statistik der Universität Regensburg (vgl. Antony, 2000) wurde ausgehend von diesen Überlegungen Investitionsentscheidungen auf der Basis alternativer Korrelationsmatrizen simuliert. Als Daten dienten erneut die Kurse von Fremdwährungsanleihen asiatischer und lateinamerikanischer Emerging Markets von 1997 bis 1999. Verglichen wurde dabei der Erfolg unterschiedlicher Vorgehensweisen bei der Berechnung der Korrelationsmatrix. Einer Schätzung der Korrelationen aus historischen Renditeverläufen wurden Schätzungen auf der Basis ökonomischer Modelle gegenübergestellt (bspw. Ähnlichkeitskoeffizient ökonomischer Kennzahlen). Ziel der Portfolioselektion war es, einen bestimmten Betrag in riskante sowie in risikolose Anleihen zu investieren, wobei eine optimale Allokation mit einem modifizierten Markowitz-Portfolioselektionsmodell festgelegt wurde.[238] Auf Grundlage der verschiedenen Korrelationsmatrizen sollten jeweils Portfolios mit einer erwarteten Rendite von mindestens sieben, acht und neun Prozent bei gleichzeitiger Minimierung des Risikos zusammengestellt werden. Das Risiko, dargestellt durch die geschätzte Volatilität der Portfoliorendite, wird mit steigender erwarteter Rendite größer.

Nicht die Höhe der erzielten Rendite entscheidet über eine gute Schätzung der Korrelationsmatrix, sondern inwieweit die Volatilitäten und die Renditeentwicklung den ermittelten Werten folgen. In dieser Analyse zeigte sich ein relativ klares Bild. Die Portfolioallokation auf Basis der Marktpreise erwies sich als ungeeignet, die Zusammenhänge der ausgewählten Renditen und somit die Parameter der Performance festzulegen. Bei den ökonomisch begründeten Modellen ergab sich ein positiveres Bild. In der Zeit vor Ausbruch der Krise entwickelten sich die Renditen der Portfolios entsprechend der Erwartungen, d.h. die riskanteren Portfolios erzielten die höheren Renditen. Im Verlauf der Krise waren die riskanten Portfolios stärker betroffen und erzielten in vielen Fällen die geringsten Renditen. In der Arbeit von Antony wird dies als Hinweis

[238] Um speziell das Problem der Evolution der Laufzeiten während des Beobachtungszeitraums zu berücksichtigen, wird einem Vorschlag von Haugen (1997, S. 414 ff.) folgend, die Formel von Babcock (1984) verwendet und die Renditen mit Hilfe der Duration berechnet. Davis und Lo (2001) zeigen ein Verfahren zur Aufnahme von Korrelationen in ein Bondportfolio.

auf den generellen Nutzen makroökonomischer Informationen bei der Modellierung von Zusammenhangsmaßen gewertet.

10 Fazit und Ausblick

Die Messung und das Management von Kreditrisiken befinden sich in einer Phase des Wandels. Angetrieben durch den Wettbewerb zwischen den Banken sowie angekündigter rechtlicher Reformen rückt eine quantitative Erfassung der Risiken einzelner Kredite sowie der Risiken von Kreditportfolios immer stärker in den Vordergrund. Auf Grund des Volumens des internationalen Kreditgeschäfts sowie der Krisen in einer Reihe von Emerging Markets in den neunziger Jahren stellen Länderrisiken eine nicht zu vernachlässigende Größe innerhalb des Kreditrisikos dar. Trotzdem sind Länderrisiken in der Diskussion auf theoretischer und praktischer Ebene klar unterrepräsentiert. Ein Großteil der aktuellen Ansätze konzentriert sich auf Lösungen für Kredite an Unternehmen und behandelt Länderrisiken – wenn überhaupt – als Zusatzkomponente in Form des Transferrisikos. Unklare begriffliche Abgrenzungen und fehlende Standardisierung erschweren bereits im Ansatz die Diskussion über Länderrisiken.

Der aktuelle Forschungsbedarf liegt zum einen auf der Weiterentwicklung der Kreditrisikomodelle, um eine bessere Einbindung von Länderrisiken zu gewährleisten. Zum anderen fehlen für Länder Ansätze für die Ermittlung zentraler Ausfallparameter wie Ausfallwahrscheinlichkeit, Recovery Rate und Zusammenhangsmaße. Sie stellen eine notwendige Bedingung und aktuell den größten Engpass bei der Berücksichtigung von Sovereign Risk und Transferrisiko im Kreditrisikomanagement dar. Die traditionelle Länderrisikoanalyse ist nicht in der Lage, die gewünschten Parameter zu liefern, da die verwendeten Scoringmodelle nur zur Ableitung einer ordinalen Risikorangfolge zwischen den Ländern geeignet sind.

Nach der Ableitung der bestehenden Probleme wurde im Rahmen der vorliegenden Arbeit untersucht, welche Lösungsansätze sich für Verbesserungen auf dem Gebieter der Parameterermittlung bieten. Im Mittelpunkt stand dabei die Ermittlung von impliziten Ausfallwahrscheinlichkeiten aus der Analyse von Preisen von Kreditderivaten bzw. von Renditespreads bei Fremdwährungsanleihen wichtiger Emerging Markets in Lateinamerika und Südost-Asien. Dieser indirekten Ermittlung der Parameter wurde gegenüber einer direkten Analyse auf Basis einzelner Risikofaktoren der Vorzug gegeben, da ihr größere Chancen zugerechnet wurden, trotz der schlechten Datenlage verwertbare Ergebnisse zu generieren. So erfordert eine indirekte Ermittlung der Parameter nicht zwingend eine Ausfallhistorie und ermöglicht eine größere Zeitnähe (unabhängig von den Veröffentlichungen statistischer Daten zu den Ländern). In den Preisen erfolgt im Idealfall – d.h. bei Annahme effizienter Preise – eine automatische Berücksichtigung aller wirtschaftlichen, politischen und sonstigen Risikofaktoren. Bereits bei der theoretischen Diskussion einer geeigneten Auswertungsmethodik und der Untersuchung der verfügbaren Datenbasis werden jedoch auch Einschränkungen deutlich. Zu nennen sind insbesondere die weitreichenden Annahmen, die zutreffen müssen, damit die Ergebnisse sinnvolle Schätzungen für die gesuchten Parameter liefern. Dazu gehören die Annahme der Arbitragefreiheit, die bspw. auf Grund illiquider Märkte fraglich ist, oder die Annahme der Risikoneutralität der Akteure. Für die Ermittlung der Ausfallwahrscheinlichkeiten stellt zudem die Kenntnis der Recovery Rate eine Voraussetzung dar. Da für die Modellierung der Recovery Rate von Ländern keine überzeugenden Ansätze existieren, bleibt hier häufig nur eine intuitive Festlegung als Lösung. Eine solche Festlegung ist deshalb problematisch, weil die resultierenden Ausfallwahrscheinlichkeiten stark von diesem Wert abhängen. Bei den Auswertungen wurde versucht, mit einer möglichst einfachen und transparenten Vorgehensweise die Chancen einer Risikobeurteilung durch Marktpreise zu beleuchten, aber auch stets die angesprochenen Beschränkungen und kritischen Annahmen der Analyse präsent zu halten.

Die Ermittlung von Ausfallwahrscheinlichkeiten aus Preisen von Kreditderivaten und Renditespreads mit Hilfe einfacher Arbitrageüberlegungen liefert Ergebnisse, die hinsichtlich eines ordinalen Vergleichs mit den Ratingagenturen als weitgehend plausibel erscheinen. Bei der Betrachtung der Phase vor den Krisen wurde deutlich, dass Marktpreise gegenüber den Ratings in der Prognosefähigkeit keinen klaren Vorteil besitzen. Die Marktteilnehmer wurden von den Krisen ebenso überrascht wie die Ratingagenturen. Unterschiede bestehen jedoch in der Reaktionsgeschwindigkeit. Hier ist bei den Ratingagenturen eine größere Zurückhaltung festzustellen. Da die tatsächlichen Ausfallwahrscheinlichkeiten nicht bekannt sind, lässt sich nicht beurteilen, ob die Märkte oder ob die Ratingagenturen mit ihren Einschätzungen der Realität besser gerecht werden. Insbesondere ist unklar, in welchem Umfang Panik- und Herdenmechanismen zu den Ausschlägen der Marktpreise beitragen.

Neben einfachen Arbitrageüberlegungen lassen sich Ausfallwahrscheinlichkeiten auch mit Hilfe komplexerer Modelle, bspw. beruhend auf der Optionspreistheorie, aus Renditespreads generieren. In der praktische Umsetzung zeigt sich, dass zwar zusätzliche ökonomische Zusammenhänge berücksichtigt werden können, aber die grundlegenden Probleme bestehen bleiben. Eine besondere Gefahr der Optionsmodelle ist, dass die technische Durchführbarkeit ein unübersichtliches „Tuning“ oder „Kalibrieren“ der Eingangsparameter erfordert, und viele der bestehenden Probleme verschwinden in einer Black-Box.

Das Fazit in Bezug auf die aktuellen Auswertungsmöglichkeiten von Kreditderivaten und Fremdwährungsanleihen ist zweigeteilt. Als Alarmsystem im Rahmen eines Monitoring können Preise auf Länderebene einen wertvollen Beitrag, speziell durch die große Zeitnähe, erbringen. Eine verlässliche Generierung der benötigten Ausfallwahrscheinlichkeiten lassen die Datenprobleme und die kritischen Annahmen jedoch derzeit nicht zu. Angesichts dieses Befundes bleibt als ernüchternde Kernaussage dieser Arbeit, dass auf der Ebene der Länderrisiken ähnlich rasche Fortschritte wie im Bereich der Kreditrisiken von einheimischer Unternehmen nicht zu erwarten sind. Verbesserungen können derzeit lediglich im Rahmen der traditionellen Länderrisikoanalyse erfolgen. Da einfache Kochrezepte weder über Marktpreise noch über umfangreiche Ausfallhistorien zugänglich scheinen, bleibt nur der mühevolle Weg über die Analyse der Risikofaktoren oder bestehender Ansteckungswege. Hier ist eine Neuausrichtung der Länderanalyse an den gesuchten quantitativen Parametern vorzunehmen. Es gilt, das bestehenden Wissenspotential und die Erfahrungen der traditionellen Länderrisikoanalyse zu nutzen, um bspw. die Probleme einer unzureichenden Datenbasis zu mildern. Trotz all der Schwierigkeiten, die sich auf diesem Weg ergeben werden, stellt eine Vernachlässigung des Länderrisikos auf Grund der Komplexität der zu lösenden Aufgaben keine sinnvolle Strategie dar.

Bei einem Ausblick auf die weiteren Entwicklungen zeichnen sich einige Aspekte relativ klar ab. Das Kreditrisikomanagement wird auch in den kommenden Jahren an Bedeutung gewinnen. Die Entwicklung der Kreditrisikomodelle wird voranschreiten, und mit der näherrückenden Einführung der neuen Richtlinien für die Eigenkapitalunterlegung (Basel II) wird eine große Zahl von Software-Paketen mit Lösungsansätzen auf diesem Markt konkurrieren. Wie schnell und in welchem Umfang die Bedeutung von Kreditrisikomodellen in künftigen aufsichtsrechtlichen Reformen zunehmen wird, hängt nicht zuletzt davon ab, wie das bisher vernachlässigte Problem der Länderrisiken berücksichtigt wird.

Eine günstige Entwicklung bei der Analyse von Länderrisiken lässt sich im Bereich der Datenverfügbarkeit prognostizieren. Die globalen Kapitalmärkte werden für die Emerging Markets zu einer immer wichtigeren Finanzierungsquelle. Fehlende, falsche oder verspätete Informationen über ein Land werden den Zugang zu diesen Märkten erschweren und verteuern. Insofern kann mit einem steigenden Eigeninteresse dieser Länder gerechnet werden, bessere Daten zur Verfügung zu stellen. Für die Auswertung der Preisinformationen wird die weitere Expansion der Anleihe- und Kreditderivatemärkte die Datensituation erheblich verbessern. Besonders bei Kreditderivaten könnten eine erhöhte Liquidität und transparentere Bepreisungsmethoden die Auswertungsmöglichkeiten deutlich erweitern.

Einen Einfluss auf die künftige Analyse von Länderrisiken haben darüber hinaus institutionelle Veränderungen der globalen Märkte. Ein Beispiel ist die aktuelle Diskussion über veränderte „Spielregeln“ für den Ausfall eines Unternehmens. Nach dem wiederholten Vorwurf, der IMF würde durch seine Bail-Out-Aktivitäten Krisen eher fördern als verhindern, weil sie Kapitalgeber zu unkritischen Investitionen ermuntern, befassen sich Forscher und Politiker mit der Schaffung einer „Länderinsolvenz“ ähnlich einer „Unternehmensinsolvenz“.[239] Auch wenn hierdurch Erfahrungen mit vergangenen Umschuldungs-

[239] Vgl. bspw. Beattie (2001) und Bossone und Sdralevich (2002)

verhandlungen wertlos würden, böte ein solches Konzept eine wesentlich günstigere Ausgangslage, um Daten über einen Länderausfall und die möglichen Folgen (vor allem die Recovery Rate) zu ermitteln. Als zweites Beispiel lässt sich die Diskussion um eine neue Finanzarchitektur nennen.[240] Auch hier könnten die Spielregeln drastisch verändert werden, indem bisherige Ansteckungskanäle zugeschüttet bzw. durch andere ersetzt werden. Die Analyse von Länderrisiken bleibt insofern eine große Herausforderung, bei der einzig das Auftreten weiterer Überraschungen als gesichert angesehen werden kann.

240 Vgl. bspw. Eichengreen (2001) und Nunnenkamp (2001)

Anhang

A Externes Rating und Kreditrisikomodelle

A1. Ratingnoten von Standard & Poor's und Moody's (Emittentenrating)

Standard & Poor's[241]	**Numerischer Wert**[242]	**Moodys**	**Zahlungsfähigkeit**	
AAA	1	**Aaa**	Exzellent	
AA+	1,8	**Aa1**		
AA	2	**Aa2**	Sehr gut	
AA-	2,2	**Aa3**		**Investment**
A+	2,8	**A1**		
A	3	**A2**	Gut	**Grade**
A-	3,2	**A3**		
BBB+	3,8	**Baa1**		
BBB	4	**Baa2**	Angemessen	
BBB-	4,2	**Baa3**		
BB+	4,8	**Ba1**		
BB	5	**Ba2**	Leicht Gefährdet	
BB-	5,2	**Ba3**		
B+	5,8	**B1**		
B	6	**B2**	Gefährdet	
B-	6,2	**B3**		**Speculative**
CCC+	6,8	**Caa1**		
CCC	7	**Caa2**	Schlecht	**Grade**
CCC-	7,2	**Caa3**		
	7,8			
CC	8	**Ca**	Sehr Schlecht	
	8,2			
	8,8			
C	9	**C**	Nahe Default / Default	
	9,2			
Sd	10	**D**	Default	
d	11			

[241] Zu den Ratingnoten und deren Bedeutung vgl. www.standardandpoors.com und www.moodys.com.

[242] Eigene Festlegung numerischer Werte zur einfacheren grafischen Darstellung.

A2. Kreditportfoliomodelle

	CreditRisk+™	PortfolioManager™	CreditMetrics™	CreditPortfolioView™
Risikoverständnis				
• Risikodefinition	• Verlust aus Kreditausfall	• Marktwertänderung	• Marktwertänderung	• Marktwertänderung
• Kausaler Risikofaktor	• Keine Kausalität	• Unternehmensvermögen	• Unternehmensvermögen	• Makroökonomie
• Kreditausfälle	• Ja	• Ja	• Ja	• Ja
• Bonitätsveränderungen	• Nein (aber: integrierbar)	• Ja	• Ja (Credit Spreads)	• Bei Bonds: Credit Spread
Portfoliostrukturen				
• Liquidität der Portfoliopositionen	• Vor allem illiquide Portfolios	• Vor allem liquide Portfolios	• Liquide Portfolios, sonst kein Kurswert existent	• Integration liquider und illiquider Portfolios
• Zeithorizont der Risikoprognose	• Fester Zeithorizont / bis kreditspezifische Fälligkeit	• Fester Zeithorizont	• Fester Zeithorizont	• Fester Zeithorizont
• Ausrichtung der Datenanforderungen auf	• V.a. Kreditpositionen im Bankbuch	• Anleihen und Kredite börsennotierter Firmen	• Anleihen mit einem externen Rating	• Konjunktursensible Kreditportfolios
• Zuordnung der Ausfallraten	• Internes Scoring / Rating	• Schuldnerindividuelle optionsth. Betrachtung	• Rating	• Rating / Scoring, Branche, Region, BIP
Implementierung				
• Software	• Kostenloses Excel-Tool	• KMV PortfollioManager™	• CreditManager™	• CreditPortfolioView™
• Datenanforderungen	• Relativ gering	• Relativ hoch	• Relativ hoch	• Relativ hoch
• Rechenmethodik	• Analytischer Ansatz	• Analytischer Ansatz	• Monte-Carlo-Simulation	• Monte-Carlo-Simulation
• Rechengeschwindigkeit	• Sehr schnell	• Schnell	• Langsam	• Sehr langsam
Umsetzung				
• Flexibilität	• Einfache, schnelle Auswertungen & Adaptionen	• Modellierung und Parametrisierung flexibel	• Flexibilität v.a. durch Eingangsparameter	• Modellierung & Parametrisierung sehr flexibel
• Umsetzungsaufwand	• Relativ gering	• Mittel bis hoch	• Mittel	• Relativ hoch
• Umsetzungserfahrung	• Mehrere Banken	• Diverse Banken	• Mehrere Banken	• Einige Banken

Abbildung 69: Gängige Kreditportfoliomodelle im Überblick[243]

[243] Vgl. Bröker und Lehrbass (2002, S. 10)

B Zur Auswertung von Kreditderivaten (Kapitel 7)

B1. Schätzung der Zinsstrukturkurve

Für die Berechnungen benötigt man für den Tag, an dem die CDS-Bewertung erfolgte, Renditesätze für risikolose US-Zerobonds mit Laufzeiten von drei Monaten bis zehn Jahren in vierteljährlichen Intervallen. Bei der Beschaffung dieser Informationen steht man vor zwei Problemen. Zum einen gibt es nur selten Wertpapiere für alle gewünschten Laufzeiten und zum anderen sind US-Treasury-Bonds bzw. -Notes in der Regel keine Zerobonds, sondern Kuponanleihen. Zur Lösung dieser Probleme werden in der Finanzmathematik Zinsstrukturkurven geschätzt. Dazu werden möglichst viele Bonds mit unterschiedlichen Laufzeiten und Kuponzahlungen gesammelt, deren Gegenwartswerte aus den Marktpreisen ersichtlich sind. Es wird nun eine Funktion der Zinssätze in Abhängigkeit des Anlagezeitraums gesucht, die, falls man die Werte dieser Funktion zur Abdiskontierung verwendet, Gegenwartswerte generiert, die den beobachteten Marktpreisen möglichst nahe kommen. Die Anpassung erfolgt durch die optimale Wahl der Parameter der Funktion. Für die Zielgröße, die diese Schätzmethode optimiert, bestehen zwei Alternativen. Zum einen kann die Summe der quadrierten Abweichungen der Endfälligkeitsrenditen minimiert werden. Zum anderen ist es denkbar, die Summe der quadrierten Abweichungen der durch die geschätzten Renditen implizierten Kurse von den tatsächlichen Kursen zu minimieren. In der Literatur kommt hauptsächlich die erste Variante zum Einsatz.[244]

Für die hier verwendete Zinsstrukturkurve wurde auf Zinssätze zurückgegriffen, die bereits aus einer geschätzten Zinsstrukturkurve stammen. Die Federal Reserve Bank der Vereinigten Staaten veröffentlicht monatlich die berechneten Zinssätze für Staatstitel der USA mit Restlaufzeiten von 3 und 6 Monaten, sowie 1, 2, 3, 5, 7, 10, 20 und 30 Jahr(en).[245] Mit einer gängigen Funktion wird in einem parametrischen Vorgehen die Zinsstrukturkurve der Federal Reserve Bank nachgeschätzt.

Da es keine einfache ökonomische Theorie zum Verlauf einer Zinsstrukturkurve gibt, wird in den meisten Studien eine entsprechende Funktion ad hoc definiert und mit einer guten Anpassung an die tatsächlichen Beobachtungen begründet.[246] Grundsätzlich lassen sich die in der Literatur verwendeten Ansätze in lineare und nicht-lineare Funktionen unterteilen, wobei sich Linearität bzw. Nicht-Linearität auf die zu schätzenden Parameter bezieht. Nicht-lineare

---

244 Begründung siehe Geyer und Mader (1999, S. 16 f.).

245 Vgl. www.fed.org

246 Eine Übersicht über eine Reihe von möglichen Funktionen enthält Pichler (1992 S. 49 ff.).

Funktionen besitzen eine bessere Anpassungsgüte, die jedoch mit der Gefahr des Overfittings verbunden ist.

Das hier verwendete Modell stammt von Nelson und Siegel (1987), das sich u.a. bei der Österreichischen Nationalbank im Einsatz befand[247] Hierbei werden die beobachteten Zinssätze und Restlaufzeiten der folgenden Funktion angepasst, wobei T die Restlaufzeit darstellt:

(Gl. 43) $$y(T) = c_1 + c_2\left(\frac{1-e^{-T/c_4}}{-T/c_4}\right) + c_3\left(\frac{1-e^{-T/c_4}}{-T/c_4} - e^{-T/c_4}\right),$$

Der Koeffizient c_1 läßt sich als Zinssatz interpretieren für den Fall, dass die Restlaufzeit gegen unendlich geht. c_1+c_2 ist der Zinssatz bei Restlaufzeit T = 0. Da diese Funktion nicht-linear in den Parametern ist, muss eine nicht-lineare Schätzmethode gefunden werden, um die gewünschten Parameter zu bestimmen. Grundsätzlich kann nach der Maximum Likelihood Methode (ML) oder der nicht-linearen Kleinstquadrate-Methode (LS) vorgegangen werden, in der Literatur finden sich jedoch nur Anwendungen der LS Schätzung. Bei Verwendung der LS Schätzung ergaben sich für Juni 1996 und Juni 2000 folgende Zinsstrukturkurven:

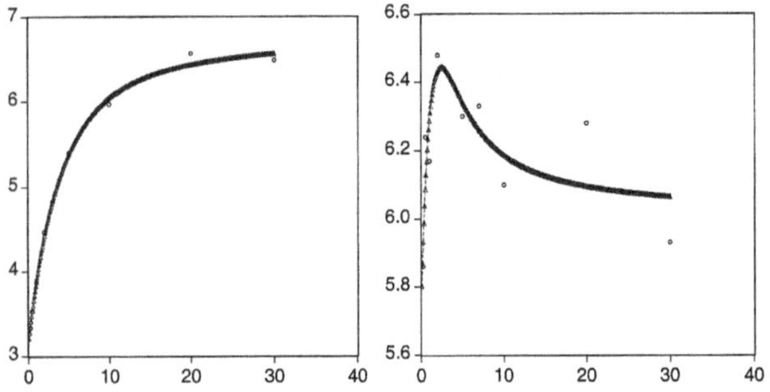

Abbildung 70: Zinsstrukturkurven für die USA im Juni 1996 und Juni 2000

Die zur Abdiskontierung benötigten vierteljährlichen Zinssätze werden der Zinsstrukturkurve des entsprechenden Zeitpunkts entnommen.

---

[247] Vgl. Geyer und Mader (1999). Die Deutsche Bundesbank arbeitet mit einer von Svenson (1994) erweiterten Version, vgl. Deutsche Bundesbank (Monatsbericht, 10/1997).

B2. SAS-Programm zur Generierung impliziter Ausfallwahrscheinlichkeiten aus CDS-Prämien

```
/* Berechnung von Ausfallwahrscheinlichkeiten aus Laufzeitstrukturkurven der Preise von Credit
Default Swaps, Markus Wade, Lehrstuhl für Statistik, Universität Regensburg, September 2000 */
Data dpreise;
Infile 'C:\A_Auswertungen\Kreditderivate\KD_Auswertungen\SAS\cds_preise.txt';
Input a1-a11;
proc iml;
namvek={Mexico       Argentine      Colombia      Peru   Brazil  Venezuela     Singapore
        Korea  Malaysia       Thailand                Philipenes};
e=11;  /*Zahl der Länder*/
use dpreise;
read all var _num_ into dpma ;
do w=1 to e; /* GROSSE SCHLEIFE */
/* A1. Identifikation */
name=namvek[1,w];                /*Eingabe*/
datum="3.6.2000";                /*Eingabe*/
        /* A2. Laufzeiten */
t=10; /* max. Jahre */           /*Eingabe*/
s=2;   /*Zahlungen pro Jahr */
n=t*s*2;
        /* A3. Recovery Rate, rr*/
rr=0.3;                      /*Eingabe*/
d=100*(1-rr);
        /* A4.Preise für Kreditderivate in Basispunkten*/
swapv=dpma[,w];
swapv=swapv/100;
swap=0.5*swapv;
        /* A5. Zinsstrukturkurve, vierteljährlich, absolut, kann von eviews kopiert werden*/
rend={ 5.93154668835        6.08691568873        6.20255515713        6.28716746856
6.3476407061         6.3894186158         6.41679601399        6.4331545624
6.4411508556         6.44286638506        6.43992703566        6.43359824234
6.42486070961        6.41447061611        6.40300744049        6.39091191625
6.37851611966        6.36606729158        6.35374667215        6.34168436881
6.32997107226        6.31866726988        6.30781047431        6.29742087971
6.28750577391        6.27806296783        6.26908344965        6.26055342869
6.25245589983        6.24477183207        6.23748106347        6.23056296721
6.22399694006        6.21776275356        6.21184079975        6.20621225624
6.20085919019        6.19576461639        6.19091252124        6.18628786193};
rend=rend`/100;
        /* A6. Berechnung des Diskontierungs-Vektors */
step=j(n,1);
disk=j(n,1);
j=0;
do i=0.25 to t by 0.25;
        j=j+1;
        step[j,1]=i;
        disk[j,1]=exp(-rend[j,1]*step[j,1]);
```

```
end;
        /* A7. Definition der Vektoren für die weitere Berechnung */
phja=j(t,1,0);
phjb=j(t,1,0);
phj=j(t,1,0);
uv=j(t,1,1);
u=j(t,1,1);
k=j(t,1,0);
        /* B. Berechnung der halbjährlichen Wahrscheinlichkeiten */
do o=4 to n by 4;
        m=o/4;
        /* B1. Berechnung Koeffizienten der quadratischen Gleichung im Jahr m */
  a=disk[o,1]*swap[m,1]+disk[o-1,1]*d;
        b=-(disk[o-2,1]+2*disk[o,1])*swap[m,1]-(disk[o-3,1]+disk[o-1,1])*d;
        c=(disk[o-2,1]+disk[o,1])*swap[m,1]+k[m,1];
        /* B2. Berechnung der Lösung der quatdratischen Gleichung */
        phja[m,1]=(-b+(b**2-4*a*c)**0.5)/(2*a);
        phjb[m,1]=(-b-(b**2-4*a*c)**0.5)/(2*a);
        /* B3. Suche nach der richtigen Lösung */
        if phja[m,1]<1 & phja[m,1]>0 then phj[m,1]=phja[m,1];
        else phj[m,1]=phjb[m,1];
        if o=n then goto raus1;
        /* B4: Wkeit m Jahre zu ueberleben: vektor u */
        uv[m+1,1]=(1-phj[m,1])**2;
        u[m+1,1]=u[m,1]*uv[m+1]          ;
        /* B5: Definition der Vektoren für Zwischenergebnisse bei der Berechnung der Konstanten */
        co=j(m,1,0);
        ko=j(m,1,0);
        eins=j(m,1,0);
        /* B6: Berechnung der Summe der Konstanten mit dem Swappreis des nächsten Jahres (o+4)
*/
        do i=4 to o by 4;
                s=i/4;
                /* Konstante k im Jahr s*/
                a=disk[i,1]*swap[m+1,1]+disk[i-1,1]*d;
                b=-(disk[i-2,1]+2*disk[i,1])*swap[m+1,1]-(disk[i-3,1]+disk[i-1,1])*d;
                c=(disk[i-2,1]+disk[i,1])*swap[m+1,1];
                co[s,1]=phj[s,1]**2*a+phj[s,1]*b+c ;
                /* Summe aller Konstanten */
                co[s,1]=co[s,1]*u[s,1];
                eins[s,1]=1;
                ko[s,1]=co`*eins;
        end;
        /* B7. Modifikation der Konstanten um quadratische Gleichung zu isolieren */
        k[m+1,1]=1/u[m+1,1]*ko[m,1];
        raus1: ;
end;
        /* C1. Berechnung der jährlichen (Martingal-) Ausfallwahrscheinlichkeiten mpj*/
mpj=2*phj-phj##2;
        /* C2. Unbedingte jährliche Ausfallwahrscheinlichkeiten upj */
upj=mpj#u;
```

```
        /* D. Ausdruck der Resultate */
print name datum;
/*Kontrolle print u uv swap */
print rend swapv phja phjb phj mpj upj;
        /* Erzeugen der Matrizen */
BDP=BDP||mpj;
UDP=UDP||upj;
end;    /* ENDE GROSSE SCHLEIFE */
print bdp;
print udp;
file 'C:\A_Auswertungen\Kreditderivate\KD_Auswertungen\SAS\b_w_05.txt' ;
        do i2=1 to t;
                do i1=1 to e;
                        put @(i1*10) (BDP[i2,i1]) @ ;
                end;
                put;
        end;
file 'C:\A_Auswertungen\Kreditderivate\KD_Auswertungen\SAS\u_w_05.txt' ;
        do i2=1 to t;
                do i1=1 to e;
                        put @(i1*10) (UDP[i2,i1]) @ ;
                end;
                put;
        end;
free /;
Quit;
run;
```

C Zu den Auswertungen von Renditespreads für Argentinien 2001

C1. Regressionsschätzung für Renditespreads von Argentinien

Dependent Variable: LOG(SPREAD)

Method: Least Squares

Date: 11/12/01 Time: 13:04

Sample: 1 24

Included observations: 24

Variable	Coefficient	Std. Error	t-Statistic	Prob.
C	4.251585	0.042964	98.95647	0.0000
LOG(LAUFZEIT)	-0.628669	0.030134	-20.86238	0.0000

R-squared	0.951885	Mean dependent var	3.437259
Adjusted R-squared	0.949698	S.D. dependent var	0.392159
S.E. of regression	0.087954	Akaike info criterion	-1.944355
Sum squared resid	0.170189	Schwarz criterion	-1.846184
Log likelihood	25.33226	F-statistic	435.2390
Durbin-Watson stat	1.780404	Prob(F-statistic)	0.000000

C2. Maple-Programm zur Berechnung der Zerobondrenditen

```
> pr1:=0.628457893;    pr2:=0.550834554;    pr3:=0.515716072;    pr4:=0.498290296;
> pr5:=0.490179353;    pr6:=0.487570074; pr7:=0.488431094;  pr8:=0.491568245;
          pr9:=0.496230692;      pr10:=0.501922972;
> c:=0.0875;
> u1:=(1+c)/(1+x1)=pr1;
> x1:=solve(u1,x1);
> u2:=c/(1+x1)+(1+c)/(1+x2)^2=pr2;
> x2:=solve(u2,x2);
> x2:=0.4743915972;
> u3:=c/(1+x1)+c/(1+x2)^2+(1+c)/(1+x3)^3=pr3;
> x3:=solve(u3,x3);
> x3 :=0.3678795703;
> u4:=c/(1+x1)+c/(1+x2)^2+c/(1+x3)^3+(1+c)/(1+x4)^4=pr4;
> x4:=solve(u4,x4);
> x4:=0.3064623982;
> u5:=c/(1+x1)+c/(1+x2)^2+c/(1+x3)^3+c/(1+x4)^4+(1+c)/(1+x5)^5=pr5;
> x5:=solve(u5,x5);
> x5 :=0.2654368487;
> u6:=c/(1+x1)+c/(1+x2)^2+c/(1+x3)^3+c/(1+x4)^4+c/
> (1+x5)^5+(1+c)/(1+x6)^6=pr6;
> x6:=solve(u6,x6);
> x6 :=0.2356270386;
> u7:=c/(1+x1)+c/(1+x2)^2+c/(1+x3)^3+c/(1+x4)^4+c/(1+x5)^5+c/
> (1+x6)^6+(1+c)/(1+x7)^7=pr7;
> x7:=solve(u7,x7);
> x7 :=0.2127603355;
> u8:=c/(1+x1)+c/(1+x2)^2+c/(1+x3)^3+c/(1+x4)^4+c/(1+x5)^5+c/
> (1+x6)^6+c/(1+x7)^7+(1+c)/(1+x8)^8=pr8;
> x8:=solve(u8,x8);
> x8 :=0.1945479299;
> u9:=c/(1+x1)+c/(1+x2)^2+c/(1+x3)^3+c/(1+x4)^4+c/(1+x5)^5+c/
> (1+x6)^6+c/(1+x7)^7+c/(1+x8)^8+(1+c)/(1+x9)^9=pr9;
> x9:=solve(u9,x9);
> x9 :=0.1796392403;
> u10:=c/(1+x1)+c/(1+x2)^2+c/(1+x3)^3+c/(1+x4)^4+c/(1+x5)^5+c/
> (1+x6)^6+c/(1+x7)^7+c/(1+x8)^8+c/(1+x9)^9+(1+c)/(1+x10)^10=pr10;
> x10:=solve(u10,x10);
> x10:=0.1671784731;
> x1;x2;x3;x4;x5;x6;x7;x8;x9;x10;
```

C3. Daten der zehn künstlichen Anleihen

Durchschnittlicher Zinssatz für Argentinien 8,75 Prozent und für Deutschland 3,8 Prozent.

	AR			**DE**		
T	***Rk_AR***	***nr_AR***	**theo. *Bk_AR(T)***	***rk_DE***	***nr_DE***	**theo. *Bk_DE(T)***
1	0,7304	0,0875	0,6285	0,0283	0,0380	0,6285
2	0,4868	0,0875	0,5508	0,0326	0,0380	0,5508
3	0,3874	0,0875	0,5157	0,0355	0,0380	0,5157
4	0,3314	0,0875	0,4983	0,0376	0,0380	0,4983
5	0,2947	0,0875	0,4902	0,0394	0,0380	0,4902
6	0,2686	0,0875	0,4876	0,0409	0,0380	0,4876
7	0,2489	0,0875	0,4884	0,0423	0,0380	0,4884
8	0,2334	0,0875	0,4916	0,0434	0,0380	0,4916
9	0,2209	0,0875	0,4962	0,0445	0,0380	0,4962
10	0,2106	0,0875	0,5019	0,0455	0,0380	0,5019

D Auswertungen zu Renditespreads für Emerging Markets 1994 - 1999

D1. Eviews-Programm zur Berechnung der Duration

Programm zur Berechnung der Duration benötigt workfile „DUR_LAENDER.wf1"

```
%land1 ="it1"
%date1 = "9:16:93"
%land2 ="it2"
%date2 = "5:26:93"
%land3 ="gr1"
%date3 = "8:1:95"
%land4 ="gr2"
%date4 = "11:30:94"
%land5 ="my1"
%date5 = "12:04:96"
%land6 ="my2"
%date6 = "01:06:97"
%land7 ="id"
%date7 = "12:19:96"
%land8 ="ph1"
%date8 = "10:23:96"
%land9 ="ph2"
%date9 = "1:9:97"
%land10 ="ar2"
%date10 = "8:3:93"
%land11 ="vz1"
%date11 = "6:27:97"
%land12="vz2"
%date12 = "5:26:94"
%land13 ="mx2"
%date13= "1:15:97"
%land14="mx5"
%date14="10:20:93"
%land15="mx6"
%date15= "3:23:93"

!nbo=15        'Anzahl der Anleihen

vector(!nbo) nz=0
vector(!nbo) halbj=0
vector(!nbo) rlz=0
vector(!nbo) obs=0

nz.fill     6.875 ,     6.625,  7.5     ,     9.75,   9.875,  7.125,  7.75,   8.75,   9.75,    8.25,
9.125,  6.75,   9.875,  6.97,   8.5
halbj.fill      1,          0     ,     0     ,      0     ,     1     ,     1
     ,     1     ,     0,     1,     1, 1, 1,        1,     1,     1
```

```
rlz.fill 8825,    1410,   368,    121,    425,    2208,   2559,   6279,   3624,   369,    2880,   7550,
         2726,    379,    1143
obs.fill  1532,    1613,   1044,   1218,   693,    670,    682,    723,    667, 1564,    546,    1352,
          663,    1508,   1659

for !nb=1 to !nbo  step 1

         %land = "%land{!nb}"
         !nom=nz(!nb)
         !halbj=halbj(!nb)
         !rlz=rlz(!nb)
         !obs=obs(!nb)
         !lt=1
         sample s1 %date{!nb}  7:30:99             'Beobachtungszeitraum

         call berechnung

next
delete nz  halbj rlz obs

subroutine berechnung

vector(!obs) restlaufzeit              'Restlaufzeit bis Endfälligkeit in Tagen
vector(!obs) dur                                 'Duration

stom({%land},rendite{%land},s1)
'_______________________________________________________________________
' Berechnen der Restlaufzeit zu jeder Beobachtung

restlaufzeit(!obs)=!rlz

for !i= !obs-1 to 1 step -1
         if !lt=5 then
                  restlaufzeit(!i)=restlaufzeit(!i+1)+3
                  !lt=1
         else
                  restlaufzeit(!i)=restlaufzeit(!i+1)+1
                  !lt=!lt+1
         endif
next
!lt=2
mtos(restlaufzeit,restl{%land},s1)

'_______________________________________________________________________
'Berechnen der Duration

for !i=!obs to 1 step -1
                  !hi=restlaufzeit(!i)/365
                  !h=@floor(!hi)
                  if !h < 1 then !h=1
                  else
```

```
        endif
        !j=@floor(restlaufzeit(!i)/182.5)
        if !j < 1 then !j=1
        else
        endif

if !halbj=1 then            'Für halbjährliche Zinszahlung

        vector(!j)  zv
        vector(!j)          nv
        vector(!j)          tv

        tv(!j)=!hi
        nv(!j)=(100+!nom/2 ) / ((1+ rendite{%land}(!i) /100) ^ !hi)
        zv(!j)=(100+!nom/2 )/((1+rendite{%land}(!i)/100)^!hi)*!hi

        if !j > 1 then
                for !t=!j-1 to 1            step -1
                        tv(!t)=(!hi-(!j-!t)*0.5)
                        nv(!t)=(!nom/2)/((1+rendite{%land}(!i)/100)^tv(!t))
                        zv(!t)=(!nom/2)/((1+rendite{%land}(!i)/100)^tv(!t))*tv(!t)
                next
        else
        endif
        rowvector(!j) eh =1
        vector zr = eh*zv
        vector nr = eh*nv
        !zr=zr(1)
        !nr=nr(1)
        dur(!i)=!zr / !nr

else                                        'Für jährliche Zinszahlung

        vector(!h)  zv
        vector(!h)          nv
        vector(!h)          tv

        tv(!h)=!hi
        nv(!h)=(100+!nom ) / ((1+ rendite{%land}(!i) /100) ^ !hi)
        zv(!h)=(100+!nom )/((1+rendite{%land}(!i)/100)^!hi)*!hi

        if !h > 1 then
                for !t=!h-1 to 1            step -1
                        tv(!t)=(!hi-(!h-!t))
                        nv(!t)=(!nom)/((1+rendite{%land}(!i)/100)^tv(!t))
                        zv(!t)=(!nom)/((1+rendite{%land}(!i)/100)^tv(!t))*tv(!t)
                next
        else
        endif
        rowvector(!h) eh =1
        vector zr = eh*zv
```

```
            vector nr = eh*nv
            !zr=zr(1)
            !nr=nr(1)
            dur(!i)=!zr / !nr


      endif
next

mtos(dur,dur{%land},s1)

delete rendite{%land} restlaufzeit s1 dur eh nr nv tv zr zv

endsub
```

D2. Eviews-Programm zur Berechnung der Spreads

```
' Berechnung der spreads über zinskurve

%land1 ="it1"
%date1 = "9:16:93"
%land2 ="it2"
%date2 = "5:26:93"
%land3 ="gr1"
%date3 = "8:1:95"
%land4 ="gr2"
%date4 = "11:30:94"
%land5 ="my1"
%date5 = "12:04:96"
%land6 ="my2"
%date6 = "01:06:97"
%land7 ="id"
%date7 = "12:19:96"
%land8 ="ph1"
%date8 = "10:23:96"
%land9 ="ph2"
%date9 = "1:9:97"
%land10 ="ar2"
%date10 = "8:3:93"
%land11 ="vz1"
%date11 = "6:27:97"
%land12="vz2"
%date12 = "5:26:94"
%land13 ="mx2"
%date13= "1:15:97"
%land14="mx5"
%date14="10:20:93"
%land15="mx6"
%date15= "3:23:93"
```

```
!nbo=15          'Anzahl der Anleihen
vector(!nbo) obs =0
obs.fill 1532,   1613,   1044,   1218,  693,   670,   682,   723,   667, 1564,   546,   1352,
         663,    1508,   1659

vector(11) tz=0
vector(11) td=0
tz.fill      0, 0.25, 0.5, 1, 2, 3 , 5, 7, 10, 20, 30
td.fill 0, 0.25, 0.25,  0.5, 1, 1, 1, 2, 3, 10, 10
group us_gruppe us3m us6m us1y us2y us3y us5y us7y us10y us20y us30y

for !nb=1 to !nbo step 1

        %land = "%land{!nb}"
        !obs=obs(!nb)
        sample s1 %date{!nb}  7:30:99          'Beobachtungszeitraum

        call berechnung

next

delete td tz us_gruppe obs
'_____________________________________________________________

subroutine berechnung

vector(!obs) uz = 0
stom({%land},rendite,s1)
stom(dur{%land}, dur, s1)
stom(us_gruppe, usz, s1)

' Vergabe der Indikatorvariablen

for !i = 1 to !obs
!d = dur(!i)

if !d < 0.25 then
        !x=1
else
if !d < 0.5 then
        !x=2
else
if !d < 1 then
        !x=3
else
if !d < 2 then
        !x=4
else
if !d < 3 then
        !x=5
```

```
else
if !d < 5 then
        !x=6
else
if !d < 7 then
        !x=7
else
if !d < 10 then
        !x=8
else
if !d < 20 then
        !x=9
else
!x=10
endif
endif
endif
endif
endif
endif
endif
endif
endif

'berechnung des us-zinses
if !x=1 then
        uz(!i) = usz(!i,1)
else
        !uwz=usz(!i,!x-1)                    'unterer Wert us zinsen (kürzere Laufzeit)
        !owz=usz(!i,!x)              'langer Weg us_zinsen
        !dif =!d - tz(!x)
        uz(!i) = (1-!dif / td(!x+1))*!uwz +  !dif / td(!x+1)*!owz
endif
next

vector(!obs) sp =0
sp=rendite-uz

mtos(sp, spd{%land}, s1)
mtos(uz, usz{%land}, s1)
delete dur rendite s1 uz usz sp
endsub
```

D3. Informationen zu den in Kapitel 8.6, 8.7 und 9.1 verwendeten Anleihen

Internes Kürzel	Isin-Code ISIN	Emittent BNAM	Kupon C	Fällig am
AR2	US04011NAB47	ARGENTINA. REPUBLIC OF	8,25	02.08.00
CB1	US195325AG08	COLOMBIA REPUBLIC OF	8,75	06.10.99
GR1	GRU990995819	GREECE,(KINGDOM OF)	7,5	01.08.00
GR2	US423324AB83	HELLENIC REPUBLIC	9,75	28.11.99
ID	US455780AB25	INDONESIA, REPUBLIC OF	7,75	01.08.06
IT1	US465410AH18	ITALY, REPUBLIC OF	6,875	27.09.23
IT2	XS0043223634	ITALY, REPUBLIC OF	6,625	09.06.03
MX2	US593048BB61	MEXICO (UNITED MEXICAN STATES)	9,875	15.01.07
MX5	XS0043305795	MEXICO (UNITED MEXICAN STATES)	6,97	12.08.00
MX6	US593048AQ40	MEXICO (UNITED MEXICAN STATES)	8,5	15.09.02
MY1	US560904AC89	MALAYSIA	9,875	27.09.00
MY2	US716708AB86	PETROLEUM NASIONAL BERHAD	7,125	15.08.05
PH1	USY6972CAJ63	PHILIPPINES, REPUBLIC	8,75	07.10.16
PH2	USY6244HAC26	NATIONAL POWER CORPORATION	9,75	01.07.09
SA	US836205AB07	South AFRICA, REPUBLIC OF	9,625	15.12.99
TL1	US88322KAB70	THAILAND KINGDOM OF	8,25	15.03.02
VZ1	USP31640AA69	VENEZUELA. REPUBLIC	9,125	18.06.07
VZ2	XS0033292912	VENEZUELA. REPUBLIC	6,75	31.03.20

E Zur Auswertung von Renditespreads mit Hilfe der Optionspreistheorie

E1. Maple-Programm: Explizite Modellierung der Zahlungsfähigkeit

```
with (stats);
> ##   Kolumbien 1999; Explizite Modellierung der
  Zahlungsfähigkeit
> ## GEGEBEN:
> T:=1;SFT:=3165.5;L0:=8669.2;DL:=-645.5;
> r_US:=0.0473;r_KL:=0.0969;LT:=L0+DL;
> Q0:=(1/(1+r_US))-(1/(1+r_KL));r:=ln(1+r_US);Put:=Q0*SFT;
>
```

[anova, describe, fit, importdata, random, statevalf, statplots, transform]

$T := 1$

$SFT := 3165.5$

$L0 := 8669.2$

$DL := -645.5$

$r\_US := .0473$

$r\_KL := .0969$

$LT := 8023.7$

$Q0 := .0431761125$

$r := .04621542380$

$Put := 136.6739841$

```
> ## DEFINITIONEN
> arg1:=(ln(L0/SFT)+(r-x^2/2)*T)/(x*sqrt(T));
> arg2:=(ln(L0/SFT)+(r+x^2/2)*T)/(x*sqrt(T));
> bs:=exp(-r*T)*statevalf[cdf,normald](-arg1)-(L0/SFT)*statevalf[c
  df,normald](-arg2);
> equ:=Q0=bs;
```

$$arg1 := \frac{\ln\left(\frac{L0}{SFT}\right)+\left(r-\frac{1}{2}x^2\right)T}{x\sqrt{T}}$$

$$arg2 := \frac{\ln\left(\frac{L0}{SFT}\right)+\left(r+\frac{1}{2}x^2\right)T}{x\sqrt{T}}$$

$$bs := e^{(-r\,T)}\,statevalf_{cdf,\,normald}\left(-\frac{\ln\left(\frac{L0}{SFT}\right)+\left(r-\frac{1}{2}x^2\right)T}{x\sqrt{T}}\right) - \frac{L0\,statevalf_{cdf,\,normald}\left(-\frac{\ln\left(\frac{L0}{SFT}\right)+\left(r+\frac{1}{2}x^2\right)T}{x\sqrt{T}}\right)}{SFT}$$

$$equ := Q0 = e^{(-r\,T)}\,statevalf_{cdf,\,normald}\left(-\frac{\ln\left(\frac{L0}{SFT}\right)+\left(r-\frac{1}{2}x^2\right)T}{x\sqrt{T}}\right)$$

$$-\frac{L0\ statevalf_{cdf,\,normald}\left(-\frac{\ln\left(\frac{L0}{SFT}\right)+\left(r+\frac{1}{2}x^2\right)T}{x\sqrt{T}}\right)}{SFT}$$

```
> ## (1) Berechnung von Sigma
>
> sigma:=fsolve(equ,x);
```

$\sigma := .7558348211$

```
>
>
> ## (2) Berechnung von Mu
>
> mu:=evalf(ln(LT/L0)/T);
```

$\mu := -.07737685222$

```
>
>
> ## (3) Berechnung der Distance to Default
> ##     und der impliziten Ausfallwahrscheinlichkeit
>
> DD:=-evalf((ln(SFT/L0)-(mu-sigma^2/2)*T)/sigma*sqrt(T));
> pi:=statevalf[cdf,normald](-DD);
```

$DD := .8526274318$

$\pi := .1969329727$

```
>
```

E2. Maple-Programm: Explizite Modellierung der Volatilität; Ideale Daten

```
with (stats);
> #B_KL_99_IDEAL; Berechnung der Volatilität der Option;
  Daten
> T:=1;SFT:=3165.5;L0:=8669.2;
> r_US:=0.0473;r_KL:=0.0969;r:=ln(1+r_US);
> Q0:=(1/(1+r_US))-(1/(1+r_KL));
> Put:=Q0*SFT;
> sigma_kl:=.7558348211;
```

[anova, describe, fit, importdata, random, statevalf, statplots, transform]

$$T := 1$$

$$SFT := 3165.5$$

$$L0 := 8669.2$$

$$r\_US := .0473$$

$$r\_KL := .0969$$

$$r := .04621542380$$

$$Q0 := .0431761125$$

$$Put := 136.6739841$$

$$sigma\_kl := .7558348211$$

```
> #Volatilität entsprechend zu Methode A:
> arg4:=(-ln(L0/SFT)-(r+sigma_kl^2/2)*T)/(sigma_kl*sqrt(T));
> sig_P:=sigma_kl*(L0*(statevalf[cdf,normald](arg4)))/Put;
```

$$arg4 := \frac{-\ln\left(\frac{L0}{SFT}\right)-\left(r+\frac{1}{2}\,sigma\_kl^2\right)T}{sigma\_kl\,\sqrt{T}}$$

$$sig\_P := \frac{sigma\_kl\;L0\;statevalf_{cdf,\,normald}\left(\frac{-\ln\left(\frac{L0}{SFT}\right)-\left(r+\frac{1}{2}\,sigma\_kl^2\right)T}{sigma\_kl\,\sqrt{T}}\right)}{Put}$$

```
> # Zusammenhang Sigma und Y aus B/S-Formel
> arg1:=(ln(y/SFT)+(r-x^2/2)*T)/(x*sqrt(T));
> arg2:=(ln(y/SFT)+(r+x^2/2)*T)/(x*sqrt(T));
> bs:=exp(-r*T)*statevalf[cdf,normald](-arg1)-(y/SFT)*statevalf[cd
  f,normald](-arg2);
> gl2:=bs-Q0;
> y2:=solve(gl2=0,y);
```

$$arg1 := \frac{\ln(.0003159058601\,y)+.04621542380-\frac{1}{2}x^2}{x}$$

$$arg2 := \frac{\ln(.0003159058601\,y)+.04621542380+\frac{1}{2}x^2}{x}$$

$$bs := .9548362456\;statevalf_{cdf,\,normald}\left(-\frac{\ln(.0003159058601\,y)+.04621542380-\frac{1}{2}x^2}{x}\right)$$

$$- .0003159058601\ y\ statevalf_{cdf,\ normald}\left(-\frac{\ln(.0003159058601\ y) + .04621542380 + \frac{1}{2}x^2}{x}\right)$$

$$gl2 := .9548362456\ statevalf_{cdf,\ normald}\left(-\frac{\ln(.0003159058601\ y) + .04621542380 - \frac{1}{2}x^2}{x}\right)$$

$$- .0003159058601\ y\ statevalf_{cdf,\ normald}\left(-\frac{\ln(.0003159058601\ y) + .04621542380 + \frac{1}{2}x^2}{x}\right)$$

$$- .0431761125$$

$$y2 := 3165.500000\ \mathbf{e}^{\mathrm{RootOf}\Big(10000000000}$$

$$\mathbf{e}^{-\_Z}\ statevalf_{cdf,\ normald}\left(-1/5000000000\ \frac{5000000000\ \_Z + 231077119 + 2500000000\ x^2}{x}\right) -$$

$$9548362456\ statevalf_{cdf,\ normald}\left(1/5000000000\ \frac{-5000000000\ \_Z - 231077119 + 2500000000\ x^2}{x}\right)$$

$$\Big. + 431761125\Big)$$

```
> # Berechnung aus Volatilitäten
> arg3:=(-ln(y/SFT)-(r+x^2/2)*T)/(x*sqrt(T));
> sl:=sig_P*Put/(y*(statevalf[cdf,normald](arg3)))-x;
> y1:=solve(sl=0,y);
>
```

$$arg3 := \frac{-\ln(.0003159058601\ y) - .04621542380 - \frac{1}{2}x^2}{x}$$

$$sl := 250.2979995\ \frac{1}{y\ statevalf_{cdf,\ normald}\left(\frac{-\ln(.0003159058601\ y) - .04621542380 - \frac{1}{2}x^2}{x}\right)} - x$$

$$y1 := 3165.500000\ \mathbf{e}^{\mathrm{RootOf}\Big(20000000000000000000}$$

$$\mathbf{e}^{-\_Z}\ x\ statevalf_{cdf,\ normald}\left(-1/5000000000\ \frac{5000000000\ \_Z + 231077119 + 2500000000\ x^2}{x}\right)$$

$$\Big. - 1581412096267137399\Big)$$

```
> plot({y1,y2},x=-0.1..1,color=[red,blue]);
```

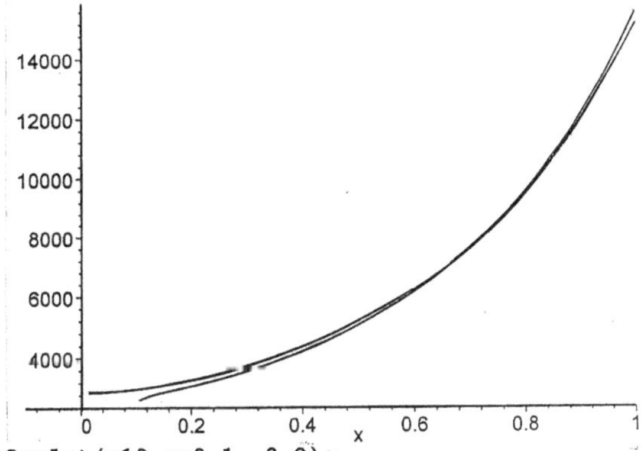


```
> y10:=y1-y2;plot(y10,x=0.1..0.9);
```

$$y10 := 3165.500000\,\mathbf{e}^{\mathrm{RootOf}\left(20000000000000000000\,\mathbf{e}^{-\_Z}\,x\,\mathit{statevalf}_{cdf,\,normald}\left(-1/5000000000\,\frac{5000000000\,\_Z+231077119+2500000000\,x^2}{x}\right)-1581412096267137399\right)} - 3165.500000\,\mathbf{e}^{\mathrm{RootOf}\left(10000000000\,\mathbf{e}^{-\_Z}\,\mathit{statevalf}_{cdf,\,normald}\left(-1/5000000000\,\frac{5000000000\,\_Z+231077119+2500000000\,x^2}{x}\right)-9548362456\,\mathit{statevalf}_{cdf,\,normald}\left(1/5000000000\,\frac{-5000000000\,\_Z-231077119+2500000000\,x^2}{x}\right)+431761125\right)}$$

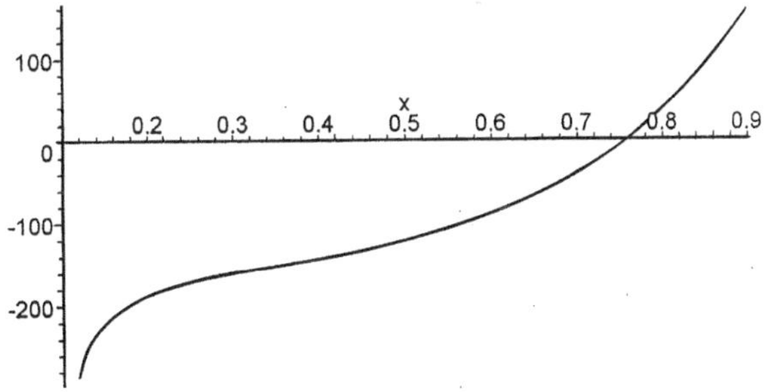


```
>
```

E3. Maple-Programm: Explizite Modellierung der Volatilität; Reale Daten

```
with (stats);
> # Kolumbien 1999 ; Berechnung der Volatilität der Option; Reale
  Daten
> T:=1;SFT:=3165.5;
> r_US:=0.0473;r_KL:=0.0969;r:=ln(1+r_US);
> sig_P:=6;
> Q0:=(1/(1+r_US))-(1/(1+r_KL));
> QG:=Q0*SFT;
```

$$[anova, describe, fit, importdata, random, statevalf, statplots, transform]$$

$$T := 1$$

$$SFT := 3165.5$$

$$r\_US := .0473$$

$$r\_KL := .0969$$

$$r := .04621542380$$

$$sig\_P := 6$$

$$Q0 := .0431761125$$

$$QG := 136.6739841$$

```
> # B/S - Formel
> arg1:=(ln(y/SFT)+(r-x^2/2)*T)/(x*sqrt(T));
> arg2:=(ln(y/SFT)+(r+x^2/2)*T)/(x*sqrt(T));
> bs:=exp(-r*T)*statevalf[cdf,normald](-arg1)-(y/SFT)*statevalf[cd
  f,normald](-arg2);
> gl2:=bs-Q0;
> y2:=solve(gl2=0,y);
```

$$arg1 := \frac{\ln(.0003159058601\, y) + .04621542380 - \frac{1}{2} x^2}{x}$$

$$arg2 := \frac{\ln(.0003159058601\, y) + .04621542380 + \frac{1}{2} x^2}{x}$$

$$bs := .9548362456\, statevalf_{cdf,\, normald}\left(-\frac{\ln(.0003159058601\, y) + .04621542380 - \frac{1}{2} x^2}{x}\right)$$
$$- .0003159058601\, y\, statevalf_{cdf,\, normald}\left(-\frac{\ln(.0003159058601\, y) + .04621542380 + \frac{1}{2} x^2}{x}\right)$$

$$gl2 := .9548362456\, statevalf_{cdf,\, normald}\left(-\frac{\ln(.0003159058601\, y) + .04621542380 - \frac{1}{2} x^2}{x}\right)$$
$$- .0003159058601\, y\, statevalf_{cdf,\, normald}\left(-\frac{\ln(.0003159058601\, y) + .04621542380 + \frac{1}{2} x^2}{x}\right)$$
$$- .0431761125$$

$$y2 := 3165.500000\, \mathbf{e}^{\mathrm{RootOf}\left(10000000000\, \mathbf{e}^{-Z}\, statevalf_{cdf,\, normald}\left(-1/5000000000\, \frac{5000000000\, \_Z + 231077119 + 2500000000\, x^2}{x}\right) - 9548362456\, statevalf_{cdf,\, normald}\left(1/5000000000\, \frac{-5000000000\, \_Z - 231077119 + 2500000000\, x^2}{x}\right) + 431761125\right)}$$

```
> # Berechnung aus Volatilitäten
> arg3:=(-ln(y/SFT)-(r+x^2/2)*T)/(x*sqrt(T));
> sl:=sig_P*QG/(y*(statevalf[cdf,normald](arg3)))-x;
> y1:=solve(sl=0,y);
```

$$arg3 := \frac{-\ln(.0003159058601\, y) - .04621542380 - \frac{1}{2}x^2}{x}$$

$$sl := 820.0439046\, \frac{1}{y\, statevalf_{cdf,\, normald}\left(\frac{-\ln(.0003159058601\, y) - .04621542380 - \frac{1}{2}x^2}{x}\right)} - x$$

$$y1 := 3165.500000\, \mathbf{e}^{\mathrm{RootOf}\left(5000000000000000000\, \mathbf{e}^{-Z}\, x\, statevalf_{cdf,\, normald}\left(-1/5000000000\, \frac{5000000000\, \_Z + 231077119 + 2500000000\, x^2}{x}\right) - 12952833750121267323\right)}$$

```
> plot({y1,y2},x=0.1..1.1,color=[red,blue]);
```

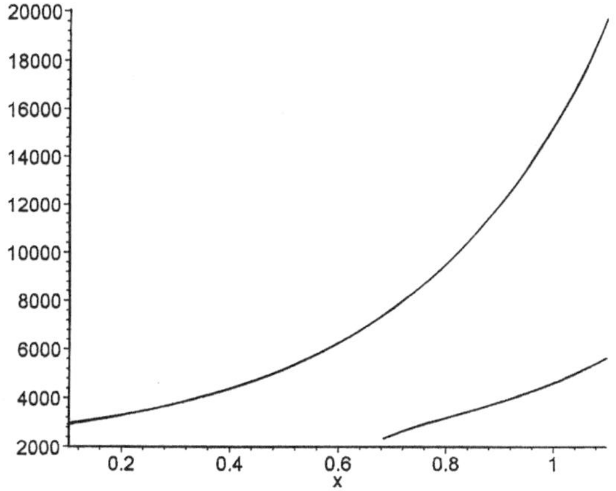

Literaturverzeichnis

Altman (1968)
Altman, E.I., „Financial Ratios, Discriminant Analysis and the Prediction of Corporate Bankruptcy“, in: The Journal of Finance, Vol. 23, Nr. 4, September 1968, S. 589-609

Antony (2000)
Antony J., „Möglichkeiten und ökonomisch begründeter Portfolio-Selektions-Modelle im Bereich von Emerging-Market-Bonds“, Diplomarbeit, Universität Regensburg, März 2000

Altman und Saunders (1998)
Altman, E. I. / Saunders, A., „Credit risk measurement: Developments over the last 20 years“, in: Journal of Banking and Finance, Vol. 21, 1998, S. 1721-1742

Arnott et al. (2000)
Arnott, R. / Berkin, A. / Ye, K., „How Well Have Taxable Investors Been Served in the 1980s and 1990s?“, in: The Journal of Porfolio Management, Vol. 26, Nr.4, 2000, S. 84-93 (zitiert aus Rubinstein (2001))

Babcock (1984)
Babcock, Guilford C., „Duration as a link between yield and value“, The Journal of Portfolio Management, Summer 1984; S. 58-65

Bäcker (1998)
Bäcker, A., „Politische und ökonomische Länderrisiken – Eine theoretische und Empirisiche Analyse“, GtB Verlag Fakultas, Amsterdam, Niederlande, 1998

Baig und Goldfajn (1998)
Baig, T. / Goldfajn, I., „Financial Market Contagion in the Asian Crises“, IMF Working Paper, WP/98/155, International Monetary Fund, 1998

Basler Ausschuss (1988)
Basle Committee on Banking Supervision, „International Convergence of Capital Measurement and Capital Standards“, Basel, Juli 1988

Basler Ausschuss (Konsultationspapier, 1/2001)
Basler Ausschuss für Bankenaufsicht, „Konsultationspapier: Die Neue Basler Eigenkapitalvereinbarung“, Basel, Januar 2001

Batiz und Sy (2000)
Batiz, L. A. R. / Sy, A. N. R., „Currency Boards, Credibility, and Macroeconomic Behavior“, IMF Working Paper, WP/00/97, International Monetary Fund, Juni 2000

Beattie (2001)
Beattie, A., „A Better Way For Countries to Default“, Financial Times (online-Version), 6. November 2001 [www.FT.com am 3. März 2002]

Becker et al. (2001)
Becker, T. / Richards, A. / Thaicharoen, Y., „Bond Restructuring and Moral Hazard: Are Collective Action Clauses Costly?“, IMF Working Paper, WP/01/92, International Monetary Fund, 2001

Beers und Bhatia (1999)
Beers, D.T. / Bhatia, A., „Sovereign Defaults: Hiatus in 2000?“, Standard & Poor's, 15. Dezember 2001

Berg und Patillo (1998)
Berg, A. / Patillo, C., „Are Currency Crises Predictable? A Test“, IMF Working Paper, WP/98/154, International Monetary Fund, 1998

Bierman und Hass (1975)
Bierman, H. Jr. / Hass, J.E., „An Analytical Model of Bond Risk Differentials“, in: Journal of Financial and Quantitative Analysis, Vol. 10, Nr. 5, Dezember 1975, S. 757-773

Bikhchandani und Sharma (2000)
Bikhchandani, S. / Sharma, S., „Herd Behavior in Financial Markets: A Review“, IMF Working Paper, WP/00/48, International Monetary Fund, 2000

BIS (Jahresbericht, 2000)
Bank für Internationalen Zahlungsausgleich, „69. Jahresbericht der Bank für Internationalen Zahlungsausgleich“, Basel, 5. Juni 1999

BIS (Quarterly Review, 8/2000)
Bank für Internationalen Zahlungsausgleich, „BIS Quaterly Review: International Banking and Financial Market Developments“, Basel, August 2000

Black und Scholes (1973)
Black, F. / Scholes, M., „The Pricing of Options and Corporate Liabilities“, in: Journal of Political Economy, 1973, Vol. 81, 1973, S. 637-654

Blossfeld et al. (1986)
Blossfeld, H. P. / Hamerle, A. / Mayer, K. U., „Ereignisanalyse“, Campus Verlag, Frankfurt a.M., 1986

BMWi (Hermes, 2000)
Bundesministerium für Wirtschaft und Technologie, „Ausfuhrgewährleistungen der Bundesrepublik Deutschland - Jahresbericht 1999“ [http://www.hermes.de am 12. Dezember 2000]

Bodie et al. (1998)
Bodie, Z. / Kane, A. / Marcus, A.J., „Essentials of Investments“, 3. Auflage, McGraw-Hill, München, 1991

Bonte et al. (1999)
Working Group led by Bonte, R., „Supervisory Lessons To Be Drawn From the Asian Crisis“, Basle Committee on Banking Supervision Working Paper, Nr. 2, Juni 1999, Basel

Bossone und Sdralevich (2002)
Bossone, B. / Sdralevich, C., „The New Approach to Sovereign Debt Restructuring: Setting the Incentives Right", IMF Discussion Paper, PDP/02/4, International Monetary Fund, März 2002

Bröker und Lehrbass (2001)
Bröker, F. / Lehrbass, F.B., „Kreditportfoliomodelle in der Praxis", in: Schierenbeck, H. (Herausgeber), „Handbuch Bankcontrolling, Gabler, Wiesbaden, 2001 [http://www.gloriamundi.org/ am 4.5.2002]

Burghof et al. (1998)
Burghof, H.-P. / Henke, S. / Rudolph, B., „Kreditderivate als Instrumente eines aktiven Kreditrisikomanagements", in: Zeitschrift für Bankrecht und Bankwirtschaft, ZBB, 15. Oktober 1998, S. 277-356

Calvo und Mendoza (2000)
Calvo, G.A. / Mendoza, E.G., „Rational Contagion and the Globalization of securities markets", in: Journal of International Economics, Vol. 51, 2000, S. 79-113

Cantor und Packer (1996)
Cantor, R. / Packer F., „Determinants and Impact of Sovereign Credit Ratings", in: FRBNY Economic Policy Review , Oktober 1996, S. 37-53

Caouette et al. (1998)
Caouette, J.B. / Altman, E.I. / Narayanan, P., „Managing Credit Risk – The Next Great Financial Challenge", John Wiley & Sons, Inc., New York, 1998

Cataquet (1985)
Cataquet, H., „Country Risk Analysis: Art, Science, Sorcery ?", in: Beihefte zu Kredit und Kapital, 1985, Heft Nr. 8, S. 77-117

Chiuri et al. (2000)
Chiuri, M.C. / Ferri, G. / Majnoni, G., „The Macroeconomic Impact of Bank Capital Requirements in Emerging Economies: Past Evidence to Assess the Future", Working Paper, World Bank, September 2000

Ciarrapico (1992)
Ciarrapico, M. A., „Country Risk: A theoretical Framework of Analysis", Dartmouth Publishing Company Limited, Vermont, USA, 1992

Clavijo (2000)
Clavijo, S., „Multilateral Agencies and the Asian Crisis (1997-2000): A Borrower Country View (Colombia)", Working Paper, Central Bank of Colombia, November 2000

Cline und Barnes (1997)
Cline, W.R. / Barnes, K.J.S., „Spreads and Risk in Emerging Markets Lending", Institute of International Finance, IIF Research Papers Nr. 97–1, November 1997

Collin-Dufresne (2000)
Collin-Dufresne, P. / Goldstein, R.S. / Martin, J.S., „The Determinants of Credit Spread Changes“ [www.andrew.cmu.edu/user/dufresne/ vom 15.1.2002]

Corsetti et al. (1998)
Corsetti, G. / Pesenti, P. / Roubini, N., „What caused the Asian Currency and Financial Crisis?“, Working Paper, September 1998 [http://emlab.berkeley.edu/users/eichengr/ website.htm am 9. Mai 2000]

Coutant (1999)
Coutant, S., „Implied Risk Aversion in Options Prices Using Hermite Polynomials“, BIS Workshop, Basel, 14.Juni 1999

Cramer (1981)
Cramer, M., „Das internationale Kreditgeschäft der Banken“, Gabler Verlag, Wiesbaden, 1981

Crosbie (1998)
Crosbie, P., „Modeling Default Risk“, KMV Corporation, 1998

Cunningham (1999)
Cunningham, A., „Emerging economy spread indices and financial stability“, in: Financial Stability Review, November 1999, S. 115–127 [http://www.bankofengland.co.uk am 14.2.2000]

Das (1998)
Das, S. (Herausgeber), „Credit Derivatives“, John Wiley & Sons, 1998

Das und Tufano (1996)
Das, S.R. / Tufano, R., „Pricing Credit-Sensitive Debt When Interest Rates, Credit Ratings and Credit Spreads Are Stochastic“, in:
The Journal of Financial Engineering, Vol. 5, Nr. 2; S. 161-198

Davis und Lo (2001)
Davis, M. / Lo, V., "Modelling Default Correlation in Bond Portfolios", in: Alexander C. (Herausgeber), „Mastering Risk Volume 2: Applications“, Financial Times Prentice Hall, 2001 [http://cs1.cs.nyu.edu/~ericson/credit_derivs.html am 12.1.2002]

Deutsche Bundesbank (Monatsbericht, 10/1997)
Deutsche Bundesbank, Monatsbericht, Oktober 1997

Dresel (2000)
Dresel, T., „Die Quanitfizierung von Länderrisiken mit Hilfe von Kapitalmarktspreads“, in: Johanning, L. / Rudolph, B. (Herausgeber), „Handbuch Risikomanagement“, Band I, Uhlenbruch Verlag, Bad Soden, 2000, S. 579-610

Durbin und Ng (1999)
Durbin, E. / Ng D.T., „Uncovering Country Risk in Emerging Market Bond Prices“, Board of Governors of the Federal Reserve System, International Finance Discussion Paper, Nr. 639, Juli 1999

Duffee (1999)
Duffee, G. R., „Estimating the Price of Default Risk“, Federal Reserve Board [http://www.sfs.org am 13.12.1999]

Duffie und Singleton (1999)
Duffie, D. / Singleton, K. J., „Modeling Term Structures of Defaultable Bonds“, [http://www.standford.edu/~duffie am 22. August 2000]

Eaton et al. (1986)
Eaton, J. / Gersovitz, M. / Stiglitz, J. E., „The Pure Theory of Country Risk“, in: European Economic Review, 1986, Vol. 30, S. 481-513

Egli (2000)
Egli, D., „How global are global financial markets? The impact of country risk“, Working Paper präsentiert auf der Konferenz „International Financial Markets and the Implications for Monetary and Financial Stability“ vom 25. bis 26. Oktober 1999, Brüssel [http://www.bis.org/publ/confer08.htm am 15. August 2000]

Eichengreen (2000)
Eichengreen, B., „When to Dollarize“, Working Paper prepared for a Conference on Dollarisation hosted by the Federal Reserve Bank of Texas, 6./7. März 2001 [http://www.econ.yale.edu/~corsetti/asia am 16. September 2001]

Eichengreen (2001)
Eichengreen, B., „Strengthening the International Financial Architecture: Open Issues, Asian Concern“, Working Paper prepared for The IMF/KIEP Conference on Recovery from the Asian Crisis, Seoul, 18./19. Mai 2001 [http://emlab.berkeley.edu/users/ eichengr/website.htm am 2. Februar 2002]

Eichengreen und Mody (1998)
Eichengreen, B. / Mody, A., „What Explains Changing Spreads on Emerging-Market Debt: Fundamentals or Maket Sentiment?“, Working Paper 6408, National Bureau of Economic Research, Cambridge, MA, Februar 1998

Eichengreen et al. (2000)
Eichengreen, B. / Hale, G. / Mody, A., „Flight to Quality: Investor Risk Tolerance and the Spread of Emerging Market Crisis“, Working Paper prepared for the World Bank-ADB-IMF Conference on „International Financial Contagion: How It Spreads and How It Can Stopped“, März 2000 [http://www.imf.org am 5.9.2001]

Eller et al. (1999)
Eller, R. / Gruber W. / Reif M. (Herausgeber), „Handbuch Kreditrisikomodelle und Kreditderivate – Quantifizierung und Analyse von Risiken mit bankinternen Modellen, bankaufsichtliche Anforderungen“, Schäffer-Poeschel Verlag, Stuttgart, 1999

Elton et al. (2001)
Elton, E.J. / Gruber, M.J. / Agrawal, D. / Mann, C., „Explaining the Rate Spread on Corporate Bonds“, in: The Journal of Finance, Vol. 56, Nr. 1, S. 247-277, Februar 2001

Euromoney (2/1999)
Caplen, B., „Emerging-Markets Crisis – Where will the mud stick", Beitrag von Euromoney [http://www.euromoney.com am 21. April 1999]

Euromoney (3/2000)
Euromoney, „Country Risk", Ratings von Euromoney, März 2000, S. 100-110

Everitt (1991)
Everitt, B., „Clusteranalysis", HEB, London, 1974

Evertz (1992)
Evertz; D.-W., „Die Länderrisikoanalyse der Banken: Darstellung, Analyse und Beurteilung mit entscheidungs- und planungsorientiertem Schwerpunkt", Duncker und Humblot, Berlin, 1992

Fama (1970)
Fama, E.F., „Efficient Capital Markets: A Review of Theory and Empirical Work", in: The Journal of Finance, Vol. 25, 1970, S. 383-417

Feder und Just (1977)
Feder, G. / Just, R.E., „A Study of Debt Servicing Capacity Applying Logit Analysis", in: Journal of Development Economics, Nr. 3, 1977, S. 25-38

Ferri (2000)
Ferri, G., „What Went Wrong with South-East Asia and the Role of the Banks" [http://www.lafollette.wisc.edu/wage/ferri00.htm]

Ferri et al. (1999)
Ferri, G. / Liu, L.-G. / Stiglitz, J.E., „The Procyclical Role of Rating Agencies: Evidence from the East Asian Crisis", in: Economic Notes, Vol. 28, Nr.3, 1999, S. 335-355

Fischer Weltalmanach (2002)
„Der Fischer Weltalmanach 2002 – Zahlen, Daten Fakten", Fischer Taschenbuch Verlag, Frankfurt am Main, Oktober 2001

Fisher (1959)
Fisher, L., „Determinants of Risk Premiums on Corporate Bonds", in: Journal of Political Economy, Vol. 67, Nr. 3, Juni 1967, S. 217-237

Fons (1994)
Fons, J. S., „Using Default Rates to Model the Term Structure of Credit Risk", in: Financial Analysts Journal, September/Oktober 1994, S. 25-32

Fox und King (1998)
Fox, M. / King, I., „Emerging Markets II", in: Alexander, C. (Herausgeber), „Risk Management and Analysis – Volume 2: New Markets and Products", John Wiley & Sons Ltd., Chichester, England, 1998, S. 37-79

Fratzscher (1998)
Fratzscher, M., „Why are Currency Crisis Contagious?", Weltwirtschaftliches Archiv, Nr. 134, 1998, S. 664-691

Furman und Stiglitz. (1998)
Furman, J. / Stiglitz, J.E., „Economic Crisis: Evidence and Insight from East Asia, Brookings Papers on Economic Activity 2, S. 1-135 [http://brookings.nap.edu/books/0815711956/html/1.html am 18.9.2001]

Gaitzsch (1988)
Gaitzsch, I., „Internationales Kreditgeschäft - Strategien der Anpassung“, Görich & Weiershäuser, Marburg, 1988

Geyer und Mader (1999)
Geyer, A. / Mader R., „Estimation of the Term Structure of Interest Rates – A Parametric Approach“, Working Paper 37, Österreichische Nationalbank, 1999

Greene (1969)
Greene, M.R., „How to Rationalize Your Marketing Risks“, Harvard Business Review, Mai-Juni 1969, S. 114-123

Grossman und Stiglitz (1980)
Grossman, S.J. / Stiglitz, J.E., „On the Impossibility of Informationally Efficient Markets“, in: The American Economic Review, Juni 1980, S. 393-408

Hamerle und Rösch (Korrelationen, 2002)
Hamerle, A. / Rösch, D., „Risikofaktoren und Korrelationen für Bonitätsveränderungen“, zur Veröffentlichung angenommen von: Schmalenbachs Zeitschrift für Betriebswirtschaftliche Forschung, März 2002

Hanke (2000)
Hanke, S.H., „The Disregard for Currency Board Realities“, in: Cato Journal, Vol. 20, Nr. 1, 2000, S. 49-59

Hanker und Hüging (1998)
Hanker, P. / Hüging, B., „Marktpreisrisiken“, in: Hanker, P. (Herausgeber), „Management von Marktpreis- und Ausfallrisiko: Instrumente und Strategien zur Risikominimierung in Banken“, Gabler Verlag, Wiesbaden, 1998, S. 17-194

Haque et al. (1998)
Haque, N.U. / Mark, N. / Mathieson, D., „The Relative Importance of Political and Econnomic Variables in Creditworthiness Ratings“, IMF Working Paper, WP/98/46, International Monetary Fund, April 1998

Hartmann-Wendels et al. (1998)
Hartmann-Wendels, T. / Pfingsten, A. / Weber, M., „Bankbetriebslehre“, Springer Verlag, Berlin, 1998

Haugen (1997)
Haugen, Robert A., „Modern Investment Theory“, 4. Auflage, Prentice Hall, 1997

Heffernan (1986)
Heffernan, S., „Sovereign Risk Analysis“, Unwin Hyman, London, 1986

Howell (1998)
Howell, M. J., „Emerging Markets I", in: Alexander, C. (Herausgeber), „Risk Management and Analysis – Volume 2: New Markets and Products", John Wiley & Sons Ltd., Chichester, England, 1998, S. 1-35

Hüttemann (1997)
Hüttemann, P., „Kreditderivate im europäischen Kapitalmarkt", Gabler, Wiesbaden, 1997

Hund (1999a)
Hund, J., „Time-Variation in Emerging Market and USD Debt Covariance", Working Paper, 1. September 1999, University of Texas, Austin, 1. September 1999,

Hurt und Felsovalyi (1998)
Hurt, L. / Felsovalyi, A., „Measuring Loss on Latin American Defaulted Bank Loans: A 27-Year Study of 27 Countries", Citibank / Portfolio Strategies, New York, August 1998

ICERC (1998)
Interagency Country Exposure Review Committee, „Common Practices for Country Risk Management in U.S. Banks", Country Risk Management Sub-Group, November 1998 [http://www.occ.treas.gov am 15. Januar 2002}

IFCI (Asien, 2000)
IFCI, International Finance & Commodities Institute, „The Causes of the Asian Financial and Economic Crisis" [http:\\www.newsrisk.ifci.ch. am 4. September 2000]

IFCI (Risks, 2000)
International Finance & Commodities Institute, „Sources of Risk", [http://www.newsrisk.ifci.ch]

IIF (Transparency, 1999)
Institute of International Finance, Inc., „Report of the Working Group on Tranparency in Emerging Markets Finance", März 1999

IMF (10/1997)
International Monetary Fund, „International Capital Markets: Developments, Prospects, and Key Policy Issues", World Economic and Finanancial Surveys, Oktober 1997 [http://www.imf.org am 23. Juni 1999]

IMF (9/1998)
International Monetary Fund, „International Capital Markets: Developments, Prospects, and Key Policy Issues", World Economic and Financial Surveys, September 1998

IMF (12/1998)
International Monetary Fund, „World Economic Outlook and International Capital Markets-Interim Assessment", Dezember 1998

IMF (8/2001)
International Monetary Fund, „International Capital Markets: Developments, Prospects, and Key Policy Issues", World Economic and Finanancial Surveys August 2001 [http://www.imf.org am 12. Oktober 2001]

IMF (IFS, 11/2001)
International Monetary Fund, „International Financial Statistics", Vol. 54, Nr. 11, IMF Statistics Department, Washington D.C., November 2001

ISDA (Definitions, 1999)
International Swaps and Derivatives Association, Inc., „Credit Default Swaps Definitions", 1999 [http://www.isda.org/publications/index.html am 14.12.2000]

Jackson und Perraudin (1999)
Jackson, P. / Perraudin, W., „Regulatory Implications of Credit Risk Modelling", Bank of England Working Paper, Juni 1999

Jackson et al. (1999)
Working Group led by Jackson, P., „Capital Requirements and Bank Behaviour: the Impact of the Basel Accord", Basle Committee on Banking Supervision Working Paper, Nr. 1, April 1999, Basel

Jarrow und van Deventer (1999)
Jarrow, R.A. / van Deventer, D.R., „Practical Usage of Credit Risk Models in Loan Portfolio and Counterparty Exposure Management", Risk Publications, May 1999, http://www.kamakuraco.com vom 4. September 2000

Jarrow und Turnbull (1995)
Jarrow, R.A. / Turnbull, S.M., „Pricing Derivatives on Financial Securities Subject to Credit Risk", in: The Journal of Finance; Vol. 50, März 1995; Nr.1, S. 53-85

Jarrow und Turnbull (1996)
Jarrow, R. A. / Turnbull, S. M., „Derivative Securities", South-Western College Publishing, 1996

Jarrow et al. (1997)
Jarrow, R.A. / Lando, D. / Turnbull, S.M., „A Markov Model for the Term Strucure of Credit Risk Spreads", in: The Review of Financial Studies, Vol. 10, Nr. 2, 1997, S. 481-523

Jensen (1968)
Jensen, M., „The Performance of Mutual Funds in the Period 1945 - 1964", in: The Journal of Finance, Vol. 23, 1968, S. 389-416

Johanning und Rudolph (2000)
Johanning, L. / Rudolph, B. (Herausgeber), „Handbuch Risikomanagement", 2 Bände, Uhlenbruch Verlag, Bad Soden, 2000

Johannsen und Steinbeck (1995)
Johannsen, S. / Steinbeck, H.-H., „Länderrisikobeurteilung in der NORD/LB", in: Die Sparkasse, Nr. 10, 1995, S. 482-488

Johnson (1967)
Johnson, R.E., „Term Structures of Corporate Bond Yields as a Function of Risk of Default“, in: The Journal of Finance, Vol. 22, Nr. 2; April 1967, S. 313-345

J.P. Morgan (CreditMetrics, 1997)
J.P. Morgan, „Introduction to CreditMetrics™ – The benchmark for understanding credit risk“, Creditmetrics™ – Technical Document, [http:www.riskmetrics.com; Version April 1997]

J.P. Morgan (7/1995)
J.P. Morgan Securities, Inc., „Introducing the Emerging Markets Bond Index Plus (EMBI+), Market Brief, New York, 12. Juli 1995 [http://www.jpmorgan.com am 6.11.2000]

J.P. Morgan (8/1999)
J.P. Morgan Securities, Inc., „Introducing the J.P. Morgan Emerging Market Bond Index Global (EMBI Global)“, New York, 3. August 1999 [http://www.morganmarkets.com am 15. April 2001]

J.P. Morgan (8/2000)
J.P. Morgan Securities, Inc., „Emerging Market Bond Index Monitor“, New York, 31. August 2000, [http://www.morganmarkets.com am 15. April 2001]

Kabus (1976)
Kabus, I., „You Can Bank on Uncertainty“, in: Havard Business Review, Mai-Juni 1976, S. 95-105

Kamin und Kleist (1999)
Kamin, S.B. / von Kleist, K., „The Evolution and determinants for emerging market credit spreads in the 1990s“, BIS Working Papers, No. 68 , Mai 1999, BIS, Basel

Kaminsky (1999)
Kaminsky, G., „Currency and Banking Crises: The Early Warnings of Distress“, IMF Working Paper, WP/99/178, International Monetary Fund, Dezember 1999

Kaminsky und Reinhart (2000)
Kaminsky, G. / Reinhart, C.M., „On Crisis, Contagion, and Confusion“, in: Journal of International Economics 51, 2000, S. 145-168

Kaminsky und Schmukler (2001a)
Kaminsky, G. / Schmukler, S., „Emerging Markets Instability: Do Sovereign Ratings Affect Country Risk and Stock Returns“, Working Paper, 28. Februar 2001 [http://www.worldbank.org am 4.9.2001]

Kaminsky und Schmukler (2001b)
Kaminsky, G. / Schmukler, S., „Short- and Long-Run Integration: Do Capital Controls Matter?“, Working Paper Nr. 2660, World Bank, 15. August 2001

Kaminsky et al. (1997)
Kaminsky, G. / Lizondo, S. / Reinhart, C.M., „Leading Indicators of Currency Crises“, IMF Working Paper, WP/97/79, International Monetary Fund, Juli 1997

Kao (2000)
Kao, D.-L., „Estimating and Pricing Credit Risk: An Overview“, in: Financial Analysts Journal, August / September 2000, Vol. 56, Nr. 4, S. 50-66

Karman und Plate (2000)
Karman, A. / Plate, M., „Country Risk-Indicator. An Option Based Evaluation“, in: Bol, G. / Nakhaeizadeh, C. / Vollmer, K.H. (Herausgeber), „Datamining und Computational Finance“, Physica Verlag, Heidelberg, 2000, S. 43-50

Kaufmann und Pape (1996)
Kaufmann, H. / Pape, H., „Clusteranalyse“, in: Fahrmeir, L. / Hamerle, A. / Tutz, G. (Herausgeber), „Multivariate Statistische Verfahren“, Verlag Walter de Gruyter, Berlin, 1996, S. 437-536

Kawai et al. (1996)
Kawai, M. / Newfarmer, R. / Schmukler, S., „Crisis and Contagion in East: Nine Lessons“, Working Paper, Februar 2001, World Bank, Washington, D.C.

Kiff und Morrow (2000)
Kiff, J. / Morrow, R., „Credit Derivatives“, Revue de la Banque du Canada, Autumn 2000, S. 3-11

Klein (1991)
Klein, M., „Bewertung von Länderrisiken durch Optionspreismethoden“, in: Kredit und Kapital, Band 24, 1991, S. 488-507

Knapp (2002)
Knapp, M., „Zeitabhängige Kreditportfoliomodelle“, Deutscher Universitäts-Verlag, Wiesbaden, 2002

Knight (1921)
Knight, F.H., „Risk, Uncertainty and Profit“, Hart, Schaffner und Marx, Boston, 1921

Koyluoglu und Hickman (1998)
Koyluoglu, H.U. / Hickman, A., „A Generalized Framework for Credit Risk Portfoliomodels“, Working Paper, New York, 14. September 1998

Krämer-Eis (1998)
Krämer-Eis, H., „Evaluierung hoheitlicher Länderrisiken“, Friedrich-Schiller-Universität Jena, Wirtschaftswissenschaftliche Fakultät, http://www.wiwi.uni-jena.de/Wirtschaftspolitik2/d-start.html vom 14. November 1999

Krayenbuehl (1985)
Krayenbuehl, T., „Country Risk – Assessment and Monitoring“, Woodhead-Faulkner, Cambridge, 1985

Kregel (1998)
Kregel, J. A., „East Asia is not Mexico: The Difference between Balance of Payments Crises and Debt Deflations“, Working Paper No. 235, Bank for International Settlement, Mai 1998

Krugman (1979)
Obstfeld, M., „A Model of Balance-of-Payments Crises“, in: Money, Credit and Banking, Vol. 11, Nr. 3, August 1979, S. 311-325

Labrecque (1998)
Labrecque, T. G., „Risk Management: One Institution's Experience“, in: FRBNY Economic Policy Review, Oktober 1998, S. 237-240

Landry und Radeke (1999)
Landry, S. / Radeke, O., „Kreditderivate in der Praxis“, in: Eller, R. / Gruber W. / Reif M. (Herausgeber), „Handbuch Kreditrisikomodelle und Kreditderivate – Quantifizierung und Analyse von Risiken mit bankinternen Modellen, bankaufsichtliche Anforderungen“, Schäffer-Poeschel Verlag, Stuttgart, 1999, S. 527-574

Lehrbass (2000)
Lehrbass, F., „A Simple Approach to Country Risk“, in: Franke, J. / Härdle, W. / Stahl, G. (Herausgeber), „Measuring risk in complex stochastic systems“, Springer Verlag, 2000, S. 33-67

Löffler (1999)
Löffler, G., „Using Credit Risk Models in Practice“, Working Paper präsentiert bei dem „8th Symposium on Finance, Banking and Insurance“, an der Universität Karlsruhe, 15.-18. Dezember 1999

Longstaff und Schwartz (1995)
Longstaff, F. A. / Schwartz, E. S., „A Simple Approach to Valuing Risky Fixed and Floating Rate Debt“, The Journal of Finance, Vol. 50, Nr. 3, Juli 1995, S. 789-819
Kopie im Ordner

Loretan und English (2000)
Loretan, M. / English, W. B., „Evaluating „correlation breakdowns“ during periods of market volatility“, Working Paper präsentiert auf der Konferenz „International Financial Markets and the Implications for Monetary and Financial Stability“ vom 25. bis 26. Oktober, Brüssel, [http://www.bis.org/publ/confer08.htm am 15.8.2000]

McDonald (1982)
McDonald, D. C., „Debt Capacity and Developing Country Borrowing: A Survey of the Literature“, IMF Staff Papers, Vol. 29, Washington D.C., 1982

McKinsey (CreditPortfolioView, 1998)
McKinsey & Company, „CreditPortfolioView – A Credit Portfolio Risk Measurement & Management Approach – Approach Document, Version 1.1.“, 1998

Merton (1974)
Merton, R. C., „On the Pricing of Corporate Debt: The Risk Structure of Interest Rates“, in: Journal of Finance, 1974, Vol. 29, S. 449-470

Meybom und Reinhart (1999)
Meybom, P. / Reinhart, M., „Länderrisikosteuerung mittels kapitalmarktinduzierter Bewertung“, Die Bank, August 1999, S. 568-572

Milne (1995)
Milne, F., „Finance Theory and Asset Pricing", Oxford University Press, New York, 1995

Mishkin (2001)
Mishkin, F.S., „Financial Policies and the Prevention of Financial Crisis in Emerging Market Countries", Working Paper Nr. 8087, National Bureau of Economic Research, Januar 2001

Moodys (Black Box, 7/1999)
Moody's Investors Service, „Rating Methodology – Opening the Black Box: The Rating Committee Process At Moody's", Juli 1999, [http://www.moodys.com am 22. Februar 2001]

Moody's (Default Rates, 2000)
Moody's Investors Service; „Historical Default Rates of Corporate Bond Issuers, 1920 - 1999", Special Comment, USA, Januar 2000

Moodys (Obergrenzen, 2/2002)
Moody's Investors Service, „Das revidierte Länder-Obergrenzen-Konzept von Moody's", Februar 2002, http://www.moodys.com

Mora (2001)
Mora, N., „Sovereign Credit Ratings: Guilty beyond Reasonable Doubt?", Working Paper, MIT, 2001 [http://web.mit.edu/namora/www/home.html am 4. September 2001]

Mussil (2001)
Mussil, W., „Modelling Transfer Risk", Bank Austria AG, Unterlagen zu einer Präsentation an der Technischen Universität Wien am 02.05.2001

Nagy (1979)
Nagy, P.J., „Country Risk - How to assess, quantify and monitor it", Euromoney Publications, London, 1979

Nelson und Siegel (1987)
Nelson, C.R. / Siegel, A.F., „Parsimonious Modeling of Yield Curves", in: Journal of Business, Vol. 60, 1987, S. 474-489 (zitiert aus Geyer und Mader,1999)

Nunnenkamp (2001)
Nunnenkamp, P., „Umbaupläne und Reparaturarbeiten an der internationalen Finanzarchitektur: Eine Zwischenbilanz aus deutscher Perspektive", Kieler Arbeitspapier Nr. 1078, Institut für Weltwirtschaft, Kiel, Oktober 2001

Obstfeld (1986)
Obstfeld, M., „Rational and Self-Fulfilling Balance-of-Payments Crises", in: The American Economic Review, März 1986, Vol. 76, Nr. 1, S. 72-81

OECD (1993)
Organisation for Economic Cooperation and Development, „Emerging Bond Markets in the Dynamic Asian Economies", Aufsatzsammlung, New York, April 1993

OCC (12/2000)
Office of the Comptroller of the Currency - Administrator of National Banks, „OCC Bank Derivatives Report Third Quarter 2000", Washington DC, USA, Dezember 2000 [http://www.occ.treas.gov/ am 4.12.2000]

Ong (1999)
Ong, M.K., „Internal Credit Risk Models – Capital Allocation and Performance Measurement", Risk Books, London, 1999

Okada et al. (1995)
Okada, S. / Harada, E. / Tsunoda, F., „Integration of Credit Risk with Market Risk in Asset Liability Management", Discussion Paper Bank of Japan, Tokio, 30. September 1995

Ott (2001)
Ott B., „Interne Kreditrisikomodelle", Reihe: Risikomanagement und Finanzcontrolling; Bd. 4, Uhlenbruch Verlag, Bad Soden /Ts., 2001

Pichler (1995)
Pichler, S., „Ermittlung der Zinsstruktur – Evaluierung alternativer Verfahren für den österreichischen Rentenmarkt", Deutscher Universitätsverlag, 1995

Pye (1974)
Pye, G., „Gauging the Default Premium", in: Financial Analysts Journal, Januar / Februar 1974, S. 49-52

Raffee und Kreutzer (1984)
Raffee, H. / Kreutzer, R., „Ansätze zur Erfassung von Länderrisiken in ihrer Bedeutung für Direktinvestitionsentscheidungen", in: Kortzfleisch, G.v. / Kaluza, B. (Herausgeber), „Internationale und Nationale Problemfelder der Betriebswirtschaftslehre", Abhandlungen aus dem Industrieseminar der Universität Mannheim, Duncker & Humblot, Berlin, 1984, S. 27-63

Rodriguez (1988)
Rodriguez, R.J., „Default Risk, Yield Spreads, and Time to Maturity", in: Journal of Financial and Quantitative Analysis, Vol. 23, Nr. 1, März 1988, S. 111-117

Rubinstein (2001)
Rubinstein, M., „Rational Markets: Yes or No? The Affirmative Case", in: Financial Analysts Journal, Mai / Juni 2001, S. 15-29

Saunders (1999)
Saunders, A., „Credit Risk Measurement – New Approaches to Value at Risk and other Paradigms", John Wiley & Sons, Inc., New York, 1999

Sandmann (1999)
Sandmann, K., „Einführung in die Stochastik der Finanzmärkte", Springer - Verlag, Heidelberg, 1999

Schmoll (1999)
Schmoll, A. (Herausgeber), „Kreditrisiken erfolgreich managen – Risikokontrolle und Risikosteuerung im Firmenkundengeschäft", Gabler Verlag, Wiesbaden, 1999

Schnatz (1999)
Schnatz, B., „Makroökonomische Bestimmungsgründe von Währungunsturbulenzen in Emerging Markets", Diskussionspapier 3/98, Volkswirtschaftliche Forschungsgruppe der Deutschen Bundesbank, Frankfurt a.M., 1998

Shirreff (1998)
Shirreff, D., „Models get a trashing", in: Euromoney, Oktober 1998, S. 31-32

Siems (1997)
Siems, T.F., „10 Myths about Financial Derivatives", Cato Policy Analysis, Nr. 283, 11. September 1997 [http://www.cato.org/pubs/pas/pa-283.html am 5. September 2000]

Silvers (1973)
Silvers, J.B., „An Alternative to the Yield Spread as a Measure of Risk", in: Journal of Finance, Vol. 28, Nr. 4, 1973, S. 933-955

Singer (1999)
Singer, H., „Finanzmarktökonometrie", Physica Verlag, Heidelberg, 1999

Spremann (1991)
Spremann, K., „Investition und Finanzierung", 4. Auflage, Oldenbourg Verlag, München, 1991

Standard & Poor's (Sovereign Risk Indicators, 6/2000)
Sovereign Rating Service, „Sovereign Risk Indicators", Standard & Poor's, Juni 2000 [www.standardandpoors.com am 18. Oktober 2000]

Sundaram (1997)
Sundaram, R.K., „Equivalent Martingale Measures and Risk-Neutral Pricing: An Expository Note", in: The Journal of Derivatives, Fall 1997, S. 85-98

Svenson (1994)
Svenson, L.E.O., „Estimating and Interpreting Forward Interest Rates: Sweden 1992-1993", CEPR Discussion Paper, No.1, 051 (zit. aus Geyer und Mader, 1999)

Uhrig-Homburg (2002)
Uhrig-Homburg, M., „Valuation of Defaultable Claims – A Survey", in: Schmalenbach Business Review, Vol. 54, Januar 2002, S. 24-57

Van Rijckeghem und Weder (2001)
Van Rijckeghem, C. / Weder, B., „Sources of Contagion: Is it Finance or Trade?", in: Journal of International Economics, Nr. 54, 2001, S. 293-308

Varnholt (1997)
Varnholt, B., „Modernes Kreditrisikomanagement", Verlag Neue Zürcher Zeitung, 1997

Vasicek (1997)
Vasicek, O., „An Equilibrium Characterization of the Term Structure", in: Journal of Financial Economics 5, 1977, S. 177-188

Venitz (1994)
Venitz, J., „Die Ursachen der Schuldenkrise in Lateinamerika und ihre empirische Überprüfung am Beispiel von Venezuela", Europäische Hochschulschriften, Reihe V, Volks- und Betriebswirtschaft, Peter Lang Verlag, Frankfurt a. M., 1994

Wilmott et al. (1998)
Wilmott, P. / Howison, S. / Dewynne, J., „The Mathematics of Financial Derivatives – A Student Introduction", Cambridge University Press, 1998

Wilson (1998)
Wilson, T. C., „Portfolio Credit Risk", in: FRBNY Economic Policy Review, Oktober 1998, S. 71-82

Worldbank (Outlook, 2001)
Worldbank (Herausgeber), „Global Economic Prospects and the Developing Countries", Washington D.C., 2001 [http://www.worldbank.org vom 5. Mai 2001]

Worldbank (GDF, 2000)
The World Bank, „Global Development Finance 2000 – Country Tables", Washington D.C., 2000

FSC
www.fsc.org
MIX
Papier | Fördert
gute Waldnutzung
FSC® C083411

Kolibri 360 GmbH
Ferdinand-Jühlke-Straße 7
99095 Erfurt, Deutschland
produktsicherheit@kolibri360.de

Druck:
CPI Druckdienstleistungen GmbH
im Auftrag der
Kolibri 360 GmbH
Ferdinand-Jühlke-Str. 7
99095 Erfurt